DELIUS KLASING

BIRGIT MASCHLER

Unser wildes freies Leben

Ein Pazifiktörn

Delius Klasing Verlag

Von Birgit Maschler ist darüber hinaus folgender Titel
im Delius Klasing Verlag erschienen:
Willkommen im Paradies!

Bibliografische Information der Deutschen Nationalbibliothek
Die Deutsche Nationalbibliothek verzeichnet diese Publikation in der
Deutschen Nationalbibliografie; detaillierte bibliografische
Daten sind im Internet über http://dnb.d-nb.de abrufbar.

1. Auflage
ISBN 978-3-7688-3214-4
© by Delius, Klasing & Co. KG, Bielefeld

Fotos (einschließlich Titel): Birgit Maschler
Umschlaggestaltung: Buchholz/Hinsch/Hensinger, Hamburg
Karten: Inch 3, Bielefeld
Satz: Fotosatz Habeck, Hiddenhausen
Druck: CPI – Clausen & Bosse, Leck
Printed in Germany 2010

Delius Klasing Verlag, Siekerwall 21, D - 33602 Bielefeld
Tel.: 0521/559-0, Fax: 0521/559-115
E-Mail: info@delius-klasing.de
www.delius-klasing.de

Inhalt

Für Oleg, Mats und Jori,
meine drei kleinen Abenteurer.

Mit euch ist das Leben noch spannender
und schöner geworden.

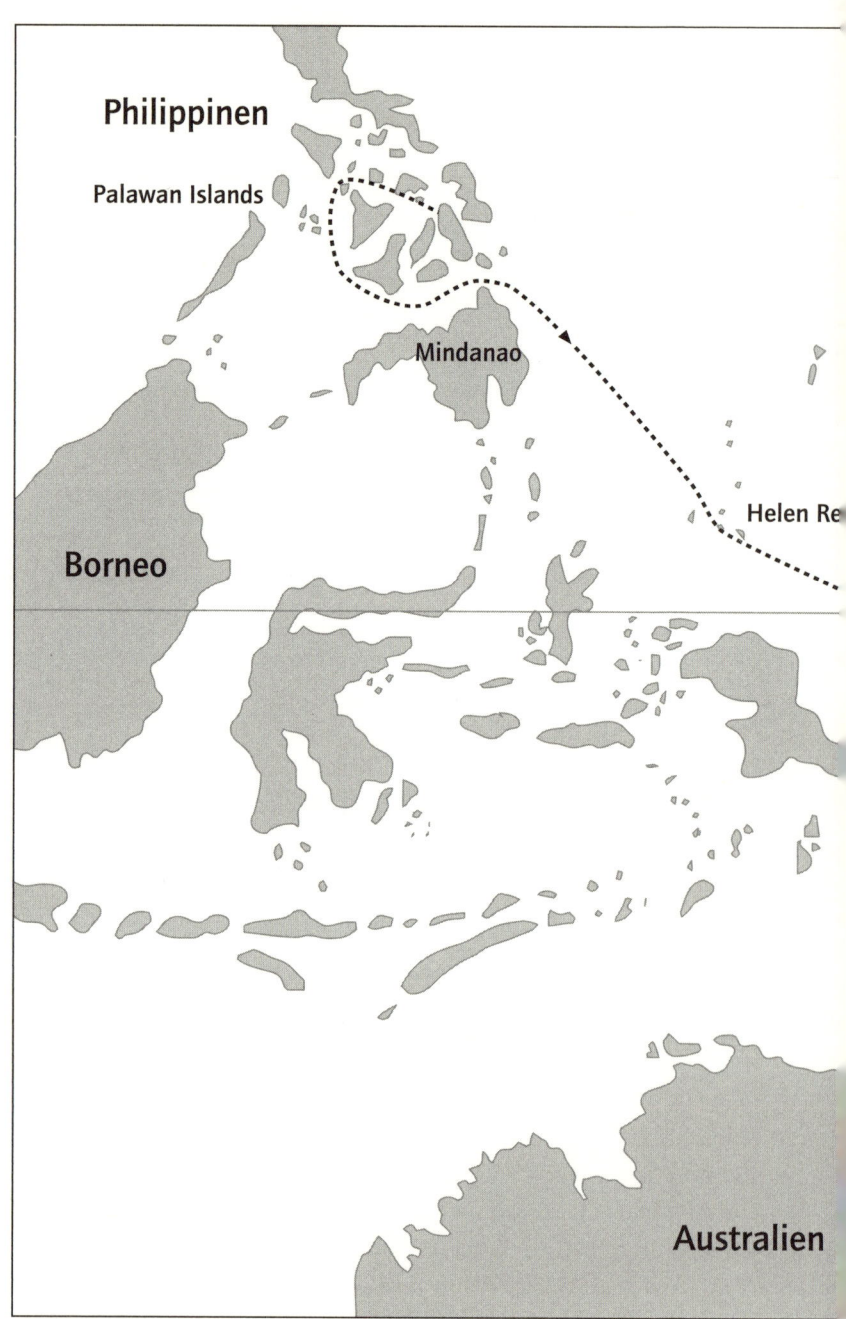

Philippinen

Palawan Islands

Mindanao

Helen Re

Borneo

Australien

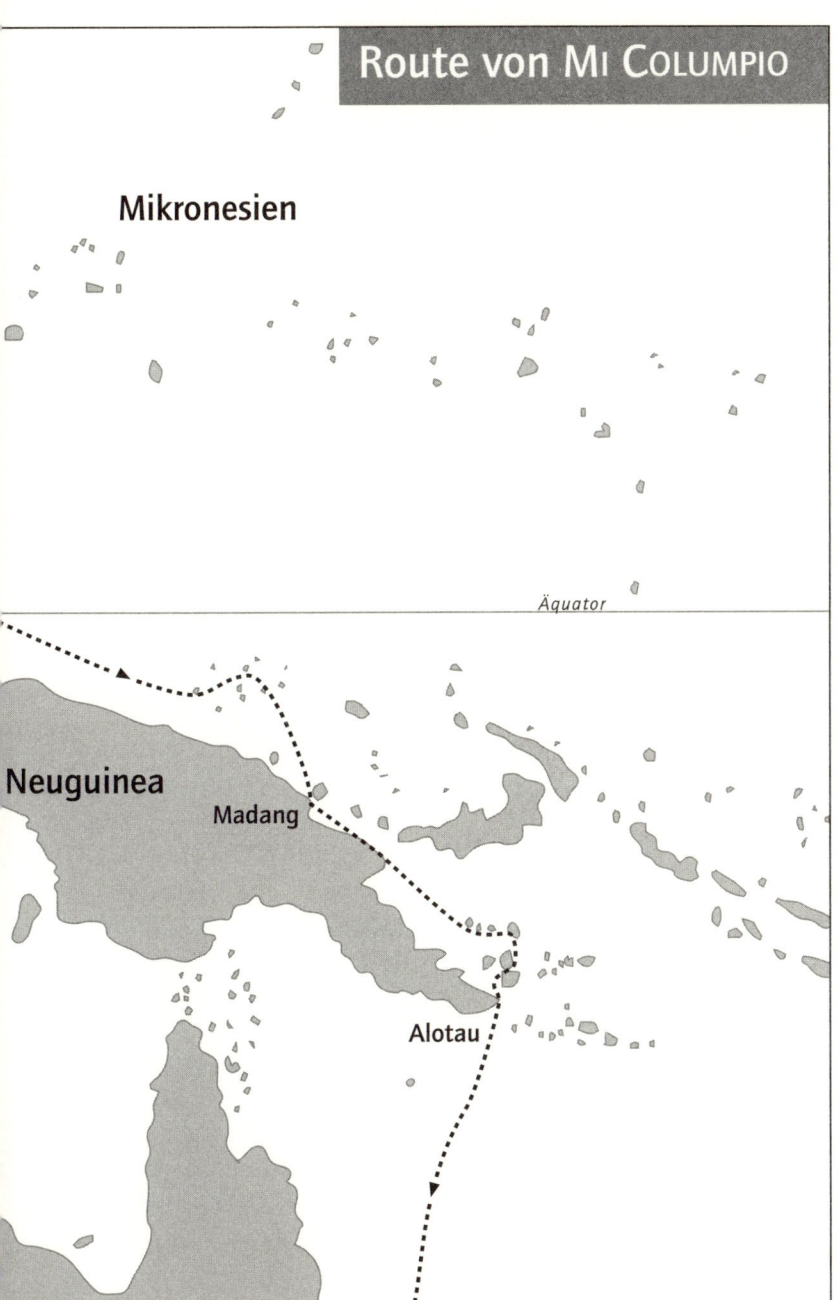

Route von Mɪ Cᴏʟᴜᴍᴘɪᴏ

Mikronesien

Äquator

Neuguinea

Madang

Alotau

Prolog

Wie ich diese lauen Sommerabende liebe! Die Sonne hat auch um 21 Uhr noch keine Lust, sich vom immer noch strahlend blauen Himmel zu verabschieden. Ihr goldgelbes Licht lässt die Gesichter der Sylt-Urlauber um mich herum noch gebräunter, noch erholter aussehen. Mindestens 200 Menschen stehen oder sitzen in einem großen Kreis mitten auf der Friedrichstraße, der Hauptflaniermeile von Westerland, lachen, klatschen und amüsieren sich köstlich. Weitere Passanten bleiben neugierig stehen, versuchen einen Blick auf die Ursache des Gelächters zu werfen, werden ebenso wie die anderen in Bann gezogen und verstopfen schließlich die gesamte Fußgängerzone. Die Ursache für den Stau? Ein Straßenkünstler, ein Hochradartist, zeigt gerade seine Show. Balanciert über ein fingerdickes Seil auf einem mindestens zweieinhalb Meter hohen Einrad, um da oben Saxophon zu spielen. Ein witziger Spruch folgt dem anderen, die Stimmung ist wunderbar. Jetzt, denke ich, jetzt kommt er gleich, mein Lieblingsspruch, und grinse voller Vorfreude in mich hinein.

»Gebt mir Geld«, tönt es in diesem Moment von oben vom Hochrad, »denn ich habe gerade ein kleines finanzielles Problem. Ich spare für meine zweite Segelyacht in der Südsee!«

Wieder johlendes Gelächter um mich herum. Wenn die wüssten, denke ich und lache ebenfalls. Aber aus einem ganz anderen Grund. Nach der Show, als ich Björn, der nicht nur Straßenkünstler, Comedy-Artist und Zauberer ist, sondern auch schon seit sieben Jahren mein Lebensgefährte, einen Schluck Wasser bringe, kommt ein wohlgenährter, gut gekleideter Herr auf uns zu.

»Na, können Sie davon überhaupt leben?«, fragt er jovial und wirft eine Silbermünze in Björns Hut.

Soll ich ihm darauf wirklich eine Antwort geben? Soll ich ihm erzählen, dass wir tatsächlich von unserer Kunst, von Björns Beruf und unserem gemeinsamen Stelzentheater leben können, und zwar gar nicht mal so schlecht? Soll ich ihm erzählen, dass unsere erste Segelyacht tatsächlich bereits in der Südsee liegt oder jedenfalls bei unserer Abreise dort lag und dass Björn das Geld für dieses Segelboot ausschließlich mit seinen Shows verdient hat? Und soll ich ihm gar erzählen, dass wir ab November Deutschland wieder den Rücken kehren und fünf Monate lang kreuz und quer durch Südostasien segeln werden? Nein. Wir wollen nicht sein Weltbild ins Wanken bringen.

Nach der letzten Show, nachdem alle Utensilien wieder in unserem VW-Bus verstaut sind, schlendern Björn und ich zum Strand, um ein mitternächtliches Bad zu nehmen. Björn spült sich in den sanft plätschernden Nordseewellen den Schweiß der vergangenen Shows vom Körper.

»Ha!«, freudestrahlend und fröstelnd kommt er aus dem Meer heraus, »ich liebe diese Art von Leben, habe ich dir das schon mal gesagt?«

O ja, und ich liebe diese Art von Leben auch. Ich liebe es frei zu sein, unabhängig zu sein, ich liebe das Herumreisen an den Küsten im Sommer und zu den quer durch Deutschland verstreut liegenden Engagements. Und vor allem liebe ich die Tatsache, dass wir es uns aufgrund unserer Jobs, die hauptsächlich im Sommer nachgefragt werden, erlauben können, im Winter in die Tropen zu reisen. Gemeinsam kuscheln wir uns in den Windschatten eines Strandkorbes. An den Hauptstrand von Westerland auf Sylt verirrt sich um diese Uhrzeit keine Menschenseele mehr, wir sind allein mit den sanft heranrauschenden Wellen und dem unendlichen Sternengefunkel über uns.

»Wäre es ein paar Grad wärmer«, flüstert Björn, »würde ich fast glauben, dass wir am West Bay Beach auf Middle Percy Island in Australien sitzen, vor uns der riesige pazifische Ozean.«

In Gedanken versunken kratze ich an einigen Mückenstichen. »Wenn ich noch mehr Stiche an den Beinen hätte«, flüstere ich listig zurück, »würde ich fast glauben, dass wir an diesem süßen kleinen Strand auf Guanaja sitzen und ein Schwarm Sandfliegen mich gerade entdeckt hat.«

»Ah, Guanaja, meine Lieblingsinsel in Honduras! Weißt du noch …«, fängt Björn an.

Lachend unterbreche ich ihn: »Wenn du mit diesen Worten anfängst, komme ich mir vor, als ob wir ein altes Ehepaar wären, das sich an seine Jugend erinnert. Ich war bis letzte Woche noch 29, und du bist auch nicht viel älter.«

Unbeirrt fährt Björn fort: »Weißt du noch, als ich auf Guanaja während des Ankermanövers diesen unheimlich großen Fisch fing? Und dann war es gar kein Fisch, der wie verrückt an der Angelleine zog, sondern die Angelleine selbst, die sich beim Rückwärtsfahren in der Propellerwelle verfangen hatte …«

»… und die du in mühsamer Kleinarbeit unter Wasser Stück für Stück mit dem Küchenmesser wieder freischneiden durftest«, ergänze ich hämisch.

Noch lange schweifen an diesem Abend unsere Gedanken zurück in eine andere Welt, in unsere gemeinsame Vergangenheit, unsere Reisen, Pannen und Abenteuer. Eigentlich war es damals ganz schön verrückt, ohne irgendwelche Segelkenntnisse einfach über den Pazifischen Ozean zu segeln, nur weil Björn während seiner ihn anödenden Banklehre das Buch »TABOO. Eines Mannes Freiheit« von Wolfgang Hausner in die Hände gefallen war. Von diesem Moment an hatte er nur noch ein Ziel: Es seinem neu erkorenen »Helden« gleichzutun und in die Südsee zu segeln. Also fing er systematisch an, Geld für sein Segelboot in spe zu verdienen, und zwar als Jongleur, nach Beendigung der Banklehre. Erst auf der Straße und der zugefrorenen Hamburger Außenalster, dort entdeckte ihn später der NDR und buchte ihn für Open-Air-Veranstaltungen, wodurch Björn reichlich Engagements, auch von Künstleragenturen, bekam. Dann lernte er mich kennen. Ich nahm anfangs weder seine Auftritte noch seine Segelträume ernst, für mich war er ein ganz normaler Sport- und Ethnologiestudent, vielleicht ein bisschen verrückt und sehr abenteuerlustig. Doch genau das war es, was mich an ihm so faszinierte, die brav und wohlbehütet in einem bürgerlichen Elternhaus aufgewachsen ist. Er war das Gegenteil von allem, was ich bisher kannte. Björn machte einfach, was er wollte, wozu er Lust hatte, ohne sich an irgendwelche gesellschaftlichen Konventionen zu halten. Das wollte ich auch! So war es kein Wunder, dass ich, kaum dass wir ein Liebespaar waren, in den Semesterferien 1994 mit ihm in die Tropen flog, zum Fahrradfahren nach Venezuela, zum Arbeiten ins Waisenhaus nach Guatemala, Unternehmungen, von denen ich vorher schon lange geträumt, die ich mir alleine aber nie zugetraut hätte.

In Guatemala gerieten wir dann per Zufall an »unser« Boot: klein, stabil, gut in Schuss und wunderschön. Und gerade so günstig, dass Björn es sich mit Ach und Krach leisten konnte. Auf einmal war der Traum vom Segeln durch die Südsee zum Greifen nahe gerückt. Das einzige Problem, das unserer Ozeanüberquerung noch im Wege stand: Wir hatten beide nicht die geringste Ahnung vom Segeln. Aber das störte uns nicht sonderlich. Wenn andere das schaffen, können wir das auch, lautete unsere erste Devise. Und die zweite: Der Pazifik ist so weit und leer, die Wahrscheinlichkeit, dass wir irgendwo gegensegeln, ist vermutlich ziemlich gering. Also nahmen wir ein Semester Auszeit und segelten munter, man kann auch sagen naiv, nach dem Motto »Probieren geht über studieren« drauflos, von einer Panne in die nächste. Natürlich ging auf unserem Boot alles der Reihe nach kaputt, was kaputtgehen konnte, sodass wir schließlich 18 Tage lang – von Samoa bis Australien – Tag und Nacht am Ruder sitzen und per Hand steuern durften, mit drei defekten Selbststeueranlagen an Bord. Aber, und das war die Hauptsache, wir erreichten Australien. Das war genau das, was uns keiner zugetraut hatte!

Anschließend war nichts mehr so wie vorher. Das Leben auf MI COLUMPIO, unserer kleinen, zehn Meter langen Alajuela 33 aus Costa Mesa, Kalifornien, einem dieser für die Westküste der USA so typischen dickbäuchigen Boote mit schön geschwungenen Linien, Kanuform und Kuttertakelung, und das Ankern in türkisfarbenen Lagunen, der Einblick in die polynesische Kultur, der Kontakt zu vielen Weltumseglern, die Stille auf dem Meer und das Wissen, in allen Situationen völlig auf uns allein gestellt zu sein, haben uns verändert. Das herkömmliche Leben, das erneut in Deutschland auf uns wartete, wurde uns zu eng.

Zwei Jahre später beendeten wir beide unsere Studien. Doch bevor ich mich als diplomierte Agrarökonomin und Bevölkerungswissenschaftlerin bei irgendeiner Entwicklungshilfeorganisation im Ausland bewerben konnte, hatten wir schon gemeinsam unser Stelzentheater »Traumtänzer« (mehr Informationen unter www.traumtaenzer-stelzentheater.de) gegründet und erfolgreich mit mehreren freiberuflichen Mitarbeitern gestartet. Mit riesigen farbenfrohen Kostümen, die unserer puren Fantasie entsprungen waren, traten wir kreuz und quer durch Deutschland bei Festivals, Firmenfeiern oder Stadtfesten auf, tanzten und spielten mit den Zuschauern, improvisierten kleine Theatersequenzen und hatten viel Spaß. Natürlich mit dem Hintergedanken, dass Stelzenläufer vor allem bei Open-Air-Veranstaltungen in den Sommermonaten gebucht werden und wir in den Wintermonaten das fortsetzen könnten, wovon wir ununterbrochen träumten, seit wir uns in Venezuela mit dem Reisevirus infiziert hatten: segeln! In ferne Länder, in denen das Leben ursprünglicher ist als in Deutschland, in denen uns nicht nur die äußere Temperatur, sondern auch die innere ein paar Grad wärmer zu sein scheint als bei uns.

Nach unserer erneuten Ankunft in Australien mussten wir erst einmal unsere MI COLUMPIO, die zwei Jahre in einer winzigen Marina in Brisbane an Land auf uns gewartet hatte, rundherum erneuern. Den gesamten Bootsrumpf durften wir in mühevoller Handarbeit von den mittlerweile aufgetretenen

Osmosebläschen befreien, Persenning, Bimini und Segel hatten unter der jahrelangen Tropensonne ebenfalls stark gelitten und mussten erneuert werden. Und eine neue Windsteueranlage, eine von uns aus Hamburg mitgebrachte Windpilot, wurde installiert. Kaum hatten wir dann unser in neuem Glanze erstrahlendes Schiffchen wieder zu Wasser gelassen, strandeten wir gleich in der zweiten Nacht auf einer Sandbank vor Moreton Island, direkt vor den Toren Brisbanes. Das anscheinend schon morsche Ankerseil war in der einzigen starken Bö der Nacht gerissen. Mithilfe unserer zwei Anker, unseren Armmuskeln und der einsetzenden Flut schafften wir es, uns aus unserer misslichen Lage zu befreien. Im Anschluss segelten wir von dort aus als wohl langsamste ausländische Yacht gemütlich die australische Ostküste mit ihren unzähligen Mangrovenbuchten, Fels- und Koralleninselchen hinauf, ließen das Schiff den Sommer über in den Whitsunday Islands, um danach von Townsville aus erneut auf große Fahrt zu gehen. In die Südsee, so gerne wir es auch wollten, konnten wir nicht mehr zurück. Dort herrschte zu dieser Jahreszeit die Regenzeit, mit wechselhaftem Wetter und den gefürchteten Wirbelstürmen.

Wir entschieden uns, weiter nach Norden zu segeln, über den Äquator und zwischen den Inseln Papua-Neuguineas hindurch in den nördlichen Teil der Südsee, um von dort weiter westwärts nach Mikronesien und in die Philippinen zu kommen. Diese Reiseroute führte uns zu den wunderschönsten Orten wie den D'Entrecasteaux und Trobriand Islands in Papua-Neuguinea und zu den Atollen von Nukuoro und Ifalik in Mikronesien. Zu Menschen, die noch ursprünglich, ohne Elektrizität und fast ohne Geld wie vor Hunderten Jahren leben, uns mit einer unglaublichen Herzlichkeit und Gastfreundschaft bei sich aufnahmen. So faszinierend fanden wir unsere Erlebnisse auf diesen Inseln, dass ich über diese Reise sogar ein Buch geschrieben habe (Birgit Maschler, »Willkommen im Paradies«, Delius Klasing Verlag. Siehe auch: www.willkommen-im-paradies.de).

»Was meinst du, schwimmt MI COLUMPIO eigentlich noch?«
Björn reißt mich aus meinen Gedanken, holt mich an den Nordseestrand zurück.

»Ich hoffe doch sehr. Oder hast du in der letzten Zeit irgendetwas von Wirbelstürmen in den Philippinen gehört?«

»Nö. Wird schon alles okay sein. Noch vier Monate, dann sind wir wieder bei ihr. Ich vermisse unser Leben auf dem Boot ziemlich.«

»O ja«, dieser Seufzer kommt mir aus tiefstem Herzen, »vor allem, wenn es so grandios wird wie im letzten Jahr. Nie hätte ich gedacht, dass Papua-Neuguinea einmal zu unserem Lieblingsland werden wird. Ich kann es immer noch kaum fassen, dass wir tatsächlich durch diese traumhaft schöne Inselwelt gesegelt sind. Dass wir halb nackt, nur mit einem Wickeltuch um die Hüften, dafür mit Blütenkränzen im Haar, in trauter Männerrunde Palmwein getrunken haben. Es ist alles so unwirklich. Ob wir uns auf den Philippinen, in Malaysia und Singapur wohl genauso wohl fühlen werden?«

»Warten wir's ab.« Björn klopft sich den Sand von der Hose. »Es wird langsam zu kalt. Lass uns zurückgehen und in den VW-Bus kuscheln. Dort kannst du weiterträumen von deinem Lieblingsland.«

Rückkehr ins Paradies

Unsere zweite Reise von den Philippinen zurück nach Papua-Neuguinea

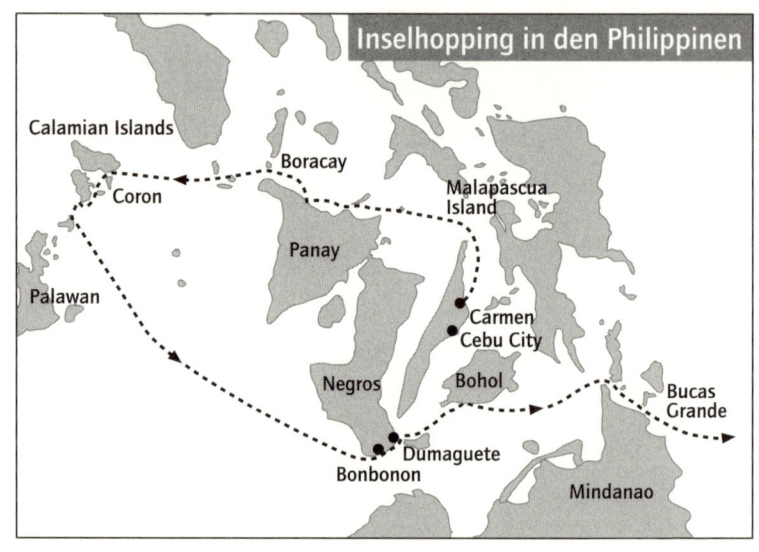

Erstens kommt es anders ...

Cebu/Boracay – Im falschen Land

Wer glaubt, das Leben sei planbar, hat möglicherweise noch nie auf seine eigene Stimme gehört. Wir, die wir es beide lieben, Pläne für die Zukunft zu schmieden, sind jedenfalls eines Besseren belehrt worden. Papua-Neuguinea, ja den gesamten Pazifik hatten wir nach dem letzten Abenteuertörn schweren Herzens hinter uns gelassen, um uns Südostasien mit all seinen neuen Reizen zu öffnen. Doch zwei voneinander völlig unabhängige Ereignisse machten all unsere Pläne zunichte.

Endlich nahte der November. Mal wieder hieß es packen, organisieren, planen. Woher bekommen wir eine neue Kupplungsscheibe fürs Getriebe? Sind die Kopien der Seekarten aus den USA bereits eingetroffen? Wird es auf den Philippinen vernünftige Nirosta-Schäkel oder gar Gummiflicken fürs Schlauchboot geben? Oder sollen wir sicherheitshalber genügend von zu Hause mitnehmen? Wer wird sich in Deutschland um unsere Topfpflanzen kümmern, wer um unsere Werbeprospekte für die nächste Theatersaison? Wie viele gehackte, gehobelte und gemahlene Mandeln, wie viel Zahnpasta, Vanillesoße, Sonnencreme, Gemüsebrühe und natürlich, das Wichtigste, wie viele Bücher haben neben den neuen Leinen und Schoten noch Platz in den Taschen? Sollen wir für unsere Seenotrettungspistole neue Leuchtraketen mitnehmen oder tun's die alten noch? Ist die Post von unserer Adresse in Gudow zu meinen Eltern umgeleitet? Und der Kühlschrank abgetaut? Sind die Bewerbungen für die Theater-Festivals im nächsten Jahr geschrieben? Die Autos abgemeldet? Und wann ist diese verdammte Steuererklärung für das Vorjahr endlich fertig? Am Ende bleibt immer alles, was wir vergessen haben, an meinen Eltern hängen. Ohne ihre Geduld und Hilfe wären wir jedes Jahr aufs Neue verloren. Auch meine Schwester unterstützt uns, indem sie während unserer Abwesenheit alle Agenturanfragen beantwortet und Verträge unterschreibt. Ja, wenn bei uns der Countdown läuft und wir trotz bester Vorplanung in den letzten zwei, drei Tagen vorm Abflug mal wieder im totalen Chaos, in Stress und Hektik versinken, ist glücklicherweise meine Familie da. Nicht etwa, dass meine Eltern das unruhige Leben ihrer Tochter in irgendeiner Weise verstehen oder gar gutheißen würden. Aber sie akzeptieren es. Ich bin nun mal ihr Kind, und das unterstützen sie, wo sie nur können. Egal, wobei. Und ich habe mittlerweile begriffen, dass ich mich sehr glücklich schätzen kann, solche Eltern zu haben.

Warum haben die Tage vor dem Abflugtermin nicht mehr als 24 Stunden? Unser Zug fährt bereits in weniger als 120 Minuten, und Björn sitzt noch immer vorm Computer. Na gut, nehmen wir halt einen späteren. Mein Vater rast mit uns zum Hamburger Hauptbahnhof, wir erwischen gerade noch den letzten ICE, kurz vor Mitternacht. Natürlich haben wir keine reservierten Sitz-, geschweige denn Liegeplätze, natürlich ist alles brechend voll. Am Ende des allerletzten Waggons, hinten bei den Toiletten, finden wir den einzigen leeren Platz. Unsere Taschen und Rucksäcke, zum Bersten voll und wie immer einige reichliche Pfunde über der 20-Kilo-Grenze, ergeben nebeneinandergelegt ein fast bequemes Doppelbett. Unser Handgepäck, das fast ausschließlich aus schweren Büchern besteht und bestimmt das Doppelte der zugelassenen acht Kilogramm wiegt, taugt, hart und unhandlich wie es ist, nicht mal als Kopfkissen. Egal. Geschafft! In jeder Hinsicht …

Todmüde und zerschlagen fallen wir in Manila aus dem Flugzeug. Jetzt nur noch mit den schweren Taschen per Taxi zum Hafen und hoffen, dass die Fahrpläne für die Fähre nach Cebu, die wir im Internet herausgefunden haben, stimmen. Glück gehabt! Eine Zweierkabine können wir uns aufgrund unseres schmalen Budgets nicht leisten, also entscheiden wir uns für eine Viererkammer. Mir ist mittlerweile auch egal, ob jemand neben mir schnarcht oder meine Taschen durchwühlt, ich will nur noch schlafen. Die Nacht auf den Taschen im Zug von Hamburg nach Frankfurt, mit knalliger Deckenbeleuchtung voll aufs Gesicht, plus 19 Stunden im engen Flugzeug mit Zwischenstopp in Bangkok haben mich gekillt. Um sechs Uhr abends fallen wir in unsere Betten. Als wir, ziemlich frisch und erholt, wieder aufwachen, sind wir allein – super. Und unsere Fähre ist nicht gesunken, trotz unserer Befürchtungen. Zu häufig hatten wir in den letzten Jahren von Unglücken philippinischer Fährschiffe in den deutschen Nachrichten gehört. Im Restaurant schaut man erstaunt, als wir unsere Frühstücksbons präsentieren. Frühstück gibt es seit zwei Stunden nicht mehr. Es ist bereits elf Uhr, kein Wunder, dass wir uns ausgeschlafen fühlen.

Am späten Nachmittag erreichen wir Cebu City, die zweitgrößte Stadt der Philippinen und Hauptstadt der im Süden gelegenen gleichnamigen Insel. Ein Gewimmel und Gebrodel von Tausenden Menschen, Handkarren und Autos an Land. Im Wasser, gefährlich nahe zwischen dem Rumpf der Fähre und der Pier, paddeln waghalsig ein paar Fischer in ihren schmalen Booten, halten aufgespannte Netze über ihre Köpfe. Ein paar Passagiere werfen Münzen hinab. Mindestens die Hälfte des Geldes landet im Wasser, und sofort stürzen sich Kinder aus den anderen Kanus ins dunkle, schmutzige Nass, versuchen den kostbaren Schatz tauchend zu ergattern. Ist das vielleicht nicht nur Entertainment für die Wohlhabenden? Könnten sie den Kindern das Geld nicht auch an Land – ohne Streuverluste – in die Hand drücken?

Mühsam ergattern wir im Gewühl ein Taxi. »Port Carmen, please!«

Der kleine Ort, in dem MI COLUMPIO auf uns wartet, liegt 30 Kilometer nördlich von Cebu City. Man könnte diese Strecke sicherlich in weniger als einer Stunde zurücklegen, wenn der

Fahrer den Weg kennen würde, wenn das Auto funktionierende Scheinwerfer hätte und wenn nicht die Fahrbahn fast ausschließlich aus Schlaglöchern bestehen würde. Nach zwei Stunden irren wir noch immer in der Tropennacht herum, fragen Gestalten am Wegesrand nach Zacs Marina. Niemand spricht oder versteht Englisch. Eine verwegene Piste führt uns endlich Richtung Meer. Schiffswracks tauchen im Dunkeln vor uns auf. Hier könnte der Hafen sein. Wir wühlen in unseren Taschen nach einer Taschenlampe, der Lichtstrahl erfasst Schiffsgerippe, ein paar Segelboote, dann ein kleineres Boot, mit Planen bedeckt: MI COLUMPIO! Und sie schwimmt. Erschöpft, aber glücklich klettern wir an Bord. Der Schlüssel greift. Gute Nacht!

In jedem Land der Welt findet man schöne und interessante Orte, ebenso wie man in jedem Land nette Menschen trifft. Selten jedoch haben wir so sehr danach suchen müssen wie in den Philippinen. Und das gerade jetzt, da Björn und ich uns zum ersten Mal richtig urlaubsreif fühlen. Bananenpfannkuchen und ein Papayasaft in der Hängematte serviert wären jetzt genau das Richtige für mich, doch leider sitze ich nicht an einem Backpackerstrand in Thailand, sondern auf einem Schrottplatz in Port Carmen.

Die kleine Marina nördlich von Cebu City, die MI COLUMPIO immerhin ein halbes Jahr vor Taifunen geschützt hat, verdient bei Weitem nicht die Bezeichnung Marina. Es kann nicht viele solche dreckigen, ungepflegten und lauten Plätze auf der Welt geben, bei denen man für einen Liegeplatz trotzdem 100 US-Dollar im Monat bezahlen muss. Um ein winziges Betonbecken herum, in dem acht Segelboote liegen, türmen sich die Wracks ausgedienter Dampfer und Fährschiffe. Ein Friedhof voller rostiger Geripppe, von ihren Besitzern und Bewohnern aber noch immer nicht aufgegeben. Von sechs Uhr morgens bis spät in die Nacht wird der Rost abgeklopft, gepaart mit dem Hämmern und Kreischen der Flex. In dieses Konzert stimmen alle paar Sekunden an die 30 arme Hähne ein, die nur wenige Meter von uns entfernt angepflockt unter winzigen schattenspendenden Well-blechdächern hocken und ihrem nächsten Kampfeinsatz entge-genleiden, um sich zur Unterhaltung der Geld auf sie wettenden Männer zu zerreißen. Eigentlich bin ich ja eingefleischte Vegeta-rierin, aber vielleicht sollte ich der lieben Nachtruhe wegen doch wieder anfangen, Geflügel zu essen? Um dem bereits bestehen-den Lärm noch die Krone aufzusetzen, dudelt jeden Abend pünktlich um sechs Uhr die Musik aus der um die Ecke liegen-den Karaoke-Bar los, manchmal wird dieser Lärm noch von den Bässen der örtlichen Diskothek übertönt, die selten vor drei Uhr nachts schließt. Und wer fängt ab drei Uhr nachts wieder an zu krähen?

Natürlich wollen wir so schnell wie möglich weg von diesem Platz! Aber alles braucht seine Zeit – und auf einem kleinen Boot sowieso. Unsere MI COLUMPIO ist zwar ein GFK-Boot und als solches bestens geeignet, längere Zeit ohne allzu viel Pflege aus-zukommen. Trotzdem warten jedes Jahr nach der Pause einige ebenso unvermeidliche wie verhasste Arbeiten auf uns: zum Bei-spiel die Solarpaneele wieder anzubringen und die Stopfbuchse einzustellen. Normalerweise ist Björn mit seiner Körpergröße von einem Meter dreiundneunzig ja ganz zufrieden, wenn er sich jedoch kopfüber fürs Kabelverlegen in die verschachtelte Backskiste oder ans hintere Ende des winzigen, schwer zugäng-lichen Motorraumes zwängen und seine langen Gräten dafür so eng wie möglich zusammenfalten soll, fängt er regelmäßig an zu lamentieren.

»Ich will nicht da hinein. Kannst du nicht ausnahmsweise mal …?«

Sein Betteln und Flehen sind sinnlos, er weiß selber, dass er mehr Kraft hat als ich. Und ebendiese wird gebraucht, um die Schrauben, die er vorher zu stark angezogen hat, jetzt wieder zu lösen. Mein Lieblingsspiel sieht jedes Jahr allerdings folgender-maßen aus: Um das abgebaute Solarpanel erneut auf seinem Fuß zu montieren, müssen wir das dazugehörige Kabel wieder durch das Rohr und anschließend durch eine Öffnung im Deck ziehen.

Das Solarpanel funktioniert natürlich einwandfrei. Danach werden die Schrauben an der Bodenplatte mit Sikaflex bestrichen und mühsam, eine nach der anderen, von Björn – über Kopf in der Backskiste liegend – wieder festgezogen. Selbstverständlich funktioniert das Solarpanel jetzt nicht mehr. Also dürfen wir die schön festgeklebten und gezogenen Schrauben erneut lösen, die letzte will meist nicht mehr, und das ganze Spielchen drei- bis viermal wiederholen. Nach normalerweise vier bis fünf Stunden, in denen wir abwechselnd kleben, schrauben und Schrauben lösen, haben wir zwar den Fehler noch immer nicht gefunden, das Solarpanel erzeugt aber wunderbarerweise plötzlich ordnungsgemäß Energie.

Auch das Einkaufen, für dessen Planung ich offiziell zuständig bin, ist nicht allzu angenehm. Allein die dreiviertelstündige Fahrt nach Cebu City ist im *jeepney*, dem knallbunt bemalten Autobus, für die Augen zwar eine Freude, für meine Ohren jedoch eine absolute Zumutung. Technomusik beschallt die Passagiere hinten auf der Ladefläche in einer so irren Lautstärke, dass alle, die sich aus 30 Zentimeter Entfernung aus vollem Halse anschreien, trotzdem kein Wort des Gegenübers verstehen. Da hilft nur Augen zu, Ohropax rein und schweigen.

Die Einkaufszentren in Cebu City stehen den deutschen in keiner Weise nach. Richtig schick sind sie und selbstverständlich voll klimatisiert. Eine Boutique reiht sich an die andere, dazwischen gibt es Juweliere und Parfümgeschäfte. Alles, was der Mensch zum Leben braucht, findet er auf dem Markt oder in den zahllosen kleinen Geschäften. Auch was er nicht braucht, gibt es für sündhaft viel Geld hier. Kein Wunder also, dass man auf den spiegelblanken Marmorgängen kaum Menschen antrifft, abgesehen von ein paar jungen, hübschen Filipinas, händchenhaltend mit einem mehr als 50 Jahre älteren US-Amerikaner. Tattergreise mit blutjungen Mädchen. Beide Seiten tragen stolz zur Schau, dass sie es »geschafft« haben.

Glücklicherweise gibt es im Tiefgeschoss des Einkaufszentrums einen gut sortierten Supermarkt, aus dem wir gemeinsam palettenweise Konservendosen, Nudeln, Reis, Mehl und Cornflakes schleppen, dazu Dutzende Rollen Kekse und Klopapier, Tee, Kaffee, Milchpulver, Möbelpolitur, Kartoffeln, Bier, Olivenöl und Käse. Vor dem Supermarkt warten gleich die Taxen, die uns und unsere zehn bis fünfzehn Plastikbeutel pro Einkauf zu halbwegs erfreulichen Preisen und dazu noch bequem und vor allem leise nach Hause chauffieren.

Björn, der fast täglich irgendwelche heruntergekommenen Internetcafés aufsucht, um per E-Mail-Kontakt geschäftliche Fragen mit meiner Schwester zu klären, ist noch aus einem anderen Grund von den Philippinen restlos genervt. Egal, welchen Laden er betritt, in jedem sind fast alle Computer von Kindern und Jugendlichen belegt, die das gleiche Spiel vor sich haben: Menschen jagen und abknallen. So dröhnt das Geknatter und Geballer der Maschinengewehre in ohrenbetäubender Lautstärke und dringt dem armen Björn, der Vogelgezwitscher bevorzugt, durch Mark und Bein.

Sobald wir unser Segelboot wieder halbwegs seefest und segeltüchtig haben, verschwinden wir schnellstmöglich und nur allzu gerne aus der Kikeriki-Zone, um ein paar Hundert Meter hinter dem Schiffsfriedhof frei in der Bucht zu ankern. Endlich genießen wir wieder ausreichend Abstand zu anderen Booten und Menschen und Hähnen, darüber hinaus belohnt uns der lang ersehnte freie Blick auf den Horizont. So lässt sich der Alltag schon etwas besser aushalten – glauben wir zumindest einen halben Tag lang. Doch in der ersten Nacht müssen wir feststellen, dass die philippinischen Fischer es anscheinend lieben, den Yachties auf die Pelle zu rücken. Pünktlich nach Sonnenuntergang ankern irgendwelche Boote keine zehn Meter hinter uns – und die Besatzungen betrinken sich lautstark bis spät in die Nacht hinein. Immerhin entdecken wir zwei interessante Yachten, die ebenfalls in der Bucht ankern. Auf der ZIGEUNERLADY wohnt Gunther mit seiner philippinischen Frau Lornie und lässt es sich nicht nehmen, uns gleich auf ein Bier an Bord zu bitten.

»Scha-atz!«, sonst nichts, ruft Gunther ins Innere des Schiffes hinab.

Gleich darauf stehen drei eisgekühlte Biere vor uns. Gunther, ein gemütlicher Sechzigjähriger, freut sich, mal wieder Deutsch sprechen zu können und beginnt, uns von seiner ZIGEUNERLADY zu erzählen, mit der er bis in die Karibik einhand gesegelt ist. Dort traf er einen anderen deutschen Segler mit einer jungen Filipina an der Seite. Gunther beneidete ihn. So eine Nette wollte er auch haben, dann wäre die Arbeit an Bord einfacher und er nicht mehr so allein. Die junge Frau rief daraufhin eine Freundin in den Philippinen an, erzählte ihr von Gunther und lud sie ein. Gunther bezahlte den Flug und bekam seine Lornie. Björn und ich sind uns schon nach wenigen Minuten darüber einig, dass das wohl das Beste war, was Gunther in seinem Leben passieren konnte. Denn dieser ließ nach einiger Zeit auch noch Lornies Bruder einfliegen, und die beiden jungen Leute segelten die schwere und unhandliche ZIGEUNERLADY durch den Panamakanal und über den gesamten Pazifik bis in die Philippinen. Während er uns die Geschichte stolz erzählt, hat er seine Bierflasche geleert.

»Scha-atz!«, ruft er Richtung Kombüse.

Mit einem bezaubernden Lächeln für uns erscheint Lornie mit einem neuen Bier.

Diese junge Frau finden Björn und ich einfach Klasse. Gemeinsam fahren wir ein paarmal nach Cebu City zum Einkaufen, haben viel Spaß miteinander. Vor allem, wenn wir irgendwo etwas gemeinsam essen. Dann zwinkert sie Björn listig zu und fordert ihn in akzentfreiem Plattdeutsch auf: »Hau rin, mien Jung!«

Die zweite Überraschung ankert ein paar Hundert Meter weiter entfernt von uns. Von Gunther und Lornie erfahren wir, dass der Riesenkatamaran dort hinten TABOO III heißt.

»Ne«, sagt Björn, »TABOO III heißt doch das Schiff von Wolfgang Hausner. Ihr wollt mir doch nicht etwa erzählen, dass der da hinten ankert.«

Björn kann es kaum glauben. Wolfgang Hausner, sein »Held«, wie er immer halb scherzend sagt. Wolfgang Hausner, der mit seinem Buch über seine Einhand-Weltumsegelung sozusagen schuld daran ist, dass wir ein Segelboot haben, dass wir durch die Südsee gesegelt sind, ja, dass wir jetzt hier sind: Wolfgang Hausner soll auf dem Katamaran wohnen?

»Meinst du, dass wir bei ihm mal vorbeischauen können?«, fragt Björn zögernd, obwohl er doch sonst so ein Draufgänger ist.

»Warum denn nicht?« Gunther wundert sich. »Der liegt doch seit Monaten schon hier in Port Carmen. Jedes Jahr kommt er regelmäßig hierher. Seine TABOO III hat er doch hier bauen lassen, ein Stückchen weiter runter die Straße Richtung Cebu City. Aber wenn ihr ihn besuchen wollt, müsst ihr euch beeilen. Soviel ich weiß, will er in ein paar Tagen los nach Kota Kinabalu. Dort in Malaysia, an der Nordspitze Borneos, hat er ein Haus, wo er einen Großteil des Jahres verbringt.«

Erwartungsvoll und total gespannt tuckern wir mit unserem Schlauchboot hinüber zu dem riesigen, weißen Katamaran. Leider kommen wir zu einem extrem unpassenden Zeitpunkt und platzen mitten in eine kleine Meinungsverschiedenheit des Ehepaares Hausner hinein. Peinlich, für beide Seiten.

»Ich schaue am Abend bei euch vorbei«, ruft Wolfgang uns noch zu, bevor er im Schiffsinneren verschwindet.

Ich glaube, für Björn ist es ein ganz besonderes Ereignis, Wolfgang einige Stunden später leibhaftig gegenüberzustehen und mit ihm sprechen zu können. Irgendwie schließt sich hier ein Kreis. Ja, Wolfgang Hausner hat Björns Leben eine ganz neue Richtung gegeben – und wenn ich mal was dazu sagen darf: Ich bin sehr froh darüber! Natürlich erzählt Björn Wolfgang die ganze Geschichte, bedankt sich sogar bei ihm dafür. Und Wolfgang ist auf einmal gar nicht so der Haudrauf, wie es in seinen Büchern klingt, sondern eher ein bisschen verlegen. Die TABOO III will am nächsten Morgen in aller Frühe Richtung Borneo auslaufen. So gibt Wolfgang uns noch ein paar Tipps bezüglich guter

Ankerplätze in den Philippinen und lädt uns ein, ihn auf unserem Törn Richtung Westen in Kota Kinabalu zu besuchen.

»Aber dass ihr auch wirklich vorbeischaut«, ruft Vaiatea, seine halbwüchsige Tochter, uns zum Abschied hinterher.

»Weißt du, Birgit«, sinniert Björn am Abend auf dem Vordeck, »jahrelang war der Wolfgang ein echtes Vorbild für mich, ein Held, ein Übermensch. Und jetzt stehe ich ihm auf einmal gegenüber und fühle mich total gleichberechtigt. Habe ja auch ein Schiff. Und den Pazifik überquert. Und stelle fest, eigentlich ist er ja – ein ganz normaler, netter Mensch.«

*

Nach insgesamt zwei Wochen Bootausrüsten und Verproviantieren sind wir noch urlaubsreifer als bei unserer Ankunft. Aber der größte Teil der Arbeit ist geschafft. Durch die Decksluke regnet es nicht mehr ins Schiff, das Teakholz ist sauber geschrubbt und abgeschliffen, die abgeblätterten Stellen am Mast sind übermalt, die Risse im Cockpit ausgespachtelt. Jetzt beginnt erneut unser herrlich freies Vagabundenleben, ab jetzt wollen wir die schönen Seiten der Philippinen entdecken. Wir träumen davon, in den nächsten vier Monaten quer durch die Inselwelt zu segeln, vielleicht nach Boracay oder Coron und nach Palawan. Von Palawan, der westlichsten Insel der Philippinen, ist es nur ein kleiner Sprung hinüber nach Borneo, nach Kalimantan, wie die zweitgrößte Insel der Welt in der Landessprache heißt. Borneo, allein der Klang dieses Namens lässt mir einen Schauer über den Rücken jagen. Borneo, das klingt für mich nach dem Inbegriff fürs Fremde, Unbekannte, nach Abenteuer und nach undurchdringlichem Urwald voller Orang-Utans. Da wollen wir hin und nach Wolfgang Hausners Einladung erst recht. Von Kota Kinabalu planen wir, gemächlich die Nordküste Borneos entlangzusegeln, um dann unsere MI COLUMPIO für das kommende Sommerhalbjahr in Singapur zu lassen. Dort, so haben wir von befreundeten Weltumseglern gehört, soll ein Boot gut aufgehoben sein.

Leider bewahrheitet sich mal wieder der Spruch, dass Träume Schäume sind. Die Realität sieht anderes für uns vor. Noch nicht einmal die erste Tagesetappe schaffen wir ohne Panne. Kaum sind wir Port Carmen und seinen kilometerlangen Fischfallen entkommen, fällt unser Motor aus. Ja, ich weiß, eigentlich haben wir ein Segelboot, aber was sollen die Segel da oben herumschlackern, wenn kaum ein Lüftchen weht? Die maximal fünf Knoten, die wir zurzeit an Geschwindigkeit machen, bringen uns nirgendwo hin. Ja, ich weiß auch, dass andere Segler sich nach Wind und Wetter richten, wenn sie unterwegs sind. Würden wir ja normalerweise auch tun, aber erstens haben wir uns noch nie als richtige Segler gefühlt, und zweitens finden wir die Ankerbucht von Port Carmen alles andere als prickelnd. Und drittens steht Weihnachten vor der Tür. Wir wollen einfach weg! Immerhin erreichen wir nach nur vierzigmaligem Entlüften des Motors – dementsprechend auch vierzigmaligem Stocken und Stottern und Stoppen der Maschine, vierzigmaligem Betätigen der Entlüftungsschraube für zwei Minuten, vierzigmaligem Wiederstarten des Motors und neununddreißigmaliger vergeblicher Vorfreude auf problemloses Vorankommen – unser erstes Ziel: die winzige, Cebus Nordspitze vorgelagerte Insel mit dem spanischen Namen Malapascua: weißer Sandstrand, ein paar Restaurants am Strand.

»Herrlich! Hier bleiben wir. Ich wollte schon immer auf einer Insel, die Pfingsten heißt, mein Weihnachtsfest verbringen.«

Björn hat in seiner Ankommensfreude glatt vergessen, dass wir uns in den Philippinen befinden … Pünktlich um zehn Uhr abends setzen die Bässe der Bars am Strand ein. Fünf Stunden lang dröhnt heftigste Technomusik zu uns herüber. Wir bekommen kein Auge zu, trotz einer Megaladung Ohropax. Um Viertel nach drei in der Nacht, wir sind gerade dankbar in unseren verdienten Schlaf gefallen, ein Rums, ein heftiger Schlag am Heck von MICO. Wir stolpern ins Cockpit. Der leichte Hauch von einem Wind hat sich gedreht und unser Schiffchen mit ihm. Doch das Echolot zeigt immer noch zehn Fuß an, eigentlich kein

Grund zur Panik. Erst vom Schlauchboot aus kann Björn das Problem im Taschenlampenschein ausmachen: ein einzelner Felsbrocken, genau auf der Höhe unseres Ruderblattes. Schon wieder hebt eine leichte Welle unser Boot an und möchte das Ruder erneut auf dem Felsen absetzen. Diesmal fehlen glücklicherweise ein paar Zentimeter. Schnell holen wir die Ankerkette ein paar Meter ein. An ruhigen Schlaf ist jetzt trotzdem nicht mehr zu denken.

*

So hatten wir uns unser Weihnachtsfest bestimmt nicht vorgestellt. Ruhiger als Malapascua ist die lang gezogene Bucht der Isla Grande, in die wir flüchten, immerhin, aber das ist auch alles. Sonst nur Felsen, karge Hügel. Wir fühlen uns beide schlapp und ausgelaugt, und ich kann mich kaum auf den Beinen halten, um unser alljährliches Maschler-Familien-Menü für den Heiligen Abend, Kartoffeln und Fisch (statt des üblichen Kasslers) und Sauerkraut und eine fantastische süßsaure schlesische Rosinensoße (natürlich etwas abgeändert für die Tropen), auf den Tisch zu zaubern. Wir haben keinen Appetit. Draußen ziehen ein paar vereinzelte *bancas* vorbei. Das Geknatter ihrer Inborder-Motoren, das durch den Hohlraum der hölzernen Kanus zigfach verstärkt wird, durchschneidet die Stille der Bucht. Meist hören wir die Inborder schon, bevor wir die bunt bemalten Boote auf dem Meer entdecken.

»Solche schwachsinnig-lauten Motoren können natürlich nur auf den Philippinen vorkommen«, regt sich Björn wiederholt auf.

»Komm, immerhin haben sie heute, zu Ehren von Heiligabend, schon um fünf Uhr mit dem Dynamitfischen aufgehört.«

Björn und ich schauen uns mit einem gequälten Grinsen an. Seit wir Port Carmen verlassen haben, geht das schon so: Ständig fahren Kanus an uns vorüber, in deren Bugspitze sorgfältig aufgereiht und aufrecht ein paar Glasflaschen stehen, die mit

Dynamit oder einer Mischung aus Diesel und Dünger gefüllt sind. In den Philippinen wird kaum mehr mit Angelhaken oder mit Netzen gefischt (was denn auch, es schwimmt ja kaum noch etwas im Meer), sondern mit Sprengstoff. Die Flaschen werden von den Fischern zwischen Felsen oder Korallenriffe gesteckt und dann gezündet. Meist nehmen wir erst ein metallisches Klicken am Kiel von MICO wahr und dann, einige Sekunden später, die dazugehörige Detonation in der Nähe. Oder wir sehen in der Ferne die Fontänen der Explosion aufsteigen. Wir möchten gar nicht wissen, wie die Unterwasserwelt um uns herum aussieht, bisher fehlte uns deshalb das Bedürfnis, hier zu schnorcheln.

»Frohe Weihnachten!«

»Auf dass in den kommenden Wochen alles besser wird!«

*

Ein Highlight wird der erste Weihnachtsfeiertag: Wir bekommen Besuch, unseren ersten. Eine alte Frau nähert sich zögernd mit ihrem Einbaum, langsam und rhythmisch taucht ihr Holzpaddel ins Wasser. Björns Miene hellt sich etwas auf.

»Oh, wie schön, da kommt jemand vorbei. Mal sehen, was die alte Dame will. Uns ein frohes Weihnachtsfest wünschen? Die Philippinen sind doch stockkatholisch. Oder vielleicht bringt sie uns ein paar Papayas, die könnten wir gut brauchen.« Gespannt erwarten wir die Ankunft des Einbaums. »Weißt du noch, wie toll das immer in Papua-Neuguinea und Mikronesien gewesen ist? Wenn die Einheimischen uns an Bord besucht haben und uns Kokosnüsse, Bananen und Papayas geschenkt haben? Und wir sie mit Reis und Zucker und Mehl zurückbeschenkt haben!«

Das Kanu ist mittlerweile längsseits gekommen. Dunkle Augen starren uns ziemlich feindselig an. Eine Minute lang, zwei.

Wir sprechen die Filipina freundlich an: »*Mabuhay*!« Das heißt angeblich »Willkommen« in der Landessprache Tagalog.

Keine Reaktion.

Dann halt »Guten Tag« auf Cebuan.

Wir werden weiter angestarrt.

Schließlich entringt sich dem Mund der alten Frau ein einziger Satz: »*Give me your money!*«

Björn und ich starren uns für einen Moment entgeistert an, dann lachen wir fassungslos los.

Da ja noch immer Weihnachten ist, das Fest der Liebe, schenken wir der alten Frau ein paar Bananen. Damit ist sie zwar sichtlich unzufrieden, aber was soll's. Björn und ich können es nicht ausstehen, einfach so angebettelt zu werden. Vor allem nicht von Menschen, die unserer Meinung nach nicht unter Armut leiden. In den Straßen von Cebu City ist es etwas anderes, wo die Frauen mit ihren kleinen Kindern im Arm am Straßenrand in Staub und Dreck sitzen und drei Meter dahinter ein kümmerlicher Verschlag aus Wellblech und zerrissenen Plastikfolien ihr armseliges Zuhause darstellt, gebe ich gerne ein paar Münzen. Dort herrscht wirkliches Elend, das ich kaum ertragen kann und das mich traurig und wütend zugleich macht. Aber mit welcher Berechtigung betteln uns die wohlhabenden Filipinos aus den kleinen Dörfern an? Wie oft ist es in Port Carmen und den umliegenden Dörfern vorgekommen, dass wir einfach so auf offener Straße nach Geld gefragt wurden. Von Menschen, deren Kleidung neuer und teurer war als die unsrige. Von Jugendlichen, die auf ihren schicken Fahrrädern hinter uns her fuhren. Von Kindern, die aus ihrer Hütte, in der der Fernseher lautstark dröhnte, gerannt kamen, sobald sie uns sahen. In den Philippinen, scheint uns, reicht die weiße Hautfarbe aus, um angeschnorrt zu werden. Wer weiß ist, hat zu geben. Wie oft hörten wir schon diese Sätze: »*Give me your money.*«, »*Give me your cigarettes.*« Sogar: »*Give me your bananas.*« Warum sollten wir? Wir möchten, wie überall sonst auch auf der Welt, mit den Menschen hier einfach nur reden, sie kennenlernen, sie etwas besser verstehen. Freundlichkeit geben, um Freundlichkeit zu empfangen. Bloß scheint das auf den Philippinen nicht zu funktionieren. Zum Beispiel behauptet unser Reiseführer, dass sowohl »Hallo« als auch »Willkommen« in den beiden Landessprachen

Tagalog und Cebuan »*Mabuhay*« heißt. Wir haben dieses Wort kein einziges Mal aus dem Mund eines Filipinos vernommen. Meistens wurden wir nur angestarrt. Ein Gespräch mit uns will keiner führen. Warum nicht? Auch wenn die Menschen hier kaum Englisch sprechen und unser Cebuan sich auf das Notwendigste beschränkt, ein freundliches Lächeln, ein nettes »*Hello*« würde uns doch völlig ausreichen. Stattdessen werden wir von jedermann mit einem »*Hey Joe*« bedacht, einem zutiefst aggressiven »*Hey Joe*«, das stets verächtlich hinter uns her gegrölt wird. Spießrutenlaufen muss sich so ähnlich anfühlen wie ein ganz normaler Spaziergang auf Cebu für uns. Geschichten vom GI Joe, dem Synonym für den amerikanischen Soldaten schlechthin, wurden uns von Zac, dem Besitzer der Marina, erzählt. Anderen Erklärungen nach sollen die Amerikaner beim Betreten der Philippinen jeden mit »*Hey Joe*« begrüßt haben. Arme Filipinos! Ein wenig können wir sie ja sogar verstehen. Schon im 16. Jahrhundert waren die Philippinen an die spanische Krone gefallen. Genauso wenig wie in Lateinamerika nahmen die Spanier Rücksicht auf die einheimische Bevölkerung, sondern unterdrückten sie und beuteten mithilfe deren Arbeitskraft die Bodenschätze aus. 1899 fielen die Philippinen in einem Tauschgeschäft an die USA. Eigene Wurzeln sind nach 400 Jahren Besatzung und Unterdrückung kaum mehr übrig geblieben. Aber können die Filipinos alle Schuld an den jetzigen Verhältnissen, an der Überpopulation, an der mangelnden Bildung, an der Armut ausschließlich anderen in die Schuhe schieben? Können sie nicht trotzdem versuchen, ein bisschen Selbstwertgefühl, Stolz oder Freundlichkeit für Fremde an den Tag zu legen? Es hätte uns sehr gefreut. Nur gut, dass ich eine Webseite zu diesem Thema erst ein halbes Jahr später im Internet entdeckt habe, sonst hätte ich ununterbrochen an meiner Wahrnehmung gezweifelt. Dort steht nämlich: »Mehr noch als grandiose Landschaftskulissen bleiben Begegnungen mit Filipinos im Gedächtnis haften. Es sind die Menschen, die dem Archipel seinen Reiz und Charme verleihen. In wohl kaum einem anderen Land

Asiens ist es einfacher, Kontakt mit den Einheimischen zu bekommen als auf den Philippinen, deren Bewohner sich selbst als die freundlichsten Menschen der Welt bezeichnen.« Möge es allen, die nach uns dieses Land bereisen, vergönnt sein, sich an solchen Erfahrungen zu erfreuen, mit denen eine europäische Immobilienfirma für die Philippinen wirbt.

*

»Lass uns nach Boracay segeln«, schlägt ein saft- und kraftloser Björn mir am nächsten Morgen vor.

»Aber da soll es doch von Hotels und Pauschaltouristen nur so wimmeln«, werfe ich zweifelnd ein.

»Das ist mir mittlerweile egal. Schau dich doch an: Du hast seit Heiligabend durchgehend Bauchschmerzen und Durchfall und kannst dich mit deinen Kreislaufproblemen und dem Schwindelgefühl kaum mehr auf den Beinen halten. Wir sollten erst mal wieder richtig gesund werden.«

Die nur wenige Kilometer lange Insel Boracay entpuppt sich, wer hätte das gedacht, tatsächlich als kleines Juwel. Zumindest fürs Auge. Ein fast endloser feiner schneeweißer Sandstrand, kleine verspielte Wellen, dahinter dieses unbeschreibliche aus sich selbst heraus leuchtende Türkis des flachen, klaren Meeres. Ein Bild zum Sich-satt-Sehen und Schnell-wieder-gesund-Werden! Sogar die vielen traditionellen Segelboote mit ihren Auslegern, welche die Touristen ein paar Stunden hinaus aufs tiefblaue Meer entführen, stören die Schönheit des Bildes nicht, runden sie sogar perfekt ab. Man darf sich bloß nicht umdrehen. Sonst ist man all seiner Illusionen vom Südseeinseltraum sofort beraubt. Ein Restaurant, ein Hotel reiht sich ans andere, Beton, Mauern, Leuchtreklamen, so weit das Auge blickt. Sollen wir heute italienisch essen, chinesisch, mexikanisch oder koreanisch? In der German Bakery stilecht mit Müsli und Rosinenschnecken frühstücken, zum Mittag ein Schweizer Rösti ein paar Häuser weiter einnehmen und am Abend im Irish Pub abhängen? Oder dieses unglaubliche *mongolian barbeque*, das an fast jeder Ecke angeboten wird, einmal versuchen? Außer Essengehen, was unserem Geldbeutel gar nicht guttut, Tischtennisspielen und mit einem gemieteten Mofa einmal um die kleine Insel düsen kann man hier allerdings nicht viel machen, was nicht noch mehr Geld kostet. Doch, gesund werden. Und sich die Touristen, meist Koreaner und Japaner, aber auch Australier und Europäer anschauen. Kontakt bekommen wir zu niemandem. Alle schauen teilnahmslos oder gar gelangweilt aus. Als ob sie gar nicht so genau wissen, warum sie hier sind. Erschreckt stellen wir fest, dass es für viele Menschen anscheinend nicht so einfach ist, aus dem alltäglichen Arbeitsleben voller Termine, Stress und Ärger auf Knopfdruck in die entspannte Welt des Urlaubs abzu-tauchen. Immerhin wird uns in den sechs Tagen auf Borocay kein einziges Mal »*Hey Joe*« hinterhergerufen. Und unser Silves-termenü an dem kleinen, fein gedeckten Tisch unter Palmen direkt im weißen, noch warmen Strandsand werde ich auch so schnell nicht vergessen. Die paar Tage Nichtstun haben aus uns wieder unternehmungslustige Menschen gemacht. Sogar unser Optimismus ist zurückgekehrt, zwar noch etwas geschwächt, aber schon wieder als solcher erkennbar. So schnell lassen wir uns nicht unterkriegen.

Also weiter! Sonst versinken wir hier noch in Bequemlichkeit und Völlerei. Wozu haben wir ein Segelboot? Um die Welt auf unsere Art und Weise zu erkunden, um Ursprüngliches zu ent-decken, um selbstbestimmt eigene und nicht vorgefertigte Wege gehen zu können!

*

Doch kaum haben wir Boracay verlassen, werden wir wieder mit dem realen Leben auf den Philippinen konfrontiert. Auf Panay, der Insel gegenüber von Boracay, wollen wir noch vor der Abfahrt an der Tankstelle unsere Dieselkanister auffüllen. Was Boracay an Schönheit schon fast zu viel hat, hat dieser dreckige kleine Ort auf der anderen Seite der Meerenge definitiv zu wenig, beziehungsweise gar nicht. Wir haben ganz vergessen, wie viel Gestank, Lärm und Ungepflegtheit uns jedes Mal wieder aufs Neue in den »normalen« Städten und Dörfern empfangen. Mich zieht diese lieblose Atmosphäre jedes Mal wieder runter, ich fühle mich nach solchen Aufenthalten komplett leer und energielos, zurück bleibe ich als kraftloser und von allem nur noch genervter Mensch.

Der Gang über den Fischmarkt lässt meine Stimmung noch weiter sinken. Die Thunfische, die dort zum Verkauf angeboten werden, sind nicht länger als eine Männerhand. Björn fragt zweimal nach, er kann es kaum glauben, dass diese mickrigen Dinger Thunfische sein sollen. Thunfische im Kleinkindalter.

»Erinnerst du dich noch an die Tunas, die wir auf dem Fischmarkt von Tokio gesehen haben?«

Nie werde ich diesen Anblick vergessen. Morgens um fünf latschten wir durch die riesigen, schwach beleuchteten Kühlhallen des größten Fischmarktes der Welt. Tausende, Zehntausende Thunfische lagen da in endlosen Reihen auf dem Boden, tiefgefroren, dampfend vor Kälte. Tunas so groß wie Delphine. Tunas so dick, dass ich sie mit meinen Armen nicht umspannen könnte. Tunas, jeder mindestens 100 Kilo schwer. Die Tunas, die wir selbst mit unserer Schleppangel aus dem Pazifik gezogen haben, nahmen sich dagegen aus wie Kümmerlinge. 80, 90 Zentimeter maßen sie meistens höchstens, aber reichten immerhin für drei bis vier Mahlzeiten.

Björn ist wütend: »Die können doch nicht schon Babyfische fangen. Wenn die so weitermachen, gibt es in weniger als zehn Jahren hier nicht einen einzigen Thunfisch mehr. Guck dir doch die anderen Fische an, die hier verkauft werden, die kann man schon gar nicht mehr als Fische erkennen, so klein sind sie«, und er zeigt auf die Körbe, in denen winzige getrocknete Tiere, kaum größer als einen Zentimeter, wie Reis oder Bohnen verkauft werden.

Trotz meines Schocks kann ich die Filipinos aber irgendwie verstehen. Hungrige Mäuler wollen gestopft werden. Und wer Hunger hat, nimmt keine Rücksicht auf Laichzeiten und verschwendet an Nachhaltigkeit nicht einen müden Gedanken. Nur leider sind die Filipinos damit auf dem besten Weg, ihr eigenes Grab zu schaufeln. Die philippinischen Gewässer weisen angeblich die reichste und abwechslungsreichste Meeresfauna und -flora in der ganzen Welt auf, nirgends gibt es so viele verschiedene Fische, Muscheln und Korallen wie in dieser Inselwelt. Wie lange noch?

... *und zweitens* ...

Coron/Bonbonon – Schwanger, na und?

Irgendwo auf den Philippinen wird es sicherlich ein Plätzchen geben, das uns gefällt. Weiter im Westen, auf abgelegenen Inseln wie Palawan soll es angeblich landschaftlich schöner sein, sauberer und vor allem dünner besiedelt. Außerdem liegt Palawan auf unserer Route nach Borneo. Aus diesem Grunde nehmen wir Kurs dorthin. Solange wir segeln, äh, natürlich motoren – das Segel haben wir nur hochgezogen, um ein bisschen Schatten aufs Deck zu bekommen –, gefällt uns die Welt wieder. Spiegelglattes Wasser, tief genug, um sich keine Sorgen machen zu müssen, kleine und größere meist schroffe Felseninseln, an denen wir vorüberziehen. Hin und wieder palmenumsäumte Sandstrände. Kaum noch *bancas*. Herrlich. Ich sitze auf meinem Lieblingsplatz im Bugkorb und lasse die Beine baumeln. Arndt, unsere elektrische Selbststeueranlage, macht seine Sache ausgezeichnet, Björn, der unten in der Kombüse ein knackiges Sandwich zaubert, ebenfalls. Unser Dinghi namens QUIETSCHIE – weil es, wenn es an der Bordwand festgebunden ist, beim Entlangschubbern immer vor sich hin quietscht – pflügt an langer Leine hinter MI COLUMPIO her durchs blaue Wasser. Ein Bild des Friedens.

Bis wir um die letzte bizarre Felseninsel biegen und vor uns Coron, die auf Busuanga gelegene Hauptstadt des Archipels, sich ausbreitet, die nördlichste der Palawan Islands. Gleich wird wieder eines unserer Lieblingsspiele beginnen: einen halbwegs vernünftigen Ankerplatz zu finden. Gute Ankerplätze sind auf den Philippinen absolute Mangelware. Wann immer wir eine kleine flache Bucht finden, die unserem Schiffchen gefallen würde, ist sie von Fischfallen in jeglicher Länge und Form versperrt. Wo

Fischfallen sind, sind Menschen, und wo Menschen sind, sind Dörfer. Wir haben das Gefühl, die gesamten Philippinen bestehen nur aus Dörfern oder Städten. Und überall diese ohrenbetäubende Musikberieselung! Allein können wir uns hier nie fühlen, nur einsam. Auch in Coron die gleichen Menschen-Totballer-Spiele in den Internetcafés, der Gestank aus Auspuffgasen, das desinteressierte Verhalten der Menschen. Zusätzlich ist die Versorgung mit Nahrungsmitteln katastrophal: Jeglicher Fisch, der in den Gewässern um Coron gefangen wird, landet auf dem Großmarkt in Manila, woher im Austausch verwelktes und überteuertes Gemüse und Obst kommen. Selten hat unser Speiseplan so kärglich ausgesehen.

Nicht einmal Schnorcheln bringt in diesem Meer Spaß. Hatten wir nicht gelesen, dass man vor Palawan und Coron so wunderbar tauchen und schnorcheln kann? Wo denn bitte sehr? Egal, wie weit wir mit QUIETSCHIE auf die Suche nach intakten Korallen fahren, alles, was wir beim Schnorcheln entdecken, sind die Einschlagkrater der Dynamitfischerei. Wie nach einem Bombenangriff liegen die Korallen abgebrochen und kreuz und quer auf Grund, daneben gähnt schon der nächste Einschlagkrater. Keine Korallen mehr, keine Fische. Was die Explosionen nicht vernichtet haben, besorgt das Zyanid. Dieses starke Nervengift wird unter Felsspalten und Höhlen eingebracht, um die restlichen Fische, die dann betäubt an die Wasseroberfläche treiben, einfach und bequem einsammeln zu können. Dass bei diesen Methoden *alle* Fische dran glauben, versteht sich von selbst.

*

Immerhin entdecken wir ein paar Seemeilen entfernt von der Stadt auf Coron Island, einer unglaublich schroffen Insel mit steil ins Meer abfallenden Wänden, eine winzige, von Felsen gänzlich umschlossene Bucht. Korallenriffe umschließen ein kleines Becken von vielleicht 30 mal 30 Metern. Da drin zu ankern wäre ein Traum. Wir schnorcheln alle Korallenbänke ab

– und tatsächlich, an einer Stelle reicht das Wasser dem stehenden Björn bis an die Brustwarzen. Es könnte gerade so reichen: Björn bleibt im Wasser, während ich vorsichtig Mico über diese flache Stelle lotse.

»Du hast noch fünf Zentimeter Wasser unterm Kiel!«

Super! Ehrlich gesagt würde es mir um die abgebrochenen Korallen, die da unten liegen, auch kein bisschen leidtun, eher um Mico. Gemeinsam vertäuen wir unsere kleine Yacht mithilfe der vier Festmacherleinen, die wir noch von der Durchquerung des Panamakanals haben, zwischen den Felsen. Sicher und regungslos liegt sie da, wie in einem großen Spinnennetz gefangen. Als dann am Abend der riesige bleiche Vollmond aufgeht und mit seinem 100 000-Watt-Strahler Licht und Schatten auf die Felswände zaubert, fühlen wir uns wie in einer riesigen geheimnisvollen Kathedrale und zum ersten Mal auf dieser Reise fast richtig glücklich. Absolute Stille, kein Windhauch trübt die verzauberte Atmosphäre, nur ein kleiner Gecko sitzt irgendwo in einer Spalte und ruft sein »ecko«. »Ecko« hallt es zu uns herüber. So müsste das Leben immer sein.

*

In mir steigt eine unerklärliche Wut auf. Gerade eben sind wir aus Coron zurückgekommen. Die drei Stunden, die wir dort verbrachten, reichten mir schon wieder vollkommen.

»Was machen wir eigentlich in einem Land, in dem wir uns jeden Morgen fragen, was wir hier verloren haben?«, fragt mich Björn frustriert, nachdem wir uns im Schatten des Biminis verkrochen und in unserem mit über zwei Metern Länge riesigen Cockpit ausgestreckt haben.

»Weiß ich nicht«, lautet meine Standardantwort, »wir können ja mal im Reiseführer nachschauen, was es hier an offiziellen Attraktionen gibt.«

»Ich weiß, ich weiß. Wir können auf den kahlen Hügel dahinten hinaufklettern, um die Aussicht zu genießen. Wir können es

42

aber auch sein lassen. Ich will mich nicht beschäftigen, nur um mich nicht langweilen zu müssen. Ich möchte etwas erleben, erfahren. Ich möchte in klarem Wasser schnorcheln! Ich möchte interessante Kulturen kennenlernen! Ich möchte leben und nicht vor mich hin vegetieren! Ist dir eigentlich schon mal aufgefallen, dass wir, seit wir in den Philippinen sind, zu keinem einzigen Filipino näheren Kontakt hatten, zu keinem einzigen?«

Björn hat recht. Das Leben ist zu kurz und zu kostbar, um es an langweiligen und unfreundlichen Orten zu vergeuden. Verlangen wir zu viel, wenn wir einfach nur glücklich sein wollen? Wie wohl fühlten wir uns doch in Papua-Neuguinea. Warum eigentlich? Was ist der wesentliche Unterschied zwischen diesen beiden Revieren, diesen beiden Kulturen, die fast Nachbarn sind und die doch Welten trennen? Ich wage zu behaupten, dass im Gegensatz zu den Filipinos die Papuas noch wissen, was Würde ist. Und Unabhängigkeit und Selbstbestimmung. Sie wissen genau, wie gut sie es haben mit ihrem sozialen System, das die Menschen untereinander stützt, und mit ihren Gärten, in denen wächst, was man zum Leben braucht. Materiell gesehen sind die Papuas zwar viel ärmer als die meisten der Filipinos mit ihren gemauerten Häusern, mit ihren Mofas, Fernsehern, Radios und schicken Klamotten. Und doch – in jeder anderen Hinsicht – um so vieles reicher.

»Gut, dann lass uns zurück nach Pi-en-dschi fahren«, seufze ich und genieße die vertraute Aussprache für PNG, wie die Australier ihr Nachbarland Papua-Neuguinea liebevoll nennen.

»Genau das sage ich schon seit Tagen! Dann stimmst du mir jetzt also endlich zu?«

»Mmh.«

Da gibt es nämlich noch ein Problem. Ich bin schwanger. Zumindest laut Schwangerschaftstests. Vor fünf Tagen haben wir den ersten gemacht, heute den zweiten, und beide zeigen eindeutig positiv an. Mit dem Gedanken an Kinder wollten wir uns eigentlich erst im kommenden Jahr ein wenig beschäftigen. Und nicht jetzt – und nicht in den Philippinen. Deshalb hat mich die Tatsache, wahrscheinlich schon fast im dritten Monat zu sein, auf dem komplett falschen Fuß erwischt. In einem ersten Anfall von Panik haben wir unser gesamtes bisheriges Leben über den Haufen geworfen und uns ein bodenständiges Leben in Deutschland ausgemalt. Unser Häuschen ist auf einmal zu klein, ein größeres, am besten ein eigenes, muss so schnell wie möglich her. Und unser Boot? Ja, das Boot müssen wir verkaufen, um zum dringend benötigten Geld fürs Haus zu kommen. Am besten in Singapur. Mit einem Baby an Bord kann man nicht segeln.

Diese eventuellen Veränderungen in unserem Leben führten dazu, dass wir die darauffolgenden Tage depressiv auf dem Vorschiff herumsaßen. Nicht dass ich mich über das Kind nicht freuen würde. Ich wollte immer Kinder haben. Aber es ist so viel einfacher, von einer undefinierten Zukunft zu sprechen, in der wir mal Kinder haben werden, als jetzt und hier festzustellen, *dass* wir in ein paar Monaten ein Kind haben werden. Auf einmal ist alles, was vor uns liegt, sehr fremd und neu und unbekannt. Und ich habe Angst. Nicht vor der Schwangerschaft hier auf dem Boot und ohne ärztliche Untersuchungen, auf Letztere kann ich gut und gerne verzichten. Nicht um das Kind, dem es in meinem Bauch bestimmt gutgeht. Auch nicht vor der Geburt, sie liegt noch in so weiter Ferne. Nein, ich habe Angst davor, meine Freiheit und meine Unabhängigkeit zu verlieren. Ich muss einfach frei sein dürfen in meinem Leben. Wie lange habe ich gebraucht, um das überhaupt zu erkennen? Und wie viele Jahre danach, um mir meine Freiheit in jeder Hinsicht zu erkämpfen? Jetzt bin ich endlich unabhängig: von meinen Eltern, von jeglicher Schule oder Universität, finanziell, ich habe keinen Chef, der mir was zu sagen hat, kann im Beruf völlig selbst bestimmen, meine Ideen ausleben und umsetzen. Ich kann den ganzen Tag tun und lassen, was ich möchte. Ja, nicht mal an Björn bin ich gebunden. Wir sind zwar seit über sieben Jahren zusammen, aber nicht verheiratet, da wird auch das Kind nichts dran ändern. Aber an meiner Unabhängigkeit! Ich werde ununterbrochen für ein anderes Wesen da sein und meine Bedürfnisse hintenanstellen müssen. Werde ich das hinbekommen? Und, noch schlimmer, werde ich mit Baby weiterhin reisen, immer unterwegs sein können, ein paar Tage hier, ein paar Tage da, wie ich das auch in Deutschland so sehr liebe? Ich weiß es nicht. Ich weiß nur, dass ich fest entschlossen bin, alles zu tun, um trotz Kind frei zu bleiben.

Außerdem fühlen wir uns, als ob wir Verrat an MI COLUMPIO begehen würden. An MICO, wie wir unser Schiffchen liebevoll nennen und wie es auch hieß, bevor wir es mit dem treffenden Namen MI COLUMPIO, auf Spanisch »Meine Schaukel«, getauft haben. Noch vier Monate kann sie uns eine treue Gefährtin sein – und dann sollen wir sie abgeben müssen, an irgendjemanden verkaufen, um Platz und Zeit für ein neues Wesen zu haben? Ich habe die dumpfe Ahnung, von nun an jeden Tag an diesen Abschied denken zu müssen. Ein Schiff ist nicht einfach ein Ding, von dem man sich ohne Emotionen trennen kann. Vor allem nicht unsere MICO. Sie ist so stilvoll, eigensinnig und absolut zuverlässig. Nach sechs Jahren kennen wir jede Schraube, jede Schelle, jeden Schlauch. Haben endlich verstanden, wie sie am besten segelt, ihre Macken und Eigenarten, ihre Stärken und Schwächen kennen- und schätzen gelernt. Wir haben sie nach unseren Vorstellungen gestaltet, bunt und gemütlich. Und jetzt sollen wir uns in ein paar Monaten endgültig von ihr trennen? MI COLUMPIO ist nicht einfach nur ein Gegenstand aus Kunststoff, Holz und ein bisschen Metall. Sie hat so etwas wie eine eigene Seele und ist tausendmal individueller als ein Auto und hundertmal lebendiger als ein Haus. MICO ist zu einem Teil von uns geworden, einem ganz wesentlichen, wichtigen Teil. Unser Leben wäre anders verlaufen ohne sie. Nun sollen wir sie verkaufen? Nein, die Zeit ist definitiv noch nicht reif dafür.

Wieder ist es Björn, der mich mit neuen Ideen und Vorschlägen überzeugt: »Warum müssen wir eigentlich MICO verkaufen, nur weil wir ein Kind bekommen? Wo steht denn geschrieben, dass das Segeln mit einem Baby an Bord nicht möglich sein soll?

Schau dir doch mal die französischen Segler an, da bekommen einige ihre Kinder auf der Weltumsegelung! Und außerdem, einem Baby ist es wahrscheinlich ziemlich egal, ob es in einem Haus oder auf einem Schiff liegt. Dagegen werden ihm die Temperaturen in den Tropen bestimmt besser gefallen als der deutsche Winter!«

»Wir werden mal schauen«, versuche ich ihn in seinen Zukunftsträumen zu stoppen.

»Und wenn alle Stricke reißen, segle ich MICO im nächsten Jahr halt alleine von Pi-en-dschi nach Singapur. Ich will jetzt zurück nach Papua-Neuguinea. Ich will nicht weiterhin meine Zeit und gute Laune in den Philippinen vergeuden. Noch haben wir ein Segelboot, noch steht es uns frei, an die schönsten Plätze der Welt zu segeln, dorthin, wo wir ohne Boot niemals mehr hinkommen.«

Ich weiß, dass er recht hat. Ich weiß auch, dass es mich nicht weiter nach Süden Richtung Palawan zieht, dass mein Herz, so kitschig es auch klingen mag, sich die ganze Zeit nach PNG, zu den Menschen mit diesem strahlenden Lächeln, zurücksehnt. »Lass uns umkehren.« Warum sollen Schwangere auf einmal nicht mehr segeln?

Immerhin haben wir von nun an eine neue Beschäftigung an den Abenden: einen Jungennamen finden. Mädchennamen, die mir gefallen, kenne ich zur Genüge, schon aus diesem Grunde bin ich sicher, dass wir ein Mädchen bekommen werden. Aber einen passenden Jungennamen? Erstaunlicherweise sind sie noch schwieriger zu finden als einsame Ankerbuchten in den Philippinen. Aber wir haben Zeit und Muße in den lauen Tropennächten und lassen unserer Fantasie freien Lauf, stolpern über beachtliche Ottokars, Hartmuts und Rasputine, bis wir schließlich zu so herrlichen Kreationen wie Achmed Alibaba oder Dschingis Karl kommen. Andere Menschen brauchen eine große Portion Alkohol im Blut, um so viel Spaß zu haben wie wir, die wir uns fast jeden Abend vor Lachen auf dem Vordeck kringeln, weil wir nicht wissen, ob wir unser ungeborenes Kind Eberhard oder doch lieber Manfred nennen sollen.

Björn lebt und träumt schon wieder voll in der Zukunft. Er sitzt unterm Kettenkasten in der Vorderkoje und wühlt sich mit Begeisterung durch unsere Seekarten. »Schau, was ich gefunden habe! Du wirst es nicht glauben. Seekarten von Palau! Die waren bei den Kopien von Mikronesien dabei. Jetzt fehlt nur noch der Übersegler.«

»Wäre nicht schlecht, eine Karte zu haben, auf der wir den Weg von hier nach Papua-Neuguinea finden«, murmle ich.

»Ach was«, Björn ist in seinem Eifer nicht mehr zu bremsen. »Zur Not male ich das fehlende Stück aus dem Atlas ab. Ist ja eh nur Wasser zwischen hier und PNG.«

Typisch Björn. Ich muss ihn immerzu bremsen, und er reißt mich mit. Das perfekte *dream team*. Während er jede halbwegs passende Seekarte, die er findet, mit lautem Jubelgeschrei quittiert, bin ich mir noch nicht ganz im Klaren darüber, ob wir die richtige Entscheidung getroffen haben. Gefühle brauchen halt immer etwas länger zum Reifen als Ideen oder Gedanken. Ein bisschen traurig stimmt es mich schon, nicht weiter ins Neue, Unbekannte fahren zu können. Indonesien hätte ich nur allzu gerne noch in Ruhe per Boot erkundet. Gabi und Dieter von der POMUCHEL, zwei wunderbare Menschen, die wir damals bei unserer Pazifiküberquerung auf den Galapagosinseln kennen- und lieben gelernt haben, bekommen jedes Mal wieder leuchtende Augen, wenn sie bei unseren alljährlichen Besuchen in ihrem Zuhause in Kappeln von ihrem Aufenthalt auf den abgelegenen Inseln Indonesiens erzählen. Von den liebenswerten Menschen dort und den lachenden Kindern. Und von der Orang-Utan-Dame, die bei einer geführten Tour durch ein Schutzgebiet an Dieter Gefallen gefunden und sich darum mit ihren weit über 100 Kilo schnurstracks auf ihn draufgesetzt hatte. Was die sonst eher zurückhaltende Gabi dazu veranlasste, laut schreiend auf die Menschenäffin loszustürmen und der

Konkurrentin ihren Rucksack um die Ohren zu schlagen. Was die Dame allerdings nicht störte, während Dieter sein letztes Stündchen schlagen sah und den *Guide* dazu veranlasste, einen kleinen Baum auszureißen und der dickfelligen Affendame vor die Brust zu rammen, worauf sie sich endlich trollte.

Solche Geschichten möchte ich, in abgemilderter Form natürlich, auch selbst gerne erleben. Wir wollten uns doch vom Wind um die Welt treiben lassen, immer weiter westwärts ziehen, in den Indischen Ozean, um auf den menschenleeren Chagos Islands ein bisschen Robinson zu spielen. Nach Mauritius. Madagaskar. Um vielleicht eines Tages dort wieder anzukommen, wo wir losgesegelt sind, im Rio Dulce in Guatemala. Andererseits, müssen wir wirklich um die Welt segeln? Wir haben unsere Mico irgendwo auf der Welt gekauft und nicht in Deutschland. Da können wir sie ja auch irgendwo wieder verkaufen. Und müssen es nicht innerhalb von einem oder zwei Jahren mit unserem Schiff bis nach Deutschland geschafft haben. Wir haben mehr Zeit, mehr Möglichkeiten. Björn hat recht: Wir sollten sie nutzen! Reiserouten sind nur dazu da, um sie über den Haufen zu werfen. Dann kehren wir halt um, dann segeln wir halt gegen die vorherrschende Windrichtung. Spätestens im April werden wir wissen, ob diese Entscheidung richtig war.

Björn reißt mich aus meinen Überlegungen. »Guck mal, der Übersegler hier deckt den gesamten Westpazifik ab. Der Maßstab ist zwar riesig, aber immer noch besser als nichts. Schau, wenn wir hier nördlich von Mindanao die Philippinen verlassen und als Ziel diese winzigen Inseln im Norden von PNG nehmen, führt unser Kurs fast an diesem kleinen Punkt hier vorbei«, und er zeigt auf einen Fliegenklecks auf der Karte.

»Das ist Helen Reef, ein unbewohntes Atoll, das noch zu Palau gehört. Und weißt du, was super ist? Wir haben die Seekarte davon! Und weißt du, was das Beste ist?«

»Nein.«

»Das Atoll hat eine Einfahrt. Guck dir die Karte hier an, sieht das nicht einfach gigantisch aus?«

Björn steckt mich mit seiner Begeisterung an. Das Atoll sieht wirklich zu verlockend aus. Ein riesiges Außenriff in Tropfenform, im Westen die perfekte Einfahrtsöffnung, im Norden eine winzige Insel.

»Von Helen Reef segeln wir die Nordküste von PNG entlang und klappern die kleinen vorgelagerten Inseln ab.«

»Und MICO könnten wir dann ja in Madang bei Rookes Marine lassen«, fällt mir ein. »Da lag sie doch im letzten Jahr auch schon mal für ein paar Tage, als wir uns im Hochland herumgetrieben haben. Das klappt bestimmt!«

Freudestrahlend sehen wir uns an.

»Klasse! In einer halben Stunde mal kurz die nächsten Monate geplant!«

»Finde ich super. Wir machen einfach, was wir wollen!«

Am Abend, in Björns Arm gekuschelt, flüstere ich ihm ins Ohr: »Weißt du, Gott hat schon dafür gesorgt, dass es uns hier in den Philippinen nicht gefällt. Das hatten wir doch schon so häufig in unserem Leben. Dass wir uns furchtbar aufgeregt haben über Dinge, die einfach nicht klappten, obwohl wir sie unbedingt wollten. Und dann stellte sich im Nachhinein heraus, dass das, was wir stattdessen bekommen haben, viel besser für uns war. So wird es auch diesmal sein. Gott weiß doch immer besser als wir, was gut für uns ist.«

»Ich weiß. Erinnerst du dich noch daran, dass wir auf unserer letzten Reise von PNG aus unbedingt nach Pohnpei segeln wollten? Und der Wind kam genau aus Richtung Pohnpei, und wir haben so was von geflucht deswegen und sind dann stattdessen auf Nukuoro gelandet und haben dort Ben und Welmina kennengelernt und eine wunderbare Zeit auf ihrem Atoll verbracht. Oder danach, die letzten Tage auf Yap. Hat das Leben uns da nicht zwei Tage vor unserer Abfahrt diese australischen Segler vorbeigeschickt, mit der Adresse und Telefonnummer von Zacs Marina in Port Carmen? Sonst hätten wir nicht den blassesten Schimmer gehabt, welche der unzähligen Inseln der Philippinen wir hätten ansteuern sollen, geschweige denn wo wir unser Boot hätten lassen können.«

Das ist ja das Tolle beim Segeln. Wenn man auf dem Meer nicht lernt, an göttliche Fügung zu glauben und zu vertrauen – wo dann?

*

Die Sache ist beschlossen. Wir kehren um. Orang-Utans hin oder her, Borneo wird uns nicht weglaufen. Und Wolfgang Hausner werden wir, wenn es sein soll, irgendwo anders auf dieser Welt wiedertreffen. Zum ersten Mal in den vergangenen sechs Jahren dreht sich MICOs Bug zurück gen Osten. Zurück Richtung Pazifik, der uns mit seinen stets lang gezogenen Wellen und meist freundlichem Wetter in bester Erinnerung geblieben ist. Auf alle Fälle gibt es auf dem Stillen Ozean nicht diese widerlichen Waschbrettwellen, die uns jetzt auf der Sulusee empfangen. Wollten wir die Sulusee, die in der westlichen Welt vor allem durch Piratenüberfälle bekannt ist, nicht komplett meiden? In unserem Cruising Guide »*Cruising Southeast Asia Volume I*« wurde ausdrücklich vor den Piraten der Sulusee gewarnt. Auch die berühmt-berüchtigte Insel Jolo, auf die im letzten Jahr deutsche Touristen von der Terrororganisation Abu-Sayyaf verschleppt und dort über Wochen unter menschenunwürdigen Bedingungen gefangen gehalten wurden, liegt im Süden der Sulusee. Doch uns bleibt keine andere Wahl. Der kürzeste Weg zurück in den Pazifik führt nun einmal quer über sie hinweg. Zweieinhalb Tage lang segeln und ackern wir extrem hoch am Wind. Die kurzen steilen Wellen, die sich zwischen den Inseln Negros und Palawan aufgebaut haben, sind alles andere als magenfreundlich und lassen uns die meiste Zeit über der Reling hängen. Bei mir würde es mich nicht wundern, ich bin ja schwanger und kann mir somit allerhand erlauben. Doch auch Björn füttert die Fische – vielleicht, um sich mit mir solidarisch zu erklären und seinen Beitrag, seinen zweiten sozusagen, zu meiner Schwangerschaft zu leisten. Was unser Schiffchen seit dem Vortag hier macht, hat nichts mehr mit Segeln zu tun: Es springt über diese kurzen Wellen wie ein bockiges junges Pferd über wahllos dahingeworfene Hindernisse. Nach jedem Sprung fällt die Ankerkette im Bug, die selbstverständlich mithüpft, mit der vollen Wucht ihrer sicherlich 50 Kilogramm in den Ankerkasten zurück. Leidend wartet Björn bei jedem Rums auf den Moment, in dem sie den Ankerkasten – und die Bordwand gleich noch dazu – mit ihrem Gewicht durchschlägt. Ich kann es mal wieder kaum glauben: Da sind wir seit Wochen in den Philippinen unterwegs, und es weht kaum ein Lüftchen, um voranzukommen, und kaum beschließen wir, hoch am Wind zu segeln, kachelt und schrubbt es wie blöde. Mit zweifach gerefftem Groß, das Vorsegel nur ein wenig herausgezogen, kämpfen wir uns mühsam voran. Liegen zusammengerollt wie zwei Streifenhörnchen (O-Ton Björn) im Schutz der Sprayhood, während alle paar Minuten das Spritzwasser der überkommenden Wellen einen Großteil des Cockpits unter Wasser setzt. Zumindest steuert uns Ole, wie wir unsere neue Windpilot-Selbststeueranlage getauft haben, absolut zuverlässig über das unruhige Meer und wird, im Gegensatz zu uns, auch nicht im Geringsten seekrank. Der Platz rechts an der Pinne, wo Björn sonst gerne sitzt und sich mit Handsteuerung seine Zeit vertreibt, ist schon seit geraumer Zeit verwaist. Rechts und links, Küche, Taue und andere nichtseemännische Ausdrücke kommen bei uns an Bord übrigens in rauen Mengen vor. Keiner von uns hat das Segeln mit seinem fachmännischen Vokabular je richtig gelernt. Und da wir nur zu zweit auf dem Boot sind, ist es uns egal, wie wir reden. Hauptsache ist, wir verstehen uns.

Selten haben wir uns nach einem Ankerplatz so gesehnt wie nach dem kleinen geschützten Naturhafen in der Tambobo Bay an der Südspitze der Insel Negros, den wir nach 55 Stunden Gegenangebolze im goldenen Abendlicht erreichen.

Alles hätten wir erwartet, aber nicht, dass es solch einen Platz in den Philippinen gibt. Der Ankerplatz in dem sich verbreiternden Flüsschen ist hervorragend, um uns herum ankern mindestens 15 andere Yachten, und als wir die auf Pfählen in die Bucht gebaute Bar betreten, werden wir von einer jungen Filipina mit den freundlichen Worten »*Welcome to Bonbonon*. Ich heiße Arlene, wie heißt ihr?« begrüßt.

Haben wir bereits heimlich, ohne es zu merken, die Philippinen verlassen?!

Nichts da. Der Landstrich an der Südküste Negros ist dünn besiedelt. Segler verschiedener Nationalitäten haben sich nach jahrelangem Ankern in der Bucht letztendlich an Land niedergelassen, haben dort Häuser gekauft oder gemietet. Die Stimmung hier ist friedlich, international, wohltuend. Drei Tage wollen wir bleiben, zwei Wochen werden letztendlich daraus. Das Leben ist zu bequem, die Bucht zu schön, die allabendlichen Gesprächsrunden mit den anderen Seglern zu interessant. Wir schwelgen in liebevoll zubereitetem Essen und angenehmer Gesellschaft und sind wieder für kurze Zeit, wie bei der Pazifiküberquerung, Teil der internationalen Seglergemeinschaft – mit all ihren Vor- und Nachteilen.

Wenn wir nicht gerade essen, werkeln wir im Garten bei Karl herum, einem hier ansässigen liebenswerten Österreicher, und reparieren und verschönern alles an unserem Schiffchen, was wir schon immer reparieren oder verschönern wollten: schmirgeln und streichen und sägen zwei kleine Holzgitter für unsere Schwalbennester, damit Winschkurbel, Angelhaken und Klopapier, die ihren Stammplatz in diesen kleinen Fächern in den Cockpitrückenlehnen haben, bei Regen nicht mehr in einer Pfütze schwimmen müssen. Bauen den neuen Anlasser ein, den wir in Dumaguete, der 30 Kilometer entfernten Provinzhauptstadt des Südens der Insel Negros, ergattert haben. Ein erhabenes Gefühl, endlich wieder den Motor alleine vom Cockpit aus starten zu können, ohne dass Björn im Motorraum hängen und mit dem Hammer afrikanische Rhythmen auf den Anlasser schlagen muss. Bemühen uns, mit Garys Hilfe, unser Single Side Band wieder zum Laufen zu bringen, um in den nächsten Monaten zumindest wieder irgendeinen Wetterbericht aus dem Äther empfangen zu können. Unsere Versuche zu senden haben wir schon lange aufgegeben – wir sind keine Amateurfunker, wir haben keinerlei Schein für diese in der Bedienung wirklich komplizierten Apparate. Dafür reparieren wir mit dem genialen Unterwasser-Epoxy, das ebenfalls von unserem amerikanischen Bootsnachbarn Gary stammt, seines Zeichens ehemaliger Hewlett-Packard-Chef in Hongkong und Liebhaber philippinischen Rums, unter Wasser unser Ruder. Der Zusammenstoß mit dem Felsen vor Malapascua gleich am ersten Abend unserer Reise hatte doch mehr Spuren hinterlassen als angenommen. Ein fast handtellergroßes Stück war abgebrochen, es sah aus, als ob ein kleinerer Hai einmal herzhaft zugebissen hätte.

*

Wahrscheinlich finden wir es hier auch nur so angenehm, weil dieser Platz so extrem unzugänglich ist. Einzige Verbindung zur Außenwelt auf dem Landweg ist das *hubble-hubble*, ein in die Länge gestrecktes Motorrad. Zusätzlich zum Fahrer finden nicht nur drei bis vier Passagiere hintereinandergequetscht darauf Platz, auch lebende Schweine, unser neuer Anker, die gefüllten Dieselkanister und all der Proviant für die nächsten drei Monate werden auf diese Weise transportiert. Wo ein Wille ist, ist auch ein Weg, genauer gesagt ein Schotterweg, der eine halbe Stunde lang durch schattige Palmenplantagen, an Wasserbüffeln und an Reisfeldern entlang zur nächsten geteerten Straße führt. Von dort dauert es mit dem Bus eine weitere halbe Stunde bis nach Dumaguete. In dieser Stadt mit ihren 100 000 Einwohnern entdecken wir in einem Buchladen ein schönes, bebildertes Buch über Schwangerschaft und Geburt.

»Schau mal, so groß ist unser Würmchen schon, ganze sieben Zentimeter, und sieht bereits aus wie ein kompletter kleiner Mensch.«

Da uns das Buch zu schwer und zu teuer zum Kaufen ist, drucken wir uns im Internet auf einer Webseite über Schwangerschaften einen persönlichen Schwangerschaftskalender aus: Auf diesem ist genau aufgelistet, was sich in welcher Woche verändert, sowohl beim Kind als auch bei der Mutter. Damit fühle ich mich ausreichend informiert und beruhigt für die kommenden Monate auf dem Segelboot. Als wir am Abend mit den anderen im Restaurant klönen, spricht mich eine junge Amerikanerin an. Sie ist mit ihrem Mann und ihren zwei Kindern heute in Bonbonon eingelaufen. Irgendein Segler muss ihr erzählt haben, dass ich schwanger bin, denn sofort beginnt sie, mich auszufragen.

»In welchem Monat bist du?«

»Irgendwo im dritten«, antworte ich vage, »schätze ich zumindest.«

»Na, dann bist du aus der gefährlichen Zeit ja bald heraus und weißt, ob du dein Kind behalten kannst.«

Ehrlich gesagt weiß ich nicht, wovon sie spricht. Die Ausdrucke aus dem Internet liegen noch ungelesen im Rucksack. Doch Mary, meine amerikanische Nachbarin und die Ehefrau von Gary, ist über die wenig feinfühlige Vorgehensweise ihrer Landsmännin sichtlich empört. »Dass sie dir, die du schwanger bist, das erzählt! Von Fingerspitzengefühl hat die Dame wohl auch noch nichts gehört.« Und Mary, selbst keine Mutter, klärt mich vorsichtig darüber auf, dass Frauen häufig in den ersten drei Monaten der Schwangerschaft aus unerklärlichen Gründen eine Fehlgeburt erleiden. Erst ab dem vierten Monat ist die Wahrscheinlichkeit, sein Kind zu behalten, bedeutend höher.

Aha. Langsam beginnt mir zu dämmern, dass Schwangerschaft in der Welt, aus der wir kommen, ein heikleres Thema ist als von mir bisher angenommen. Hatte ich mir bisher in irgendeiner Weise Sorgen gemacht um mich und den kleinen Wurm in mir? Nein. Der bekannte Satz »Schwangerschaft ist keine Krankheit« war mein Motto, mit dem ich in den letzten Wochen sehr gut gefahren, äh, gesegelt war. Und ich habe vor, weiter fest daran zu glauben. Mir geht es wunderbar. Nichts tut mir weh, mir ist nicht übel, nur mein Blutdruck ist sehr niedrig, sodass mir häu-

fig schwindelig wird, wenn ich zu lange stehe (was mir besonders oft in irgendwelchen Hardware-Läden bei Temperaturen
um die 35 °C passiert, auf unserer Suche nach Ersatzteilen) und
mich sofort hinsetzen muss. Unter Segeln habe ich bisher noch
keine gesundheitlichen Probleme gehabt, vom ständigen Fische-
füttern mal abgesehen. Ansonsten habe ich das Glück, aus meinem gesamten Freundeskreis die Erste zu sein, die schwanger ist.
Mit immerhin 30 Jahren. Glück insofern, als dass ich all die
Schauergeschichten über Fehlgeburten, Frühgeburten und kom-
pliziert verlaufende Schwangerschaften, die ich in den folgenden
Jahren hören werde, noch nicht kenne und mir deshalb nicht im
Geringsten Gedanken über die Geschehnisse in meinem Bauch
mache.

*

Ja, Bonbonon meint es gut mit uns. Trotzdem, es ist schon
Anfang Februar, und wir müssen und wollen weiter. Sonst sitzen
wir noch in einem halben Jahr hier herum. Das ist schon anderen Seglern vor uns passiert, die sich jetzt jeden Abend eine Flasche Rum hinter die Binde kippen. Denn der ist günstig hier.
Sicherheitshalber nehmen wir ein paar Flaschen davon mit. Für
andere Segler und für bestechungswürdige und -willige Offizielle.

An einem Vollmondabend wie aus dem Bilderbuch verlassen
wir nach fast 14 Tagen die vertraute und lieb gewonnene Bucht.
MI COLUMPIO, satt und ausgeruht wie wir und bis unters Dach
mit Lebensmitteln und Diesel vollgestopft, nimmt erneut Kurs
gen Osten, Kurs ins Unbekannte. Und wir freuen uns auf dieses
Unbekannte, diese Ungewissheit ist es doch, die bei uns ein herrliches Kribbeln im Bauch hervorruft. Mit Spannung sehen wir
den kommenden Monaten entgegen, die jetzt noch leer wie ein
unbeschriebenes Blatt vor uns liegen und in den nächsten
Wochen mit Bildern, Anekdoten und Erlebnissen gefüllt werden.
Mein Bauch wird, irgendwann auch für Björn sichtbar, sich hof-

fentlich langsam wölben. Weitab vom Rest der Welt warten ein paar Inseln im endlosen Ozean auf uns. Wuvulu. Ninigo. Hermit. Manus. Inseln, von denen wir kaum etwas wissen, außer dass sie irgendwo im Norden von PNG liegen und damit direkt auf unserem Weg nach Madang. Denn Madang, das Städtchen, das uns letztes Jahr so gut gefallen hat, soll unser Ziel sein sowie Rookes Marine unser Zielhafen.

Wuvulu. Noch ist es nur ein geheimnisvoll klingender Name. Doch wenn alles gut geht, können wir in gut zwei Wochen schon da sein. Oder in drei. Es kommt ganz darauf an, ob wir am unbewohnten Helen Reef, das auf der Hälfte der Strecke liegt und sich zum Ausruhen und Ausschlafen anbietet, stoppen oder nicht. Fünf Tage brauchen wir, um uns gegen Wind, Welle und Strömung durch das Inselgewirr in Richtung Pazifik vorzukämpfen. Da tagsüber ein starker Wind aus genau der Richtung bläst, in die es uns zieht, versuchen wir es mit der Taktik, ausschließlich nachts bei weniger Wind und dabei möglichst hoch am Wind mit Motorunterstützung zu segeln. Trotz Kuttertakelung, die auf der letzten Reise so wunderbar funktionierte, wollen die Seemeilen, die noch vor uns liegen, einfach nicht weniger werden. Unsere Seglermoral erleidet einen kläglichen Einbruch, da wir, obwohl wir uns Nacht für Nacht um die Ohren schlagen, kaum vorankommen. Außerdem muss ich mich bei diesem Geruckel und Gegenangebolze für meinen Geschmack viel zu häufig übergeben. Zusätzlich entpuppen sich die Ankerplätze, die wir im Morgengrauen aufsuchen, als zu tief zum Ankern, mit steil ansteigenden Riffen, jede winzige Einbuchtung im Riff durch Fischfallen abgesperrt. Vom schlafraubenden, direkt in die Buchten stehenden Schwell ganz zu schweigen. Dementsprechend gerädert und begeistert machen wir uns jeden Abend erneut gegen Wind und Welle auf.

Der Motor leidet bei diesem Kurs in ähnlichem Maße wie wir. Durch das Geruckel wird der Bodensatz im Tank hochgewirbelt. Winzige Algen und Dreckpartikel im fein säuberlich gefilterten Diesel verkleistern nach wenigen Fahrtstunden den Dieselfilter.

Trotz unserer sorgfältig geplanten Einkäufe in Dumaguete finden wir an Bord nur noch einen anderen Dieselfilter, gebraucht und demnach ebenso dreckig wie der zurzeit benutzte. Björns neue Lieblingsbeschäftigung für zwei Tage heißt abwechselnd Dieselfilter zwecks Säuberung in Benzin baden. Eine Methode, die stinkt, eklig ist und den Motor leider nur für einige Stunden ohne Verstopfung laufen lässt.

Als ob das alles noch nicht ausreichen würde, um unsere Laune auf den Tiefpunkt sinken zu lassen, dürfen wir zusätzlich eine weitere Folge der unterhaltsamen Serie »Die Tollpatschigkeiten des Björn D.« ausbaden. Beim Nachfüllen des Diesels in Bonbonon ist ihm am letzten Tag das Stück Gaze, das er als Filter benutzt, samt Gummiband in den Tankstutzen und von dort direkt in den Tank gerutscht. Eine lange schlaflose Nacht hat der Gute überlegt, ob er nun den Tank öffnen, also den Tankdeckel, das heißt so circa 25 dicke Schrauben, abschrauben soll oder nicht, und hat sich schließlich für Letzteres entschieden. Die Quittung bekommen wir in der zweiten Nacht danach serviert. Durch das ewige Motoren gegenan werden nicht nur Diesel und Dreck aufgewirbelt, sondern auch das Stückchen Stoff, das sich alle paar Minuten vor den Ansaugstutzen setzt. Als logische Konsequenz verreckt der Motor mangels Treibstoff. Aber nach fünf Jahren Übung sind wir ja Meister im Erfinden und Konzipieren von Notlösungen und stöpseln einfach die Dieselschläuche von der Tankzufuhr ab und stecken sie in einen vollen Kanister. Diese Methode, die sich schon des Öfteren bewährt hat, hilft auch diesmal: kein störendes Stück Stoff mehr, nicht einmal mehr Algen. Dafür steigt mir, während ich am Eingang im Cockpit liege, nun ein unerträglicher Dieselgestank in die Nase. Super, war da nicht irgendetwas mit Schwangerschaft oder so? Da brauche ich keine Fachbücher, um zu wissen, dass Dieseldämpfe alles andere als gesundheitsfördernd sind. Dazu kommt noch der Lärm, der aus dem jetzt offenen Motor dringt. Ich verkrieche mich in die hinterletzte Ecke im Cockpit. Keine gute Idee bei dem Kurs: Alle paar Minuten spritzt ein Liter Meerwasser über mich hinweg. Schlimmer kann es kaum noch werden. Dann reißt im Morgengrauen der Keilriemen, warum auch immer. Es sollte uns eigentlich nicht weiter stören, da wir genügend Ersatzteile an Bord haben. Die beiden Keilriemen, die Björn aus den letzten Winkeln des Bootes hervorkramt, entpuppen sich allerdings als vom Alter gezeichnete hauchdünne Gummibänder. Das erste hält knappe fünf Minuten, bevor es zerfetzt durch den Motorraum fliegt. Das zweite verabschiedet sich ein paar Minuten später auf dieselbe Weise. Ich enthalte mich klugerweise jeglicher Kritik. Einen unausgeschlafenen und motorölverschwitzten Björn soll man nicht unnütz reizen.

»Haben wir vielleicht eine Damenstrumpfhose an Bord?«

Was für eine Frage! Natürlich segle ich in den Tropen ausschließlich in Nylonstrumpfhosen. Mittlerweile ist es sechs Uhr morgens, die Sonne geht als große leuchtende Orange hinter der Nachbarinsel auf, und der Wind ist tatsächlich einmal komplett eingeschlafen. Ideale Bedingungen zum Motoren. Endlich könnten wir ein Stück vorankommen, wenn denn der Motor funktionieren würde.

»Wie wäre es mit einem Moskitonetz? Ich finde, dass es einer Nylonstrumpfhose täuschend ähnlich sieht, wenn man es in Streifen schneidet.«

Um ein paar Meilen Richtung Ausgang Philippinen gutzumachen, opfere ich gerne den halben Hausstand. Zumindest wenn Hoffnung auf Erfolg besteht. Und es funktioniert tatsächlich. Die Wasserpumpe kühlt wieder, und wir motoren endlich mehr als nur ein paar Stunden, um im nächsten schäbigen Hafen drei funkelnagelneue Keilriemen zu erstehen.

*

Es dauert für meinen Geschmack viel zu lange, bis wir uns wieder aus dem Inselgewirr der Philippinen gekämpft haben. Besonders der Passage durch die Surigao Strait sehen wir mit Unbe-hagen entgegen. In die sich über mehr als 1000 Seemeilen erstreckende Inselgruppe führen nur zwei Passagen hinein, wodurch die Strömung in diesen Einfahrten uns bis zu sechs Knoten Geschwindigkeit bringen kann. Wolfgang Hausner hat es einmal bei der Durchquerung der Straße das Trampolin seines Katamarans zerfetzt. Mal sehen, wie viel Glück wir haben werden. Ausnahmsweise mal richtig viel: Sonnenschein und fast völlige Windstille begrüßen uns am Morgen. Außer Strudeln in allen Größen und Formen (sehr schön anzusehen übrigens) und ein paar akzeptablen Kreuzseen treffen wir auf nichts, was uns Probleme bereiten könnte! Sogar unser Motor arbeitet problemlos und bolzt mit neuem Keilriemen und frisch gereinigtem Dieselfilter souverän gegen die drei Knoten Strömung gegenan.

Am Abend erreichen wir den ersehnten Außenposten im Osten der Philippinen, die Insel Bucas Grande. Wie hatten wir uns auf unseren letzten Ankerplatz, von dem andere Segler in Bonbonon vorgeschwärmt hatten, gefreut. Doch verregnet und ganz in graue Wolken gehüllt empfängt uns das vorgelagerte Riff zum geschützten Ankern, das wir erst am nächsten Morgen bei Hochwasser überqueren können. Also müssen wir eine lange Nacht vor dem Riff verbringen, natürlich im Schwell. Als ob eine weitere schlaflose Nacht nicht genug wäre, scheuert noch die Schwimmleine, an der unser funkelnagelneuer zweiter Anker hängt, an einem Korallenblock durch. Am Morgen begrüßt uns nur das ausgefranste Tauende, der aus rostfreiem Stahl extra für uns angefertigte Stockanker ist auf Nimmerwiedersehen im trüben, mehr als 20 Meter tiefen Wasser verschwunden. Unsere Begeisterung wächst stündlich.

Die Angst segelt mit

Philippinensee –
Attacke auf dem offenen Meer

Nach 24 nassgrauen Stunden, in denen es weder mit dem Ausschlafen noch mit dem Ausruhen geklappt hat, haben wir den Lärm und das Angestarrt-werden so satt, ziehen die Segel hoch und flüchten hinaus aufs offene Meer in die lange ersehnte Ruhe und Freiheit. Leider empfängt uns der Pazifik nicht mit der Freundlichkeit, mit der er uns im letzten Jahr verabschiedet hat. Eine hohe, steile Welle begrüßt uns, noch verstärkt durch starken Schwell. Uns ist alles egal. Nur endlich weg aus diesem unsäglichen Land.

»Wir haben es geschafft, Birgit! Es hat Ewigkeiten gedauert, dem Elend zu entkommen, aber nun liegt es endlich hinter uns.« Björn freut sich sichtlich.

Ich kann unser Glück noch nicht ganz fassen und murmle nur etwas wie: »Warte es nur ab, noch sind wir in philippinischen Gewässern.«

Endlich kann unsere MI COLUMPIO wieder das tun, was sie am liebsten mag: Segeln. Motorgeräusche möchte ich für die nächsten Wochen nicht mehr hören müssen. Ein paar Minuten später hat mich die Seekrankheit fest in ihren Fängen. Vielleicht sollte man doch nicht segeln, wenn man schwanger ist? Andererseits, wie viele Frauen übergeben sich während der Schwangerschaft regelmäßig jeden Morgen nach dem Aufstehen – und nicht nur wie ich auf meinem schaukeligen Segelboot?

MI COLUMPIO liegt mit gerefftem Groß und verkleinerter Genua zwar wunderbar stabil auf der Steuerbordseite und kommt mit fünfeinhalb Knoten gut voran. Nur die Wellen entpuppen sich als extrem steil und dementsprechend ungemütlich. Das mag daran liegen, dass der Pazifik vom amerikanischen

Doppelkontinent 6000 Seemeilen unentwegt nach Westen rollt, bis der Gürtel, den die philippinischen Inseln von Norden nach Süden bilden, die gewaltigen Wassermassen stoppt. Dadurch baut sich eine unangenehme, weil unnatürliche Welle auf. Im grauen Wolkenhimmel verschwinden die letzten Ausläufer Mindanaos, der gewaltigen südlichsten Insel der Philippinen. In den grauen Dunst der Dämmerung hinein segelt unser kleines Schiff, das alle paar Minuten von einer kompletten Salzwasserdusche übergossen wird. Dann beginnt es zu regnen. So haben wir uns unsere Rückkehr auf den Stillen Ozean nicht vorgestellt. Wie kann das Segeln doch widerlich sein. Und nass! Irgendwo im Salon sickert Spritzwasser durch und tränkt die dort liegenden Polster mit Salzwasser. Ich liege mit Kreislaufproblemen auf der glücklicherweise noch trockenen Seite, dämmere vor mich hin und überlege, ob es die heftigen Wellen sind, die mich schwindelig fühlen lassen, oder meine Schwangerschaft oder ob einfach nur die Kombination aus beidem ungesund ist. Und flehe Gott, den Wind, das Leben, Neptun oder wer auch immer dafür zuständig ist, inständig an, dem ungemütlichen Wetter ein baldiges Ende zu bereiten. Ich möchte mich nicht auch noch den folgenden Tag nur von Traubenzucker ernähren – alles andere verweigert mein Magen im Moment. Draußen im Cockpit harrt der tapfere Björn im leuchtgelben Regenmäntelchen aus und singt sein Unbehagen vor den heranrollenden 5-Meter-Wellen lautstark hinaus. Warum er ausgerechnet mit dem Lied »So ein Tag, so wunderschön wie heute« beginnen muss, wird mir für immer ein Rätsel bleiben. Ole, unser mechanischer Windpilot, darf sich bei diesem Wetter ausruhen. Björn hat, zumindest während der ersten zehn Stunden, noch Spaß daran, selbst die Pinne in die Hand zu nehmen. Er, der ehemalige Windsurfer, kann sich total daran berauschen, eine Welle nach der anderen abzusurfen. Aber irgendwann werden auch seine Arme lahm, und spätestens nach der ersten durchwachten Nacht interessieren ihn Wellen und Wind nicht mehr, sondern nur noch seine Koje. Das interessiert Wind und Wellen aber nicht: Unbeirrt blasen und rollen sie weiter heran. Schon am gestrigen Abend haben wir ein weiteres Reff ins Groß gebunden, die Genua fast bis auf Handtuchgröße verkleinert. Ich versuche, Björn für kurze Zeit abzulösen, doch nach weniger als einer halben Stunde dreht sich bei mir im Kopf alles so dermaßen, dass ich mich schleunigst wieder hinlegen muss. Na, dann leiden wir halt gemeinsam: Björn unter Müdigkeit draußen, ich unter Schwindelgefühl und Seekrankheit drinnen. Geteiltes Leid ist halbes Leid? Dass ich nicht lache!

Nach 30 unruhigen Stunden scheint auch dieser Spuk ein Ende zu haben, und Björn fällt todmüde in die Koje. Jetzt liegt es an mir, bei zweifach gerefftem Großsegel und sieben Knoten Fahrt auf den richtigen Kurs von Mico zu achten. Die Wellen werden langsam flacher. Ich pelle mich aus dem miefigen Ölzeug und freue mich auf eine ruhige Nacht. Da tauchen am Horizont Lichter auf. Ein Frachter, vermute ich anhand der beiden hellen Positionslichter. Doch der Abstand zwischen den Lichtern bleibt konstant, während das Schiff sich uns von Backbord immer weiter nähert. Trotz ordnungsgemäßer Segelbeleuchtung, die wir angeschaltet haben, fühle ich mich leicht beunruhigt. Ich wecke Björn.

»Ich verstehe nicht, welchen Kurs der Frachter fährt. Irgendetwas kommt mir daran spanisch vor. Außerdem wird er, wenn er weiterhin in diese Richtung fährt, uns noch irgendwann rammen. Ich habe das Gefühl, die Leute auf dem Schiff sehen uns überhaupt nicht.«

Doch, sie sehen uns! Und kommen direkt auf uns zu! Jetzt erkennen wir auch, warum sich der Abstand zwischen den Lichtern in den letzten Minuten nicht vergrößert hat. Der angebliche Frachter entpuppt sich als zwei dicht hintereinanderlaufende, hell erleuchtete Fischerboote. Und die haben allem Anschein nach die feste Absicht, direkt unseren Kurs zu schneiden.

»Die spinnen doch komplett!«

Björn schaltet als letzten Versuch auch noch die komplette

Deckbeleuchtung an, um die anderen auf uns aufmerksam zu machen. Vergeblich. Das erste Boot ist bereits weniger als 100 Meter entfernt und wird uns bei diesem Kurs innerhalb der nächsten Minute im spitzen Winkel rammen.

»Motor an und nichts wie weg«, schreit Björn, »schnell links herum, hinter ihnen vorbei!«

Der Motor heult auf. Ich reiße die Pinne herum, und wir stampfen bei back stehenden Segeln gegen die noch immer hohen Wellen an, um der drohenden Kollisionsgefahr zu entgehen. Was dann folgt, wird uns beiden vermutlich für immer ins Gedächtnis eingebrannt bleiben und unser Verhalten gegenüber Fischerbooten in den nächsten Jahren bestimmen. Das vordere, an die 30 Meter lange Schiff wendet ebenfalls sofort und kommt direkt auf uns zu. Es besteht absolut kein Zweifel mehr.

»Ich glaube es einfach nicht, die verfolgen uns!«

Björn schaltet alle Lichter aus, gibt Vollgas und reißt das Ruder erneut herum. Das Groß knallt herum, die Genua sucht sich selbst ihren Weg auf die Leeseite.

»Weiter abfallen«, schreie ich Björn zu, »wir müssen so schnell wie nur irgendwie möglich werden!«

Wir sind beide kurz davor, in Panik auszubrechen. Nur wenige Meter neben uns hebt und senkt sich der Bug des Motorbootes in den Wellenbergen wie ein riesiger weit aufgesperrter und hell erleuchteter Schlund, der uns im nächsten Moment verschlingen will. Das kann einfach nicht wahr sein, dass uns so etwas passiert. Dann fängt der Motor an zu stocken und fällt nach wenigen Sekunden ganz aus!

»Nein, nicht auch noch das, bitte, bitte nicht!«

Unter Segeln allein sind wir eindeutig zu langsam! Björn springt den Niedergang hinunter, reißt die Motorabdeckung weg und entlüftet, das Einzige, was ihm auf die Schnelle einfällt. Und siehe, der Motor springt wieder an. Doch haben wir mit unseren 27 PS eine reelle Chance, einem schweren Motorboot zu entkommen? Mittlerweile laufen wir mit Vollgas vor dem Wind ab, der Kurs ist egal, bloß weg. Das Fischerboot, bunt beleuchtet wie ein geschmackloser Weihnachtsbaum, klebt direkt hinter uns und spielt Katz und Maus.

»Lass die Fock ganz raus!«, rufe ich zu Björn.

»Geht nicht«, schreit dieser zurück, »ich muss das Kompasslicht mit der Hand bedecken, damit sie uns nicht sehen.«

Ich springe ins Schiffsinnere, um die Kompassabdeckung zu holen und stoße mir im Dunkeln beide Schienbeine an der Leiter, die noch mitten im Wege liegt. Fluchend bahne ich mir meinen Weg zum Ausgang, da höre ich auf dem VHF Stimmen. Die Fischer!

»Birgit, versuch mit ihnen zu sprechen. Egal was. Lenk sie ab!«

»*Hello, hello? Do you speak English? Can you understand me?*« Meine Stimme überschlägt sich beinahe. Aus dem VHF dringt eine Art Gegrunze zu mir. »Was wollt ihr? Lasst uns in Ruhe, bitte!«

Jetzt ist deutlich eine Männerstimme zu hören, die sich über mich lustig macht: »*Yes yes yes yes* …«

»*Hello*, was wollt ihr?«

Weiteres Gelächter und Gegröle. Dann ertönt ein vollständiger Satz: »Seid ihr Amerikaner?«

»Nein, wir sind Deutsche.«

»*Americanos?*«

»Nein, Deutsche, *Germans*. Kennt ihr Deutschland? Europa?«

»*No americanos?*«

»Nein. Definitiv nicht. Und ihr, seid ihr Filipinos?«

»*Yes*, wir sind alle Filipinos«, grinst mich die Stimme an.

Hätte ich mir doch denken können. Wir werden und werden dieses Land mit seinen Leuten einfach nicht los.

Von draußen ertönt Björns Stimme: »Mach weiter, verwickle sie in ein Gespräch. Das ist unsere einzige Chance. Mit Haken schlagen alleine schaffen wir es nicht!«

Ich bin froh, meine Angst durch Reden unterdrücken zu können und nicht hilflos auf das uns noch immer verfolgende Schiff starren zu müssen. Und ich kann so nett sein auf einmal, so höflich und zuvorkommend. »*Sorry*, ich kann euch nicht verstehen, könntet ihr das bitte noch einmal wiederholen? Vielen Dank.«

1 Ein Wirrwarr aus Stegen zum Anlanden, Bonbonon.

2 Helen Island – unsere winzige Welt im weiten Ozean.

3 Elliot in Hochstimmung –
  Wuvulu.

4 »Welchen Anker hätten
  Sie denn gerne?« Freie
  Wahl auf Helen Island.

5 Unser Paradieschen auf
  Heina.

6 »Lässt er die Fackel fallen
  oder nicht?« Show-
  spektakel unter Palmen
  auf Wuvulu.

3

4

5

6

7   Die traumhafte Lagune
von Hermit.

8   Zum Klo wird balanciert –
Haus Pekpek auf Hermit.

9   Auf Schritt und Tritt werden wir von Kindern
begleitet, Hermit.

10 Markt in Madang.

14

11 Das letzte Kanu von Hermit: ein 15 Meter langes Hochsee-Segelboot mit Ausleger im Museum für Völkerkunde, Berlin.

12 Das Boot bot Platz für bis zu 50 Personen; hier Vordersteven, der riesige Ausleger ist im Hintergrund zu erkennen.

13 Traditionelles Kanu mit geschnitztem Vordersteven am Strand von Kitava.

14 Kunstvoll bemalter Kanuvordersteven, Kitava.

15 Ein Segelboot als Windeldampfer.

16 Gut geschützt vor Sonne, Wind und Spritzwasser – unser Baby auf seinem Lieblingsplatz.

15

16

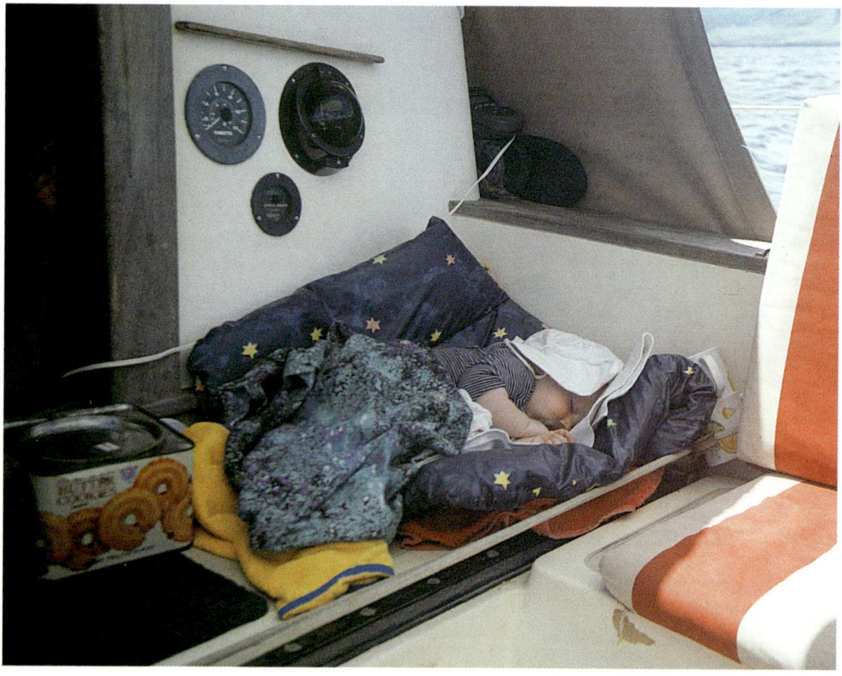

»Wie viele seid ihr?«, will die Stimme jetzt wissen.

»*Sorry*, ich kann euch leider nicht verstehen.«

»*How much on board?*«

»*Sorry, can you repeat it, please?*«

Schweigen am anderen Ende. Unheil verkündendes Schweigen. Ich frage schnell weiter. »Wo kommt ihr her?«

»Surigao City«, lautet die Antwort.

So geht das Gespräch hin und her. Ich rede mir die Ohren heiß, frage, was mir in den Sinn kommt, verstehe das meiste tatsächlich nicht. Bloß reden, immer schön weiterreden.

»*Give me cigarettes!*«

»Tut mir leid, wir haben keine Zigaretten, wir sind Nichtraucher. *I'm sorry* …«

Nach einer ewig langen Viertelstunde kommt von Björn das ersehnte Signal: »Du kannst aufhören. Ich glaube, wir haben sie abgehängt! Siehst du, da hinten sind sie. Die können uns definitiv nicht mehr sehen.«

Tatsächlich, beide Lichter entdecke ich in ein paar Hundert Metern Entfernung am Horizont. Stillschweigend motorsegeln wir im Zickzackkurs, wie ein Hase Haken schlagend, weiter. Alle paar Minuten wechseln wir auf den anderen Bug. Das ständige Wenden und Schotenkontrollieren lenkt uns ab, beruhigt unsere Nerven. Nach einer weiteren Viertelstunde ist deutlich erkennbar, dass die beiden Fischerboote ihren ursprünglichen Kurs wieder aufgenommen haben. Sie motoren nach Südwesten weg. Wir laufen noch eine weitere Stunde strikt nach Osten, bevor wir wieder in südöstliche Richtung schwenken. Langsam löst sich die Spannung, und wir versuchen, den Vor-, Zwischen- oder Überfall zu verarbeiten.

»Ich weiß wirklich nicht, was die von uns gewollt haben. Bei dem Seegang hätten sie absolut keine Chance gehabt, uns zu entern. Das Einzige, was sie hätten tun können, war, uns einfach über den Haufen zu fahren.«

»Ach was, die waren betrunken, das habe ich an den Stimmen gehört. Die wussten vielleicht in ihrem Zustand selbst nicht, was sie wollten. Waren einfach aggressiv und aufgeputscht. Und ziemlich planlos, sonst hätten wir sie nicht so verhältnismäßig leicht abschütteln können.«

»Ja. Wahrscheinlich …«

Jeder für sich in Gedanken versunken sitzen wir noch bis Mitternacht im Cockpit. Erst dann setzt sich die Routine der Nachtwachen wieder durch.

Kurz vorm Morgengrauen wecke ich Björn erneut. »Ich will nicht mehr, und ich kann nicht mehr. Links von uns fahren schon seit fast einer Stunde zwei ebensolche Lichter wie die von vorhin vor uns her. Und rechts, der Frachter dort, hat gerade seinen Kurs geändert und kommt direkt auf uns zu.«

In der Tat, ein riesiger Frachter von weit über 100 Metern Länge nähert sich der noch immer unbeleuchteten MI COLUMPIO in beträchtlichem Tempo von der Seite. Ich habe die Schnauze gestrichen voll. Björn versucht erneut auszuweichen, da biegt das Frachtschiff wenige Hundert Meter vor uns im scharfen Winkel ab, zeigt uns seine volle Breitseite und scheint dort, aus welchen Gründen auch immer, zu ankern. Leicht bescheuert, bei einer Wassertiefe von drei Kilometern. Wir machen uns schleunigst per Motorunterstützung davon.

Ein paar Stunden später – der Wind ist mittlerweile abgeflaut, wir kommen mit angenehmen 15 Knoten voran, und auch das Meer hat sich beruhigt – ist es Björn, der mich weckt. »Zieh dir was an und pack unser Geld in unterschiedliche Verstecke. Vor uns fährt ein Fischerboot, und ich will nicht, dass sie all unser Geld bekommen. Die Dollars können sie meinetwegen haben, aber mehr nicht.«

Das Fischerboot kreuzt 200 Meter vor uns, fährt seelenruhig weiter und verschwindet schließlich in der hellen Morgensonne. Nur wir sind mit den Nerven am Ende. Beim geringsten Anlass sehen wir mittlerweile Gespenster und vermuten Bösartigkeiten, wo gar keine sind. Mein Verstand wird die Attacke des Fischerbootes wohl innerhalb des heutigen Tages verarbeiten, doch mein Gefühl wird noch Wochen, ja Monate mit der Unterdrückung der Angst zu kämpfen haben. Wie gut, dass unser nächstes Ziel Papua-Neuguinea heißt. Das Land kennen wir bereits und können uns dort einen ähnlichen Vorfall bei aller Fantasie nicht vorstellen. Und bis dahin sind es nur noch 1000 Meilen. Ganze 1000 Seemeilen, auf denen wir jederzeit noch auf philippinische oder auch indonesische Fischerboote treffen können. Irgendwie werden wir diese Strecke heil hinter uns bringen müssen!

*

Was erst zu viel Wind war, ist jetzt zu wenig. Es herrscht totale Flaute. Da verspreche ich meinem ungeborenen Kind beim Verlassen der Philippinen, von jetzt an werde es nur noch Ruhe bekommen, und seit mehr als 24 Stunden hämmert und stampft der Motor nun schon wieder unter mir. Dazu schlägt das Großsegel, das uns bei dem vorhandenen Schwell zumindest noch ein wenig Stabilität verschafft, mit ohrenbetäubendem Knallen hin und her. Die Sonne brennt von einem strahlend blauen Himmel auf uns herab. Unsere Körper sind ausschließlich damit beschäftigt, literweise Schweiß zu produzieren.

»Ich will Wind!«, brüllt Björn auf den Ozean hinaus.

»Flap, flap«, antwortet ihm das Großsegel.

»Wenn das so weitergeht, ist unser gesamter Dieselvorrat verbraucht, bevor wir Helen Reef erreichen. Wie sollen wir dann die nächsten 700 Seemeilen über den Äquator schaffen«, murrt er herum.

Björn sieht mal wieder schwarz. Er möchte den Motor ausschalten und so lange hier herumdümpeln, bis wieder Wind kommt. Ich will weiter motoren. Lieber dem potenziellen Wind entgegenfahren als einfach nur herumzusitzen, abzuwarten und uns vom unangenehmen Schwell durchschaukeln zu lassen.

»Ob wir nun hier herumdümpeln oder auf dem Weg nach Wuvulu«, erwidere ich, »ist doch völlig egal. Und ebenso, ob wir jetzt motoren oder später. Und wer weiß, vielleicht treffen wir ja im Helen Reef ein Boot, das uns gerne seinen Dieselvorrat verkaufen möchte …«

Einfallsreiche Argumente ziehen immer, und die Frage »dümpeln oder dieseln« hat sich fürs Erste erledigt. Wir motoren wieder stumpfsinnig vor uns hin. Noch haben wir genug Treibstoff, um uns auch bei völliger Windstille unserem Ziel nähern zu können. 250 Liter Dieselvorrat aus den Philippinen hätten nach unseren Berechnungen eigentlich reichen sollen, um uns durch die noch vor uns liegenden Kalmengebiete des Äquators zu bringen. Konnten wir ahnen, dass der anfangs herrschende Wind, der so konstante Nordostpassat, uns bereits nach den ersten zweieinhalb Tagen verlassen würde? Noch liegen 900 Seemeilen bis zur ersten Insel PNGs vor uns, und bis Lorengau auf Manus, der ersten Stadt und demnach Tankstelle, die wir anlaufen wollen, sind es weitere 270 Seemeilen. Wenn der Wind bis dorthin gar nicht wieder wehen will, kommen wir wirklich in arge Bedrängnis.

*

Björn schläft, ich sitze alleine im Cockpit und starre in die undurchdringliche Dunkelheit. Ich frage mich, ob ich Angst habe. Nicht vor fremden Fischbooten, sondern vor dem Meer. Zehn Meter Kunststoff um mich herum und Hunderte Meilen Wasser bis zum nächsten Land. Ist Angst nicht reine Einstellungssache? Ich kann das schwarze Meer nachts furchterregend finden, genauso kann ich mir jedoch einreden, es ist dasselbe freundliche Wasser wie tagsüber. Und warum sollte ich am Tage Angst vorm Meer haben? Ich befinde mich ja auf einem stabilen, vertrauenswürdigen Untersatz, der schon Tausende Meilen sicher schwamm. Außerdem, auch wenn das Meer aufgewühlt ist und die meterhohen Wellen um mich herum mir äußersten Respekt einflößen, erhebt sich das Meer doch nicht aus dem Grund, um mir, Birgit, Angst einzujagen. Im Gegensatz zum Menschen ist das Meer weder bewusst noch unbewusst gemein. Es ist einfach so, wie es ist. Auch der Wind weht nicht für uns. Er weht. Punkt, basta, aus. Wir haben kein Anrecht auf schönen Segelwind und auch kein Anrecht auf Sturm. Und doch erwarten und hoffen und wünschen wir uns stets das Angenehme von Wind und Ozean und Sonne. Im Moment weht der Wind übrigens gerade mal wieder nicht. Das hat bestimmt auch seinen Sinn. Außerdem, warum haben wir uns denn diese eher ungewöhnliche Fortbewegungsweise, das Segeln, ausgesucht? Im Grunde genommen lieben wir beide es doch, alleine und völlig selbstbestimmt unterwegs zu sein. Für alles selbst verantwortlich zu sein. Die Höhen – und natürlich auch die Tiefen –, die wir beim Segeln erleben, sind viel größer und intensiver als alles, was wir bisher beim Reisen, ja beim Leben an Land erfahren haben. Und schenken uns ein pralles, erfülltes und aufregendes Dasein.

Ein türkisfarbener Traum

Helen Reef –
Grenzenlose Freiheit und Einsamkeit

W ir wachen in einem türkisfarbenen Traum auf. Um uns herum schillert die Farbenpracht in allen nur erdenklichen Schattierungen vom dunkelsten Aquamarinblau bis zum hellsten Türkis. MI COLUMPIO schwebt in glasklarem Wasser, der weiße Sandboden darunter erscheint zum Greifen nah. Wohin wir auch schauen, überall leuchten die gleichen Farben, nur manchmal unterbrochen von den braunen Tupfen der Korallenblöcke. In einiger Entfernung schäumt weiß die Brandung, die unentwegt gegen das Außenriff rollt. Weit im Norden sind zwei winzige Punkte zu erkennen, ein auf dem Riff liegendes Schiffswrack sowie die einzige, in dieser Weite fast verloren wirkende Insel dieses Atolls – sonst umgibt uns ausschließlich der endlose Horizont des Meeres. Wir liegen im Helen Reef, ankern über einem drei Meter flachen Stück Meeresboden, das fast senkrecht aus 3000 Metern Tiefe an die Oberfläche emporstrebt.

Endlich, endlich haben wir all das gefunden, was wir uns in den letzten Monaten so sehr ersehnt haben: Ruhe, Alleinsein und vor allem Schönheit. Keine anderen Yachten und vor allem auch kein Regierungsboot aus Palau ankern neben uns. Björns Befürchtungen haben sich in Luft aufgelöst. Das circa 40 Quadratmeilen große Atoll scheint tatsächlich menschenleer zu sein. Auch Helen Island, das Sandinselchen in der Ferne, auf dem laut Angabe des Reiseführers vier Menschen leben sollen, wirkt aus der Distanz verwaist. Sind wir wirklich die Einzigen im Umkreis von Hunderten Kilometern? Soll dieses unberührte Stückchen Natur für eine kurze Zeitspanne tatsächlich uns allein gehören? Noch wage ich unser Glück kaum zu fassen, noch beschleicht mich hin und wieder die Angst, im nächsten Moment von wem auch immer aus unserem Paradies vertrieben zu werden. Ein Fischkutter in der Ferne entpuppt sich als Wrack, das Licht am Horizont als aufgehender Stern. Ich bin bestimmt nicht menschenscheu, aber der Zwischenfall mit den philippinischen Fischern hat mir für kurze Zeit erst einmal den Glauben an das Gute im Menschen genommen. Außerdem möchte ich mal wieder nackt oder doch zumindest spärlich bekleidet herumlaufen, über Bord pinkeln können und alle gesellschaftlichen Konventionen für eine kurze Zeit über Bord werfen. Und das können wir in der heutigen Zeit nur an komplett einsamen Orten. Das bewohnte Palau liegt viele Hundert Meilen weiter im Norden, dort drängen sich die 18 000 Einwohner des kleinen Inselreiches, dort bestaunen Touristen die berühmten Rock Islands, die sogenannten schwimmenden Gärten von Palau, kleine grün bewachsene kugelförmige Inseln, die wie aneinandergereiht im tiefblauen Meer »schwimmen«. Dort herrschen Bürokratie, Zollbestimmungen und vor allem Geld über das Leben. Im fast vergessenen Helen Reef aber herrscht das Freisein.

Unser erster Schnorchelversuch endet als komplette Enttäuschung: tote, graue Korallenformationen, abgebrochene Spitzen, umgestürzte Blöcke. Unsere schlimmsten Erwartungen bestätigen sich: Irgendwelche Fischer haben auch hier ihren Weg zu diesem Riff gefunden und es zerlegt, ohne Rücksicht auf die Natur zu nehmen. Doch bereits ein paar Hundert Meter weiter entdecken wir eine Unterwasserwelt, wie wir sie aus Bildbänden und unserer Erinnerung an die vergangenen Reisen kennen. Unzählige Fische der verschiedensten Formen und Farben flitzen durch bunte Korallengärten, die wie sorgfältig arrangierte Miniaturlandschaften auf weißem Sand verstreut liegen. Schönheit, hier bist du zu Hause! Mir persönlich gefallen die handtellergroßen Exemplare der Riesenmuscheln (auch bekannt als Mördermuscheln) am besten, die sich mit Vorliebe an der Oberfläche von Hirnkorallen einbetten. Zwischen den beiden keilförmig aufgespannten Schalen leuchtet ein sanft gewellter Saum in knalligem Mint, in Türkis oder Purpurblau, mit dicken schwarzen Punkten verziert, die wie Sterne glänzen. Der Mann an meiner Seite ist dagegen mehr von der Sorte Riesenmuscheln, die frei auf dem Meeresgrund herumliegt und eine Länge bis zu einem Meter aufweist, fasziniert und widerlegt auch gleich die Hypothese unseres Reiseführers, dass Mördermuscheln ihren Namen zu Recht tragen. Sie schließen sich zwar, sobald man sie berührt, aber doch nicht so schnell, dass Hand oder Fuß ohne Entkommen eingeklemmt würde. Plötzlich entdeckt Björn eine riesige Languste unter einem Korallenblock, und der sonst so Friedliebende verwandelt sich in Minutenschnelle in einen erbarmungslosen, hungrigen Jäger. Dieser hat allerdings entschieden zu wenig Praxis im Langustenfangen, was dem Tier nur ein abgeknicktes Hörnchen und Björn schlechte Laune einbringt. Aber auch eine Languste kommt selten allein, und zu guter Letzt wandert ein kleinerer Kollege erst ins Dinghi und dann, in feinster Weißweinsahnesoße in unsere Bäuche.

*

Überhaupt, das Essen! Nach zweieinhalb fischlosen Monaten in den Philippinen ist unser Tisch nun wieder reichlich gedeckt. Noch bevor wir den Pass ins Helen Reef erreichten, zappelte bereits ein kräftiger Yellow Fin, ein Thunfisch, an unserer Schleppangel. Seitdem schlemmen wir Sashimi, Poisson crue und gekochte Fischspezialitäten.

»Soll ich dir einen Fisch fangen?«, fragt mein lieber Björn immer wieder und ist schon per Dinghi und Schleppangel zum Riff unterwegs, um einen Black Jack oder eine Blue Crevalle aus dem Wasser zu ziehen. Das Leben ist einfach und herrlich und auf die Grundbedürfnisse zusammengeschrumpft: Essen fangen, Essen zubereiten, Essen essen. Ich vertiefe mich in der Küche in meine Backkünste, um der Rollenteilung bei Mann und Frau, gegen die ich Zeit meines Lebens kämpfen wollte, gerecht zu werden: Der Mann jagt, die Frau steht am Herd.

»Komm«, neckt mich Björn, »ich zeige dir die Schönheiten der Welt. Da kannst du mir wenigstens mal einen Kappa machen.«

Die patzige Antwort, die mir schon auf der Zunge liegt, schlucke ich ausnahmsweise hinunter und serviere ihm Minuten später seinen geliebten Getreidekaffee. Manchmal hat er gar nicht mal so unrecht. Ohne ihn wäre ich jetzt nicht im blauen Pazifik unterwegs, könnte nicht die unermessliche Lichtfülle von Helen Reef in mich aufnehmen. Mögen seine Ideen manchmal auch noch so verrückt klingen, seine Träume noch so abgefahren – er träumt nicht nur, sondern setzt seine Träume zielstrebig in die Tat um. Ich glaube, Björns Lebensmotto lautet: Warum warten und davon träumen, wenn man es doch einfach machen kann.

Nachmittags düsen wir gemeinsam in unserem Schlauchboot los. Wir gleiten mit zehn, zwölf Knoten über spiegelglattes Wasser, jagen im Stehen, damit die Kleidung nicht ganz nass wird, Wellenberge hinauf und hinunter. Der Wind zerzaust die Haare, das warme Salzwasser spritzt ins Gesicht und verklebt die Haut. Glückseligkeit nennt man wohl diesen verklärten Ausdruck auf unseren Gesichtern, wenn wir durchweht und noch ganz außer Atem nach einem zehnminütigen Dinghitrip unser Ziel erreichen. MI COLUMPIO schenkt uns Freiheit auf den Weltmeeren, doch unser wendiges QUIETSCHIE, das uns durch jedes noch so flache Wasser bringt, schenkt uns Unabhängigkeit am Ankerplatz. Dank ihm können wir uneingeschränkt unseren Erkundungsdrang ausleben und über das türkisfarbene Leuchten von einem Korallenfeld zum anderen gleiten, ankern, schnorcheln, weiterfahren zum Außenriff, zu den Wracks. Peu à peu erkunden wir unser kleines Idyll, das im Moment die ganze Welt für uns bedeutet.

Nach drei Tagen in der Nähe des Passes wagen wir uns mit MICO weiter in Richtung Inselchen vor und stellen uns dabei unentwegt die gleiche Frage: Ist es nun bewohnt oder nicht?

»Ich fresse einen Besen, wenn auf diesem winzigen Stück Land Menschen leben«, versichert mir Björn in einem fort.

Ich würde gerne zuschauen, während er unseren Handfeger vertilgt, nichtsdestotrotz wünsche auch ich mir nichts mehr als ein kleines unbewohntes Eiland für uns allein. Menschen werden wir auf unserem Törn noch genug antreffen. Außerdem sind wir bis dato unangemeldet in diesem Land (was heißt hier Land, auf diesem Wasser!) und wollen es für unseren kurzen Zwischenstopp auch bleiben. Besonders nachdem uns mehrere Segler letztes Jahr in Yap von den »Eintrittsgebühren« in die Republik Palau berichtet haben: Die Einklarierungsgebühr für Yachties soll pro Boot bei sage und schreibe 200 US-Dollar liegen, wenn man sich das *Entry Permit* bereits vor der Ankunft besorgt hat, ansonsten beim Doppelten. Hinzu kommen weitere Kleinigkeiten wie 50 Dollar für eine ominöse *Water Tax*, 20 Dollar für die Segelerlaubnis, zehn Dollar für die Angelerlaubnis und so weiter und so fort. Wir wussten schon, warum wir während des letzten Törns Palau immer weiträumig gemieden haben. Also fällt uns ein Stein vom Herzen, als wir uns dem Inselchen nähern und keine Spur von menschlichem Leben erkennbar ist. Dagegen verschlägt uns die Schönheit der Szenerie den Atem. Eine lang gestreckte schneeweiße Sandbank umringt bei Ebbe das Eiland, umkränzt von einem 200 Meter breiten, hell leuchtenden Streifen Flachwasser. Der Anker fällt, nein, ich lege ihn auf eine Tiefe von 50 Zentimetern, MI COLUMPIO schwimmt wenige Meter dahinter in tieferem Wasser. Zwei Sekunden später plumpsen wir in die größte und wunderschönste Badewanne der Welt.

»Habe ich dir schon gesagt, dass ich schweineglücklich bin?«, strahlt mich ein sonnenverbrannter und salzverkrusteter Björn nach dem Baden an. »Und jetzt will ich die Insel erkunden!«

Helen Island entpuppt sich als ein 300 mal 50 Meter großer Flecken Sand, von drei Bäumen und unzähligen niedrigen Büschen bewachsen. Wir hatten gehofft, ein paar Kokospalmen mit grünen Trinknüssen vorzufinden, doch die unter diesen Büschen verdeckten Palmen sind noch keine drei Jahre alt. Auch gibt es weder Bananenstauden noch Papayabäumchen. Schade, und auch ungewöhnlich, weil hier vor einiger Zeit bestimmt noch Menschen gewohnt haben, denn in der Mitte des Inselchens verfällt, von üppigem Grün zugerankt, eine schäbige Wellblechhütte, daneben noch eine. Der Platz davor ist gesäumt von leeren Budweiser-Dosen und anderem Unrat. Alles wirkt verwahrlost und verschmutzt. Wir entdecken noch einen Sendemast, eine kleine Kirchenhütte mit einem Dutzend Kreuzen an den Wänden und ein Grab. »Kadir-Husein Meningg al-Duni« steht auf dem Stein und darunter das Datum: 23. Juni 2000. Damals lebten also noch Menschen hier, dem Namen nach zu urteilen Indonesier. Auch nicht schlauer als vorher stöbern wir weiter, bis Björn plötzlich wie angewurzelt stehen bleibt.

»Siehst du auch, was ich sehe?«

Vor uns stehen 20 Kanister unter einem verrotteten Wellblechdach, einige offen, die meisten mit Deckel versehen. Björn hebt einen an.

»Voll!«, verkündet er mit vor Begeisterung sich fast überschlagender Stimme. »Ich kann es kaum glauben! Stell dir vor, da drinnen wäre Diesel! Stell es dir bitte vor! Unsere ganzen Treibstoffprobleme bis Wuvulu wären auf einen Schlag gelöst.«

Erwartungsvoll öffnet er den ersten Kanister. Die Flüssigkeit riecht wie Diesel, sieht aus wie Diesel, ist Diesel. Reinster goldgelber Diesel!

»Ich fasse es nicht, wir sind gerettet, wir können voll und ganz nach PNG motoren, falls der Wind weiterhin so spärlich weht wie bisher! Hier stehen mindestens 200 Liter Diesel herum.«

Björn vollführt einen Freudentanz, während ich mir nicht sicher bin, ob ich lachen oder weinen oder auch einfach nur schweineglücklich sein soll.

»Danke, lieber Gott, danke, liebes Leben, danke, Behörde von Palau oder wem immer wir dieses unerwartete Geschenk zu verdanken haben«, schreien wir übermütig in den strahlend blauen Himmel.

Ist das Leben nicht einfach unglaublich? Es ist ja schön und nett, wenn in schlauen Büchern geschrieben steht, dass das Leben für einen sorgt und man sich keine Gedanken über was auch immer zu machen braucht. Viel fantastischer ist es allerdings, wenn man am eigenen Leib erfährt, dass das Leben tatsächlich für einen sorgt. Eine ganze Insel voller Diesel ist genau das, was wir am dringendsten brauchen. Mal sehen, was wir noch so finden werden. Ein paar Minuten später stolpere ich am Strand beinahe über eine verrostete Tonne. Sie ist voll. Voll mit …

»Björn, komm her! Ich glaube, es wird noch besser.«

»Du hast recht, was wird schon drin sein außer … noch mehr Diesel!!!«

»Und schau, hier liegt noch eine Tonne, und da noch eine!«

Wir verfallen dem Dieselrausch auf Helen Island. Eine der Tonnen ist zwar leer, aber aus der anderen leckt, als Björn sie aufrichtet, an einigen durchgerosteten Stellen feinster Diesel heraus.

»Es ist so unglaublich, einfach nicht zu fassen.« Björn ist kurz vorm Abdrehen. »Für den Diesel in den Kanistern war ich ja sogar bereit zu zahlen, ein paar Dollarnoten im Plastikbeutel zu verstecken, mit einem Dankeschön an den unbekannten Spender. Aber dieser Diesel hier, der bereits langsam aber sicher im Sand versickert – diesen Diesel nehmen wir so mit.« Seine Augen leuchten vergnügt. »Das ist praktizierter Umweltschutz.«

Gesagt, getan. Am Morgen füllt Björn den Inseldiesel vorsichtig in einen unserer eigenen Kanister. Zurück an Bord führt er die Kraftstoffzufuhrschläuche direkt in den Kanister und lässt den Motor eine halbe Stunde Probe laufen. Er funktioniert perfekt, der Diesel scheint ihm zu schmecken. Die nächsten Stunden ist Björn damit beschäftigt, mit unserer kleinen Handpumpe einen Kanister nach dem anderen aus der Tonne zu füllen, eine langwierige, mühselige und vor allem sehr sandige Prozedur. Dreimal muss er zwischen Insel und Boot hin- und herfahren, dann sind sowohl der große Tank als auch alle unsere Kanister wieder voll. So günstig haben wir selten in unserem Leben getankt.

Als Gegenleistung für das Dieselgeschenk säubern wir die Insel von all dem angeschwemmten Müll. Hunderte Wasserflaschen, Shampooflaschen, Bierflaschen aus allen asiatischen Ländern liegen verstreut unter den Büschen herum, dazu Unmengen von Styroporstücken, Plastiksandalen, Cola-Dosen. Wir sammeln fleißig ein, sortieren brav den Müll, wie in Deutschland gelernt, und verbrennen einen Großteil des Plastiks in einem hell lodernden Freudenfeuer. Dann legen wir einen Weg quer über die Insel an, der uns sauberen Fußes von unserer Dinghi-Anlegestelle im Osten der Insel zum Hauptquartier im Westen bringen soll. Langsam fühlen wir uns heimisch. Als dann endlich die Hängematte an einem schattigen Platz angebracht ist und ich das schaukelnde Schiff gegen dieses schaukelnde Stück Stoff vertauschen kann, ist mein Glück perfekt. So weit das Auge reicht: nur wir. Alles »gehört« uns.

*

Tagsüber werkeln wir am Schiff herum, dichten endlich die leckenden Bullaugen ab, kratzen unsere unerwünschten Mitsegler, die Entenmuscheln, in langwieriger Prozedur von MICOs Rumpf.

»Gibst du mir mal den Drahtschwamm rüber?«, rufe ich, im Wasser schwimmend, Björn zu.

Jongleur durch und durch, kann er mir den Schwamm natürlich nicht geben, sondern muss ihn mal wieder werfen. Mit einem Platsch landet das Ding zwischen mir und Bordwand im Wasser. Und mit einem Ratsch reißen die Entenmuscheln in der nächsten Sekunde meine Hand auf, die im letzten Moment noch den sinkenden Schwamm erwischen wollte. Na wunderbar! Dieser tiefe Schnitt wird durch den Kontakt mit dem Salzwasser sicherlich zu einer wunderschönen Narbe auf dem Handrücken verheilen. Da habe ich für den Rest meines Lebens ein schönes und auch noch kostenloses Andenken an Helen Reef.

Schildkröten und Rochen schauen jeden Tag am Boot vorbei.

Wir planschen ausgelassen im seichten Wasser herum, und ich schaffe es, an einem einzigen Tag mehr Filme zu verknipsen als in der Gesamtzeit unseres Philippinenaufenthaltes. Die Abende gehören ganz dem Strand und dem Lagerfeuer. In der Dämmerung ist die Luft von den wilden Schreien der Seeschwalben erfüllt, die auf Helen nisten. Die Wellen rauschen gegen den Strand, in der Glut des Feuers garen derweil Kartoffeln und Zwiebeln, darüber grillt der Fisch vor sich hin. Wir liegen ausgestreckt im noch warmen Sand und fühlen uns von der Pracht der Millionen Sterne über uns fast erdrückt. All die Hektik, der Lärm und die Aggressionen der letzten Monate fallen in diesen Nächten von uns ab, schaffen Platz für eine tiefe und friedliche Ruhe. Es ist, als seien wir endlich zu Hause angekommen. Es gibt nur uns, das Prasseln des Feuers und das Rauschen der Wellen nebenan. Und die Gewissheit, dass uns das hier Erlebte niemand mehr nehmen kann, für den Rest unseres Lebens. Damals, als wir in Guatemala zum ersten Mal aufs offene Meer segelten, haben wir uns nicht vorstellen können, Orte wie diesen je zu erreichen. Damals wussten wir noch nicht einmal, dass es Inseln wie Helen gibt – heute Abend liegen wir, trunken vor Glück, an Helens Strand. Ich kann gar nicht sagen, wie froh ich bin, dass Björn seinen verrückten Traum vom Segeln tatsächlich wahr gemacht hat. Und bin auch ein bisschen stolz auf mich, da ich – obwohl uns so viele Freunde vor dieser Segeltour über den Pazifik warnten – gesagt habe: »Es ist mir egal, was ihr denkt.« Und zu meinem Chaoten Björn aufs Boot gestiegen bin. Ich habe den ersten Schritt gewagt, und das Leben selbst hat den Rest gerichtet und mich mit Inseln wie Dobu, Nukuoro und jetzt Helen belohnt. Wenn ich halb verschlafen aus dem Schiff gekrochen komme und den Tag begrüße, kann ich es jeden Morgen aufs Neue nicht fassen, in welch einer Farbenpracht wir gelandet sind. Ein paar Schwimmzüge und ich treibe in flüssigem Sonnenlicht. Mir ist, als würde ich meine Seele in Champagner baden. Genieße es, sage ich mir immer wieder, genieße es. Versuche, diese Farben, dieses Leuchten mit allen deinen Sinnen zu trinken. Graue Tage wirst du noch genug in deinem Leben erleben. Doch diese einmal aufgesogene Lichtfülle in deinem Inneren wird dir niemand mehr nehmen können. Pures, goldenes Glück!

»Genieße die Tage hier, so sehr du nur kannst«, ruft mir Björn vom Deck her zu, »glückliche werdende Mütter bekommen auch glückliche Kinder.«

Glücklicherweise haben wir ausreichend Süßwasser an Bord, um uns nach jedem Bad das salzige Nass von der Haut abspülen zu können, und abends, welch ein Luxus, ist es sogar warm. Unsere »Solardusche« besteht aus einem rechteckigen Eimer voller Süßwasser aus unserem Tank, der genau zwischen Fußreling und Cockpitlehne passt. Den ganzen Tag über erwärmt die Tropensonne das Wasser, sodass es sich bis abends auf 35 °C erwärmt und wir es uns mithilfe unserer Saftkaraffen aus Plastik langsam über den Körper rinnen lassen. Zwei Liter für Björn, zwei Liter für mich. Sauber. Fertig.

Eines Nachmittags nehmen wir zwei kleinere Schiffswracks, deren Relikte nebeneinander am Strand der Insel verrotten, genauer in Augenschein.

»Merkwürdig, dass diese Boote direkt auf der Insel gestrandet sind und nicht am Außenriff wie alle anderen«, wundert sich Björn.

»Die sind nicht gestrandet«, erwidere ich, »die sind meiner Meinung nach fein säuberlich bei Ebbe auf Land gesetzt und dann angezündet worden. Siehst du, die Überreste vom Holz hier? Die sind nicht verfault, die sind verbrannt.«

»Du hast recht«, antwortet er nachdenklich. »Aber wer sollte ein Interesse daran haben, Boote hier zu verbrennen?«

»Ich hab's! Erinnerst du dich, was im Reiseführer über die indonesischen Wilderer geschrieben steht? Dass sie manchmal bis zum Helen Reef kommen, um illegal Hunderte Riesenmuscheln einzusammeln. Und das Regierungsboot aus Palau kontrolliert in regelmäßigen Abständen seine Außenbezirke ...«

»Ja«, fällt mir Björn ins Wort, »und im letzten Jahr haben die Offiziellen die indonesischen Fischer beim Wildern erwischt und kurzerhand ihre Boote angezündet. Vielleicht eine sehr drakonische Strafmaßnahme, aber so etwas spricht sich schnell herum und wirkt abschreckend sondergleichen. Das würde auch die Säcke mit dem Salz und der indonesischen Aufschrift erklären, die wir auf der Insel gefunden haben, und die vielen Dieselkanister.«

»Klar, bevor die Palauer die Fischerboote verbrannten, haben sie noch den Diesel von Bord genommen. Und das Salz brauchten die Fischer zum Einlegen der Fische und Muscheln. Was die Palauer wohl mit der Besatzung gemacht haben? Vielleicht stammt sogar das Grab auf der Insel von dieser Aktion?«

»Möglich ist alles. Ach, das ist spannend!«

»Aber weißt du, was noch viel spannender ist? Hier, schau mal.« Mittlerweile bin ich ins seichte Wasser hinter dem ersten Wrack gewatet und ziehe mit aller Kraft an einem Tau, das im weichen Sand verschwindet. »Sagtest du nicht, wir brauchen noch einen Anker? Hier ist er!« Und ich befördere einen Korallenanker mit vier Fluken zutage.

»Der ist ja noch richtig gut in Schuss«, freut sich Björn, »und hat außerdem die richtige Größe für unseren zweiten Anker. Erst Diesel und jetzt noch einen Anker! Das Leben ist doch unglaublich.«

Ja, das ist es. Und es bleibt auch nicht bei einem Anker. Innerhalb der nächsten halben Stunde finden wir um die Wracks herum im Sand vergraben noch vier weitere Anker: zwei Korallen- und zwei Stockanker. Nebeneinander in Reih und Glied liegen sie schließlich am Strand. Björn und ich stehen begeistert davor.

»Warum haben wir uns eigentlich die Mühe gemacht, einen neuen Anker für teures Geld schweißen zu lassen, wenn die hier wie Sand am Meer herumliegen?«

»Ich weiß es nicht. Lass uns den Besten mitnehmen und die anderen für nachfolgende Yachten oder Fischer hier lassen.«

Doch so viele Vorteile unbewohnte und unkontrollierte Inseln auch vorzuweisen vermögen, sie haben auch ihre Nachteile. Am

Vormittag taucht ein heller Punkt erst am Rand der Lagune, dann in der Lagune auf. Ein Fischerboot? Ein Tauchboot? Bunt bemalt, mit zwei riesigen weißen Auslegern und einer ungewöhnlichen Bug- und Heckform nähert es sich langsam auf der Innenseite des Riffs, stoppt, fährt weiter, stoppt erneut. Was immer die Menschen auf diesem Boot im Schilde führen, ich habe ein mulmiges Gefühl dabei. Palauer, die uns nach unserem Tun hier und möglicherweise dem nicht vorhandenen Visum fragen, wären mir noch am liebsten. Aber Wilderer? Das große Boot bewegt sich den ganzen Tag am Innenriff entlang, verschwindet am Abend, erscheint am nächsten Morgen wieder. Wir sind beunruhigt. Mittlerweile sehen wir klar, was hier geschieht: Jemand fährt die flachen Gewässer am Riff entlang, um Langusten zu fangen oder die dort lebenden Riesenmuscheln einzusammeln.

Das ist definitiv verboten und hat uns gerade noch gefehlt! Nun bedeuten unser Alleinsein und unsere Abgeschiedenheit plötzlich nicht mehr Luxus, sondern Gefahr. Wir sind zu zweit, na ja, zu zweieinhalb – und die anderen, nach der Größe des Schiffes zu urteilen, mindestens zu zehnt. Illegal ein Riff leer zu räumen ist eine Sache, eine kleine Segelyacht auszurauben eine andere. Wie weit werden diese Wilderer gehen? Wo verläuft ihre persönliche Grenze? Benachrichtigen oder gar zu Hilfe holen können wir im Notfall niemanden. Unser SSB hat bereits in den Philippinen, als treuer Bestandteil unserer nicht funktionierenden elektronischen Ausrüstung, jeglichen Willen zum Senden aufgegeben. Waffen haben wir aus Prinzip nicht an Bord. Bleibt mal wieder nur ein Stoßgebet zum Himmel und das ständige Vor-uns-hin-Murmeln eines irgendwo einmal aufgeschnappten weisen Satzes: Was immer auch geschieht, liebe es! Wenn es doch so einfach wäre.

In der Abenddämmerung des zweiten Tages taucht das Boot in der Ferne wieder auf, diesmal von einem weiteren Boot begleitet. Im letzten Tageslicht schleichen sich beide langsam an die ankernde MI COLUMPIO auf ein paar Hundert Meter heran und verbleiben dort für die Nacht. Wir sitzen in der Falle. In der Dunkelheit loszusegeln würde an Selbstmord grenzen, überall um uns herum ragen Korallenblöcke aus dem Wasser. Das Einzige, was uns übrigbleibt, ist: abwarten. Falls die da drüben etwas von uns wollen, werden sie diese Nacht dazu nutzen …

Am nächsten Morgen weckt mich goldenes Sonnenlicht. Was für eine erholsame Nachtruhe! Doch da war doch noch was? Ach ja, ich lebe noch. Das Wildererboot verschwindet in der Ferne.

»Wir sollten auch abhauen«, versuche ich Björn zu überzeugen, »so traumhaft es hier auch ist. Seit ich weiß, dass wir in diesem Atoll nicht mehr allein sind, fühle ich mich unwohl.«

Mein Verstand sagt mir zwar klipp und klar, dass keine Gefahr von diesen Fischern ausgehen wird, doch meinem Gefühl ist nicht so einfach mit Logik beizukommen. Trotzdem bleiben wir zwei weitere friedliche und ungestörte Tage auf Helen Island. Zu schön ist die Insel, zu herrlich das Leben hier, um Hals über Kopf aufzubrechen. Irgendwo da draußen tobt die Welt, gibt es Steuererklärungsformulare und missgünstige Menschen. Da draußen … Das alles existiert im Moment nicht für uns. Für uns gibt es nur dieses Atoll, das wie ein Spiegelei auf der Oberfläche eines unendlichen Blaus zu schwimmen scheint.

Leider schmeckt unsere Butter mittlerweile nach Käse, das Gemüse schimmelt, die Tütensahne klumpt. Sogar die Eier kleben trotz täglichen Umdrehens am Inneren der Schale fest und fangen an zu gammeln. Kurz und gut, der Kühlschrank stinkt. Sogar die Mehlwürmer, die ich ständig aus unseren philippinischen Mehlsäcken heraussiebe, vermehren sich ungestört. Ich vermute, das Einzige, was sich jahrelang auf einem Segelboot in den Tropen hält, ist Vegemite, der sehr gewöhnungsbedürftige Lieblingsbrotaufstrich der Australier. Doch von Vegemite und Schönheit allein kann der Mensch nicht leben. Also müssen wir doch langsam Abschied nehmen und uns zur nächsten bewohnten Insel aufmachen, um unsere Frischvorräte ein wenig aufzustocken.

Erst am Abfahrtsmorgen erinnern wir uns wieder an die beiden Boote. Sie sind tatsächlich noch immer da. Dreist und seelenruhig ankert eines in der Nähe der Passage durchs Riff, das andere ist auf dem offenen Meer am Fischen. Erst als das zweite Boot in gebührendem Abstand hinter uns liegt und keine Anstalten macht, uns doch noch zu verfolgen, atme ich erleichtert auf.

Strahlend blauer Himmel, strahlend blaues Meer. Glitzerndes Sonnenlicht auf dem Wasser, das kaum ein Windhauch kräuselt. Der Windmesser weigert sich standhaft, auch nur ein bisschen zu rotieren. Und doch, wir segeln – wahrscheinlich genauso schnell oder langsam wie der Wind von hinten heranweht. Keine Ahnung, wodurch unser Blister steht, aber er steht, das ist alles, was zählt. Und falls er in sich zusammenfallen sollte, wird aus dem Äquatorsegeln halt ein Äquatormotoren. Wir haben ja genug Diesel! Mit dieser Gewissheit können wir uns beruhigt aufmachen, auf einer Länge von 700 Seemeilen von 2 Grad Nord nach 2 Grad Süd zu laufen. Kalmen hin, Kalmen her, wir müssen akzeptieren, dass die schönsten Inseln der Welt, die wir in den nächsten Wochen besuchen möchten, in der Nähe des Äquators liegen. Mico schleicht zwar übers Wasser, doch Langsamkeit hat auch Vorteile: Wir werden nicht seekrank, nicht vom Salzwasser durchtränkt, nicht durchgerüttelt. Es könnte ein herrlicher Aufenthalt auf dem Meer sein, wenn da nicht unsere Angst vor anderen Schiffen wäre, die sich mittlerweile zu einem Verfolgungswahn entwickelt hat. Kaum sehe ich nachts ein Licht am Horizont auftauchen, fängt mein Herz wie wild zu klopfen an. Mein Verstand sagt mir zwar, dass das nur ein harmloses Fischerboot ist, das kein Interesse an Yachten, sondern ausschließlich an Fischen hat. Mein Gefühl aber schreit: Bloß weg! Doch je mehr wir uns fürchten, desto mehr Schiffe tauchen auf. In der Nacht erscheinen innerhalb von nur zwei Stunden fünf um uns herum, eine ganze Flotte von Fischereifahrzeugen, die sich kaum bewegt und durch die wir uns ohne Beleuchtung wie Strauchdiebe im Dunkeln hindurchmogeln. So kann es nicht weitergehen mit uns! Noch eine weitere Woche und wir sind komplett paranoid und durchgeknallt. Am Sonntagmorgen hören wir sogar Stimmen im Cockpit. Wir sitzen in Unterwäsche da, schlürfen unsere allmorgendliche Tasse Tee und hören beide ganz deutlich Menschenstimmen. Wer hat unser Radio angeschaltet? Wir starren uns verständnislos an – irgendjemand redet doch da! Und dann sehen wir es: Keine zehn Meter hinter uns fährt ein winziges Auslegerkanu, sein Motorengeräusch wurde von unserem überlagert. Das nächste Land ist 500 Kilometer entfernt. Und hier stehen zwei Männer, lachen uns an und rufen in einem fort: »*Fish, fish!*« In ihren Händen glänzen die silbernen Körper mehrerer dicker Tunas.

Ich springe auf der Suche nach einer Bekleidung unter Deck, während Björn mit den beiden verhandelt. Kurz darauf wechseln zwei pralle Thunfische und zwei Päckchen Zigaretten die Besitzer. Die Fischer gehören zu einem gerade noch in der Ferne erkennbaren größeren Boot und sind: Filipinos. Freundliche, aufgeschlossene Filipinos aus Süd-Mindanao. Wir sind glücklich, erleichtert und strahlen sie dankbar an. Wenn sie wüssten, was für einen Dienst sie uns und ihrem Land mit ihrem Verhalten erweisen!

Das Wetter ändert sich. Schon am nächsten Tag ziehen dunkle Regenwolken auf, und der Wind dreht munter vor sich hin: von Nordost auf Südwest, von Nord auf Südost. Das soll laut Seekarten und Handbüchern zu dieser Jahreszeit zwar nicht vorkommen, aber die Realität sieht leider anders aus. Jeden Tag prasseln Regenfronten aus Südwest auf den armen starrsinnig im Cockpit ausharrenden Björn hernieder, während ich im Trockenen unter Deck liege und überlege, ob mir schlecht wird oder nicht. Und ob ich mich auf den Wachwechsel in zwei Stunden freuen soll. Im strömenden Regen sitzen und frische Luft atmen oder im schönen Trockenen liegen und an Sauerstoffmangel eingehen? Eigentlich liebe ich das Innere unseres Bootes ja sehr: die kleine Pantry mit Backofen und Kühlschrank, den Salon mit sei-

nen beiden mit bunten Stoffen bezogenen Bänken und dem ein-
klappbaren Tisch, der gemütlichen Vorder- und Hundekoje,
dem kleinen Kartentisch und dem ziemlich schicken Klo, das leider extrem empfindlich auf alles, was hineinfällt, reagiert, sodass
wir schon seit Langem, wenn wir ein dringendes Bedürfnis ver-
spüren, zur robusteren Variante übergegangen sind, einem Plas-
tikeimer. Vor allem den sanften, rotbraunen Ton des Mahagoni-
holzes, aus dem fast die gesamte Inneneinrichtung besteht, liebe
ich sehr. Regen, Regen, nichts als Regen. Grauer Himmel, graues
Meer. Sogar die Segel, aus denen das Wasser nur so herunter-
läuft, wirken in dieser Brühe ebenfalls grau. Mico scheint die
Einzige zu sein, der der Regen nichts ausmacht. Unbeirrbar
segelt sie voran, wirft sich in die Wellen, nass von oben bis unten.
Die Nässe trifft uns besonders hart, da wir selbst während des
Segelns unseren gesamten Tagesablauf draußen bestreiten. Ich
bin jemand, der selbst bei schönem Wetter am Segeln selbst
kaum länger als maximal einen Tag Gefallen finden kann. Das
Leben auf einem Segelboot, die Möglichkeit, damit an die abge-
legensten Plätze dieser Welt zu kommen, sein Bett, sein Essen,
sein Fortbewegungsmittel immer dabeizuhaben, liebe ich über
alles. Aber das Segeln selbst? Sobald wir das offene Meer erreichen, empfinde ich die ununterbrochene Bewegung des Schiffes
als enorme Belastung, gebe ich einen Teil meines Denkens, meines Fühlens, ja meines gesamten Daseins auf. Ziehe mich in
mich zurück und lebe erst wieder auf, sobald Land in Sicht ist.
Segeln bedeutet für mich meist nichts anderes als tapfer auszu-
harren und mich in Geduld zu üben. Und Geduld zu haben und
nichts zu tun ist, um es mal freundlich auszudrücken, nicht
gerade unser beider Stärke. Wir lieben es, in Action zu sein. Vielleicht haben wir auch aus diesem Grunde – unbewusst – ein
Segelboot als Transportmittel gewählt. Zur Entschleunigung
unseres Lebens. Zum Innehalten. Zum Passivwerden. Auf einem
Segelboot bestimmen Wind und Wetter, Wellen und Strömungen das Tempo, nicht mehr wir. Und das tut uns beiden gut.
»Zen oder die Kunst, entspannt ohne Wind über den Pazifik zu

kommen« – ein Buch mit diesem Titel hätte ich vor fünf Jahren über unsere Pazifiküberquerung schreiben sollen. Oh, was wurden wir auf dieser Reise in unserer Geduld gefordert. Wochenlang kein bis wenig Wind. Björn und ich verbrachten unsere 27 Tage zwischen den Galapagosinseln und der ersten Marquesasinsel mit täglichem Kuchenbacken und Kuchenessen – aus lauter Verzweiflung. Ein Stück Kuchen könnte ich jetzt auch gut vertragen. Doch woher nehmen? Der Regen lähmt mich. Ich könnte die Zeit nutzen zum Lesen, Schreiben, Kochen, Musik hören, aber das gleichmäßige Prasseln der Tropfen aufs Deck lullt mich ein, macht mich träge und faul. Vielleicht sollte ich einfach mal zulassen, nichts zu tun. Vielleicht sogar versuchen, das Nichtstun zu genießen?

Einiges in unserem Leben beginnt sich zu wiederholen. Schon wieder eine Äquatorüberquerung. Die dritte. Björn behauptet, es gibt Wichtigeres zu tun, als nach den vielen Nullen auf dem GPS Ausschau zu halten, und verschläft diesen historischen Moment in der Koje. Dafür träume ich fast jede Nacht vom Essen. Von Selbstbedienungsrestaurants, von Mensen und Kantinen, wo das gesamte Angebot kulinarischer Köstlichkeiten vor meinen Augen ausgebreitet liegt und ich nur noch auf das zu zeigen brauche, was ich haben möchte. Natürlich die Nachspeisen. Ich träume tatsächlich fast jede Nacht von Quarktorten, Joghurtcremes mit Himbeeren und Blaubeeren, von Puddings und Mousse au Chocolat. Nächtliche Heißhungerattacken wie andere Schwangere habe ich nicht, vielleicht liegt es daran, dass ich in unserem Kühlschrank weder Gewürzgurken noch eine der eben genannten Leckereien vorfinden würde? Björn hält meine lukullischen Träume für ein sicheres Zeichen, dass das Baby ein Junge wird. Ich wäre an seiner Stelle da nicht so sicher. Aber definitiv wird es ein Feinschmecker! Überhaupt, die Nächte. Langsam werden wir beide paranoid. Ständige Unterbrechungen des Nachtschlafes scheinen auf die Dauer nicht sehr gesund zu sein. Ich bin letzte Nacht zweimal voller Panik hochgeschreckt in der Annahme, eine riesige schwarze Wolke voller Starkwind nähere sich uns in Sekundenschnelle. Dabei lag ich weder im Cockpit noch hatte ich Nachtwache.

Als ich dann aber um drei Uhr nachts draußen Wache hielt, tönte von unten Björns laute Stimme: »Es reeegnet!« Verwirrt schaute ich in den vollkommen sternklaren Himmel über mir, bis drei Sekunden später die Entwarnung von ihm kam: »Keine Panik, ist gleich wieder vorbei.«

Aha. Natürlich wusste er beim nächsten Schichtwechsel von nichts.

Die Welt da draußen, das Landleben, existiert nicht mehr. Kein Input von außen dringt zu uns. Was zur Folge hat, dass hier auf dem einsamen Segelboot der Output von innen erfolgt. Da die Gegenwart stillzustehen scheint, drängt die Vergangenheit an die Oberfläche. Längst vergessene Sorgen und Ereignisse schwappen ins Bewusstsein zurück, wollen nochmals erlebt, verarbeitet werden. Tief tauche ich in meine Vergangenheit ein. Tagträume kommen und gehen. Nach wochenlangem Alleinsein brechen die oberen Schichten langsam auf und der Zugang zu den darunter verborgenen wird frei. Sie lassen sich anschauen, lösen sich auf. Hätte ich je vermutet, dass Segeln so spannend sein kann?

»Ich frage mich, wie lange so ein kleines Kompasslicht eigentlich hält«, sinniert Björn am folgenden Tag im Cockpit.

»Keine Ahnung! Wieso?«

»Falls es ausfällt. Ich glaube nicht, dass wir eine so kleine Ersatzbirne an Bord haben.«

»Warum sollte es ausfallen?«, gähne ich und vertiefe mich wieder in meine Lektüre »Das Ende der Tabus«, ein lesenswertes Buch über den Zweiten Weltkrieg. Mit Tränen in den Augen sitze ich danach stundenlang im Bugkorb und starre auf den Horizont. Mir wird, nachdem ich von all den Grausamkeiten an der Zivilbevölkerung in diesem Krieg gelesen habe, zum ersten Mal bewusst, was für ein herrliches und sicheres Leben ich führen darf. Meine Oma musste 1944, mit 30 Jahren kaum älter als ich jetzt, allein mit zwei kleinen Kindern vor der Roten Armee aus Ostpreußen fliehen. Ich habe sie nie kennenlernen können. Sie starb, ebenso wie meine gerade mal neun Monate alte Tante, auf der Flucht.

Abends dann, als Björn die Kompassbeleuchtung anschalten will: nichts. Kein vertrauter roter Schein leuchtet auf, der Kompass und unser 100-Grad-Kurs bleiben im Dunkeln. Was für ein Witz, denke ich, warum hat er genau heute Morgen danach gefragt. Zum Glück gibt es Taschenlampen, und unser elektronischer Selbststeuerer namens Arndt hält, dank eingebautem eigenen Kompass, MICO auch ohne Kompasslicht auf dem richtigen Kurs. Doch irgendwann nach Mitternacht fängt Arndt an zu spinnen. Na super, genau das, was wir jetzt brauchen. Natürlich habe, nein, hätte ich gerade Schlafenszeit. Doch der *Captain* hat gerufen, der *Captain* hat befohlen. Bis gleich, du geliebte Stinkekoje, ich komme gleich wieder zurück zu dir. Hoffentlich. Draußen ist Handsteuerung angesagt, von mir natürlich. Es ist einfach herrlich, so todmüde im kalten Nieselregen zu sitzen und alle paar Sekunden die Taschenlampe anzuknipsen, um zu sehen, ob ich zumindest halbwegs den Kurs halte! Björn versucht in der Zwischenzeit, die nur zwei Stunden dauert, Arndt zu reparieren. Die Schrauben des geöffneten Gehäuses kullern durchs Cockpit, während er die trotz übergestülpter Plastiktüte vom Regen feucht gewordene Elektronik vorsichtig trocknet, die herausfahrbare Stange sorgfältig fettet und alles erneut zusammenbaut. Nachdem er beziehungsweise ich diese Prozedur dreimal wiederholt haben, nimmt Arndt endlich seine Arbeit wieder auf. Ein Blick auf die Uhr verrät mir, es ist zwanzig vor drei. Habe ich eigentlich schon erwähnt, wie toll ich Segeln finde?

Obwohl ich mir nichts sehnlicher wünsche, als endlich stehen zu können, ohne mich festhalten zu müssen, und schlafen zu können, ohne jede Viertelstunde geweckt zu werden, sehe ich dem Landleben mit gemischten Gefühlen entgegen. Hier auf dem Boot sind nur wir zwei. Es existiert keine Außenwelt, in der wir nach außen hin etwas darstellen müssen. Wir können einfach sein. Hässlich, schön, nackt, ungehobelt. Einfach nur Mensch. Noch möchten wir nicht in die andere Welt, in die Welt der anderen zurück. Dort werden wir wieder katalogisiert werden, als etwas betrachtet, was wir möglicherweise im Inneren unseres Selbsts gar nicht sind: Fremde, Weiße, Reisende, mit einem Namen und einer Vergangenheit.

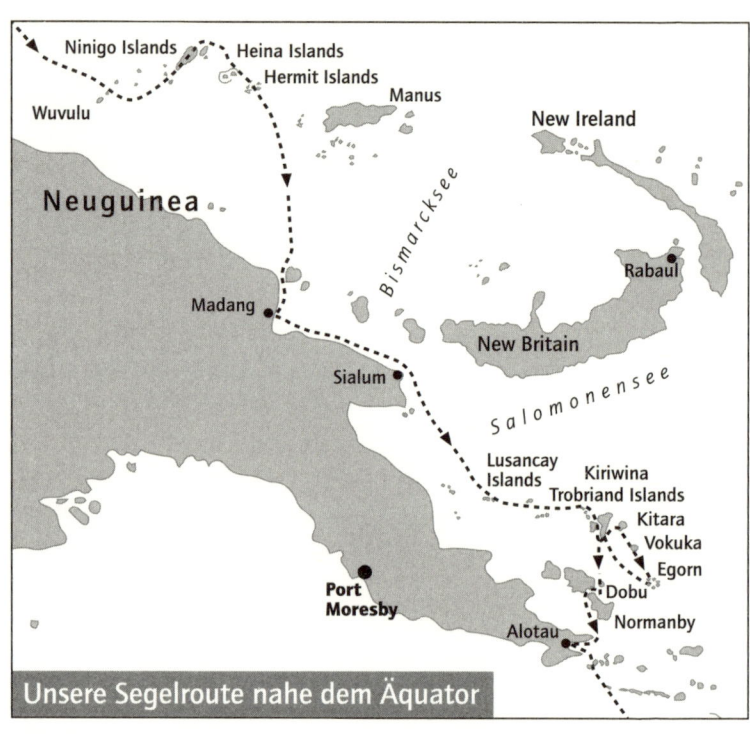

Unsere Segelroute nahe dem Äquator

Willkommen zu Hause!

Wuvulu –
Endlich wieder zurück in Papua-Neuguinea

Am Morgen des siebten Tages, nachdem noch die Kühlwassertemperaturanzeige, der Starthebel des Motors beziehungsweise der Motor (Luft im System?) zeitweise den Dienst verweigert hatten, dringt Björns lange ersehnter Schrei in meine Koje: »Land in Sicht!«

Wir haben es geschafft. Genau einen Monat, nachdem wir Bonbonon verlassen haben, erreichen wir Papua-Neuguinea. Doch all meine Vorfreude ist nach dieser einen Woche unter Segeln vom Regen weggewaschen. Oft habe ich mir in den letzten Wochen ausgemalt, wie froh ich beim Anblick der ersten Insel PNGs sein würde. Doch als sie greifbar nahe vor meinen Augen liegt, ist jegliche Euphorie verflogen. Ich bin müde und der Schaukelei überdrüssig. Ich will mich nicht mehr durchgehend festhalten, nicht mehr abstützen, nicht mehr im Stehen, im Sitzen und sogar im Liegen meine Muskeln anspannen müssen. Alles, was ich mir im Moment wünsche, ist Ruhe: für meinen Körper, meine Ohren, meine Seele. Und für den kleinen Wurm in mir. Das Leben genießen möchte ich, statt immer nur zu schaukeln.

Im nächsten Moment macht es »Knall«, dann »Ratsch«! Björn an der Pinne hat eine Patenthalse wie aus dem Lehrbuch hingelegt.

»Wieso kommt der Wind denn jetzt auf einmal von links?«

»Weil er schon seit fünf Tagen aus dieser Richtung weht. Bloß du hast gerade den Kurs gewechselt, mein Lieber!«

Unsere auf den Philippinen in wochenlanger Handarbeit mühsam in den Nähten reparierte Sprayhood hängt auf einer Seite in Fetzen herunter. Die Großschot hat sie beim Herumschlagen des Großbaumes locker halbiert.

»Wirst du mich jetzt verlassen?«, fragt ein kleinlauter Björn.

»Warum?«

»Weil ich ein Depp bin.«

»Aber das weiß ich doch.«

Doch sobald wir um die äußerste Landspitze von Wuvulu biegen, legt sich meine Lethargie schlagartig. Aus dem Dorf weht das Freudengeheul unzähliger Kinder zu uns herüber.

»Ein Boot, ein Boot!!!«

Welch ein unbeschreiblicher Empfang! Und auf einmal ist es wieder da, dieses Gefühl, willkommen zu sein, dieses Gefühl, nach Hause zu kommen. Björn ergeht es nicht anders als mir, wir haben beide einen dicken Kloß im Hals. Eng umschlungen stehen wir im Cockpit.

»Ich glaube, wir sind am Ziel unserer Reise angelangt.«

»Ja«, flüstere ich, »und auch am Ziel unserer Wünsche.«

Jetzt beginnt ein neues Leben. Birgit und Björn werden sich wieder verabschieden. Unsere Namen, mit denen wir Zeit unseres Lebens mehr oder weniger freiwillig aufgewachsen sind, fliegen mit all den sofort wieder vergessenen Strapazen der letzten sieben Tage über Bord. Ab jetzt heißt es erneut: Bühne frei für Ben und Lucy! Diese Namen hatten wir uns auf der letzten Reise zugelegt, da wir es leid waren, mit in PNG anscheinend unaussprechlichen Namen unterwegs zu sein. Björn konnte noch so häufig betonen, er heiße Björn, er wurde von allen nur John genannt. Und ich: John's *wife*. Darauf konnte ich dankend verzichten. Schlüpfen wir also wieder in unsere neue Identität und schauen, was Wuvulu bereithält.

Mehrere Kanus nehmen bereits Kurs auf uns.

»*Hello, hello, welcome to Wuvulu!*«

Björn ist dermaßen aus dem Häuschen, dass er gleich ein halbes Dutzend Burschen an Bord zieht und freudestrahlend umarmt. Glücklicherweise küsst er sie nicht auch noch ab, die Halbstarken betrachten ihn bereits halb verwundert, halb amüsiert. Mit ihren Kanus in MICOs Schlepptau bringen sie uns zu dem einzigen und unvorstellbar unkomfortablen Ankerplatz der Insel. Es grenzt schon fast an ein Wunder, dass man hier überhaupt ankern kann, Wuvulu ragt nämlich senkrecht aus der Tiefe des Meeres heraus, ein 50 bis 100 Meter breites Saumriff umringt die flache Insel und stürzt dann senkrecht ins sprichwörtlich Bodenlose ab. Mal ist es einen halben Meter tief, zehn Meter daneben mehr als 400 Meter. Weder das Versorgungsschiff noch die ein-, zweimal im Jahr vorbeikommenden Tauchboote können ankern, sie driften während ihres Aufenthaltes in der offenen Bucht vor Wuvulu umher.

So etwas haben wir eigentlich nicht vor. Glücklicherweise ist unser Segelboot klein, und die Strebsamkeit der deutschen Kolonialbeamten, die hier um die Jahrhundertwende arbeiteten, war groß, deshalb haben sie eine Pier gebaut, um das viele Kopra, das getrocknete Fleisch der Kokosnüsse, direkt auf Schiffe verladen zu können. Doch von diesem Anleger ist 100 Jahre später nicht mehr viel erhalten. Das von Korallenblöcken geräumte Riff liegt an dieser Stelle zwei Meter tiefer. Es kostet uns ganze zwei Stunden, viel Nerven und die Hilfe von 15 Einheimischen, um MI COLUMPIO mit drei Ankern nach vorne und zwei ans Ufer führenden Leinen auf diesem winzigen ankerbaren Flecken zu halten. Wir liegen inmitten eines stetigen Schwells, aber uns ist im Moment alles egal. Wir sind angekommen.

Ein korpulenter Mann, der als Oberbefehlshaber beim Ankermanöver agierte, möchte unbedingt und sogleich unter vier Augen mit uns sprechen. Henry ist eines der vier Ratsmitglieder der Insel und hat das dringende Bedürfnis, uns vor seinen Leuten und deren *Rascal*aktivitäten zu warnen. *Rascals*, Banditen, so werden in PNG die meist jungen, kriminellen Männer genannt, die vor allem in größeren Städten wie Lae und Port Moresby seit einigen Jahren ihr Unwesen treiben. Diebstähle und bewaffnete Raubüberfälle gehen auf das Konto dieser in Banden organisierten und von den Politikern des Landes auch gerne zur Unruhestiftung benutzten Übeltäter. In Australien wird das Thema *rascals* von den Medien bereits dermaßen aufgebauscht, dass sich kaum ein australischer Segler mehr nach PNG traut.

»Ich möchte nicht, dass ihr oder andere Besucher Wuvulu in schlechter Erinnerung behaltet. Darum bitte ich euch: Schließt alles zu und traut niemandem, der vorbeigerudert kommt und euch um etwas bittet. Ich kenne meine Leute! Die meisten sind gut, wirklich gute Menschen. Aber eben nicht alle!«

»Wir können ganz gut auf uns aufpassen«, versichern wir Henry.

Wir haben das Gefühl, der Gute übertreibt ein wenig. Vor allem, als einige Stunden später die von ihm als *no good people* Bezeichneten am Ufer stehen, und das sind alle, die Björn in seiner Freude umarmt hat, und uns überraschend ein echtes PNG-Mahl vorbeibringen: zwei aus Pandanusblättern geflochtene Schalen, gefüllt mit Fisch und Taro in Kokoscreme. Der satte, nach Feuer und Süße schmeckende Duft umweht unsere Nasen; um keinen Preis in der Welt würde ich das vor mir liegende Schälchen gegen das Menü eines Fünf-Sterne-Restaurants eintauschen. Wir schwelgen in Erinnerungen an Mahlzeiten unserer letzten Reise und an die köstlichste Zutat der pazifischen Küche: Solch leckere Kokosmilch kann nur von glücklichen Palmen stammen! Zwar sind wir bereits satt und vollgefressen von einer Riesenportion überbackener *Nachos*, doch Björn schiebt dem mehr als reichlichen Mahl noch fünf Bananen, mehrere Trinknüsse und eine Papaya hinterher. Danach fühlen wir uns beide wie im neunten Monat schwanger … und erschöpft und glücklich. Wie miserabel unser Ankerplatz auch sein mag, wir werden schlafen, schlafen und nochmals schlafen. Und kein Küchenwecker wird uns alle 15 Minuten aus dem Tiefschlaf reißen! Stattdessen weckt uns am Morgen MICOs Rucken an ihren drei Ankerketten. Der verflixte Wind hat mal wieder auf Südwest gedreht und bringt nicht nur Unmengen von Regen, sondern auch verhältnismäßig hohe Wellen mit sich. Wir befinden uns bis in die späten Vormittagsstunden mitten in der Brandung, jeweils zehn Meter neben uns rollen die Brecher übers Riff, und Mico tanzt zwischen meterhohen Wellenbergen auf und ab. Mir ist übel, und uns bleibt nichts anderes übrig, als das Land aufzusuchen, um nicht komplett seekrank zu werden. So überstürzt haben wir uns unseren ersten Landgang nicht vorgestellt, trotzdem freuen wir uns, mehr als die sieben Schritte vom Heck zum Bugkorb und wieder zurück laufen zu können. Unseren ersten Besuch statten wir Elliot ab, der noch spät am Abend vorbeigepaddelt war und genau »gegenüber von uns« wohnt. Elliot ist ein Sunnyboy wie aus dem Bilderbuch: unkompliziert, weltoffen, mit wachem Verstand und gutem Humor, ein richtiger Kumpel.

»Was immer ihr braucht, fragt einfach nach, ich organisiere es für euch.«

Süßwasser? Eine große Schüssel? Wäscheleine?

»Da, bedient euch! Aber vorher trinkt ihr erst noch eine Kokosnuss.«

An Bord hatten uns Dutzende von Fliegen umkreist, an Land ergeht es uns kaum besser, dazu gesellen sich noch Sandfliegen und Mücken. Trotz unserer homöopathischen Malariaprophylaxe, der ich vollständig vertraue, wage ich kaum, das Antimückenspray aus der Hand zu legen. Als Schwangere fürchte ich die Malaria, da sie ungeborene Kinder im Mutterleib extrem schädigen kann. Aber unser homöopathisches Mittel hat uns in den letzten sechs Jahren auf unseren Tropenreisen geschützt, warum sollte es gerade jetzt versagen, da ich es am dringendsten benötige? Und ich fühle mich gesund und fit, trotz meines ganz langsam anschwellenden Bäuchleins. Vielleicht liegt es ja ebenfalls an unserer alternativen Prophylaxe, der Malarianosode C 200, die ohne jegliche Nebenwirkungen den gesamten Organismus stärkt anstatt ihn wie die herkömmlichen Malariamedikamente zu schwächen? Eine Doppelgabe davon ein paar Tage vor der Abreise stärkt und schützt den Körper für die nächsten sechs Monate. Seit ich mich in Deutschland in die Behandlung einer Klassischen Homöopathin begeben habe, bin ich gesund. Meine ewig wiederkehrenden Halsschmerzen sind auf Nimmerwiedersehen verschwunden, die regelmäßig zweimal im Jahr auftauchenden Erkältungen mit ihnen. Und vor allem leide ich nicht mehr an diesen nervigen Eiterpickeln an den Beinen wie während unserer Pazifiküberquerung, habe keine ewig eiternden Wunden wie letztes Jahr. Fast haben wir vergessen, dass es Krankheiten gibt. Doch es gibt sie noch immer zur Genüge. Schlimmstes Beispiel ist die Malaria in PNG. So viele Menschen erkranken oder sterben gar daran. Auch auf unserer Koralleninsel Wuvulu, denn das Landesinnere besteht aus Urwald und Sumpf und bietet den Moskitos beste Voraussetzungen zum Brüten. Schade, dass ich, als ich auf Wuvulu war, noch nichts von anderen alternativen Medikamenten bei Malaria wie MMS (Natriumchlorid, in geringer Dosierung verabreicht) oder Tee aus *Artemisia annua,* dem Einjährigen Beifuß, gehört hatte. Wir hätten sie so gut für die einheimische Bevölkerung brauchen können.

An der Küste entlang führt ein breiter Sandweg um die gesamte Insel herum. Henry erzählt uns, dass diese Straße noch aus der deutschen Kolonialzeit um 1910 stammt, ebenso wie Tausende Kokospalmen, die Wuvulu ihr sattes tropisches Aussehen verleihen. Wir bekommen sogar zu hören, wie dankbar die heutigen Einwohner Wuvulus den ehemaligen Besatzern sind, die zwischen 1885 und 1914 über Deutsch-Neuguinea herrschten: »Den Deutschen verdanken wir unseren Reichtum, wegen der vielen Kokospalmen sind wir in der Lage, viel Kopra herzustellen und damit Geld zu verdienen.«

Reich für die Verhältnisse PNGs sind die Wuvuluaner auf jeden Fall. Im Dorf, das zwei, drei Kilometer von unserem Ankerplatz entfernt liegt, stehen mit neuem Wellblech gedeckte Häuser, teilweise mit Fliegengittern ausgestattet. Generatoren, *solarpanels,* ja sogar vereinzelte Fernsehapparate und CD-Spieler bekommen wir zu sehen. Genauso wie Hunderte Fahrräder, die auf der flachen Insel das Transportmittel schlechthin sind. Jeder *local* scheint hier eines zu besitzen: die Kinder, um zur Schule zu radeln, die Erwachsenen, um eines der beiden Dörfer auf Wuvulu oder ihre Gärten aufzusuchen.

»Könnt ihr Fahrrad fahren?«, löchert uns Henry noch am Nachmittag. Was für eine Frage an jemanden, der beruflich auf einem drei Meter hohen Einrad fährt und oben dann noch Saxofon spielt und einen Notenständer jongliert. Von diesem Zeitpunkt an verwandelt sich Henry in unseren Fahrradverleiher. Jeden Tag zur Mittagszeit erscheint er mit zwei Rädern für uns, und radelnd erkunden wir Wuvulu. Mal mit Regenschirm in der Hand, mal über und über von Schlamm bespritzt, stets barfuss und meistens glücklich pfeifend fahren wir durch die üppige Natur. Wir lernen die Dörfer Auna (Sonnenaufgang), wo Henry wohnt, und Onne (Sonnenuntergang) kennen mit ihren unter Kokospalmen stehenden Hütten und Häusern, die sich wunderbar in die Natur einfügen. Wir kommen am Flugplatz vorbei, auf dem schon lange kein Flieger mehr gelandet ist, und an der Wuvulu-Lodge, die einst als Unterkunft für Tauchtouristen geplant war und schon längst wieder verfallen ist. Brav lernen wir unsere ersten Vokabeln in der Inselsprache und grüßen alle Passanten mit einem fröhlichen *aloeina* (guten Mittag) oder *fafi* (guten Nachmittag).

Henry hat es sich noch immer in den Kopf gesetzt, uns vor allen eventuellen Gefahren und Unannehmlichkeiten zu schützen. Das weitet sich so aus, dass nicht nur MICO, sobald wir sie verlassen, von seinen Verwandten vom Strand aus bewacht wird, sondern auch wir, und zwar von ihm. Da ist uns Elliot schon lieber, der zwar auch auf unser Dinghi aufpasst, aber kein ängstlicher Zeitgenosse wie Henry ist. Am Abend laden wir daher Elliot und seine Familie zu uns an Bord zum Abendessen ein. Doch wegen des katastrophalen Ankerplatzes endet der Abend statt mit Tomaten-Foccachia im Desaster, denn nach einer halben Stunde auf der schaukelnden MICO wird seiner achtjährigen Tochter Amanda schlecht. Caroll, seine Frau, schließt sich ihr an, und beide verlassen schleunigst das Boot. Kaum sind Björn und

Elliot mit dem Dinghi wieder zurück, fragt Cheche, der Sohn, nach einem Eimer, in den er sich sofort übergibt. Also wird auch er zurück an Land gerudert. Jetzt wäre das Essen fertig.

Es ist schon faszinierend, wie sich unsere Sicht der Dinge in Bezug auf die Einheimischen im vergangenen Jahr gewandelt hat. Als wir ankamen, wunderten wir uns über die Lebensweise der Papuas, dann haben wir mehr und mehr begriffen, und mittlerweile wundern wir uns über unsere eigene Kultur, die wir früher als so selbstverständlich hingenommen haben. Wenn ich mir all diese lachenden, vergnügten, ausgeglichenen Menschen hier ansehe, wie sie in und mit ihrer intakten Natur leben, steigt in mir oftmals Wut hoch. Auf die Menschen in unserer soge- nannten Zivilisation, die die Papuas abfällig als Menschen aus der Dritten Welt bezeichnen. Papua-Neuguinea ein Entwick- lungsland, ein Dritte-Welt-Land? Jedes Land ist in einigen Berei- chen unter- und in anderen Bereichen überentwickelt. Wir mögen vielleicht im Haben, im Materiellen hoch entwickelt sein, andere Länder sind es im Sein. Und wer hat sich eigentlich ange- maßt, unsere Welt nummerieren zu dürfen? Will man die Län- der schon willkürlich in Gruppen zusammenfassen, warum wählt man dann nicht wenigstens neutrale Bezeichnungen wie Äpfel, Birnen, Pflaumen? Haben die Europäer oder Nordameri- kaner schon mal darüber nachgedacht, was ein Papua, ein Sene- galese oder ein Filipino empfindet, wenn er angeblich in einem drittklassigen Land lebt?

Am folgenden Tag erhalten wir die Gegeneinladung zum Essen bei Elliots Familie. Wir freuen uns riesig, endlich wieder *local food* probieren zu können und vor allem nicht selber kochen zu müssen. So lästig die Geldwirtschaft mir zu Hause manchmal erscheint, so praktisch ist sie in einigen Fällen. Man legt ein paar Münzen oder Scheine auf den Tisch, und schon schwitzt ein anderer für dich in der Küche … Zur verabredeten Zeit fahren wir zu Elliots Haus hinüber und finden gleich am Strand, von Scheinwerferlicht bestrahlt (der Generator tuckert im Hintergrund), eine festlich gedeckte Tafel vor. Nicht einmal Blumen fehlen in der Mitte der Tafel, die mit Tellern, Schüsseln und Schalen beladen ist. Ich frage Elliot, wie viele Leute er zum Essen erwartet.

Die Antwort: »Euch zwei, warum?«

Nur für uns beide stand Caroll mit einer Freundin also den ganzen Tag über im Küchenhaus, um Unmengen an Fisch, frittierte und gekochte Süßkartoffeln, Reis, grüne Bohnen und die ach so kalorienreichen Bananen in Kokoscreme vorzubereiten. Zart und köstlich schmeckt der Fisch, süß und mehlig die *kaukau*, die Süßkartoffeln, unwiderstehlich cremig die Bananen. Das Essen hat nur einen einzigen Nachteil: Es ist so reichhaltig, dass wir bereits nach wenigen Bissen pappsatt sind. Egal, es schmeckt so lecker, und außerdem gebietet es die Höflichkeit, zumindest einmal nachzunehmen. Elliot und seine Familie sowie ein paar Nachbarn, die schließlich später doch noch dazukommen, helfen dann fleißig mit, das opulente Mahl zu verputzen. Über uns rascheln die Palmwedel leicht im Wind, kleine Wellen schwappen ein paar Meter hinter uns an den Strand. Elliot erzählt lustige Geschichten, während sich Amanda in meinen Arm kuschelt. Ich fühle mich rundherum wohl. Von nun an haben unsere Mägen keine Chance mehr, sich auszuruhen. Essen bei Henry, Essen bei Elliot, Essen bei Henry. Und jedes Mal haben wir anschließend kugelrunde Bäuche und schlaflose Nächte. MICO tanzt am Ankerplatz täglich 24 Stunden lang wie ein in Ketten gelegtes wildes Pferd, das versucht, sich von seinen Fesseln zu befreien. Glücklicherweise ohne Erfolg. Doch es bleibt uns nichts anderes, als jeden Morgen nach einem kurzen Frühstück schnellstmöglich an Land zu flüchten, um dort den Großteil des Tages zu verbringen. Von den »bösen« Jugendlichen der Insel, vor denen uns Henry so ausdrücklich gewarnt hat, sehen wir nichts mehr, nachdem sie uns mit frischen Früchten beschenkt haben. Niemand versucht hier, uns zu bestehlen, niemand behandelt uns unfreundlich. Warum sollten sie auch? Trotzdem nehmen wir uns die Schauergeschichten, die wir von allen Seiten über Manus, die weiter im Osten gelegene Inselgruppe, hören, sehr zu Herzen. Eigentlich war es unser Plan, nach dem Besuch der drei Inselgruppen Wuvulu, Ninigo und Hermit nach Manus zu segeln, um in der dortigen Provinzhauptstadt Lorengau endlich offiziell einzuklarieren. Nun hören wir von verschiedenen Leuten auf Wuvulu von bewaffneten Raubüberfällen auf Yachten, ja sogar auf Regierungsboote. Alle raten uns dringend davon ab, die kleinen Inseln und Atolle im Süden Manus aufzusuchen, die auf der Seekarte so verlockend ausschauen. Von äußerst gewalttätigen Insulanern ist die Rede, von Schnellbooten, Maschinenpistolen und von Vergewaltigungen, kurz gesagt von Vorkommnissen, die ich nicht im Geringsten mit PNG in Verbindung bringen kann. Die Ursache für die Gewalttätigkeiten kann uns allerdings niemand nennen.

»Das ist dort schon immer so gewesen«, hören wir von allen Seiten.

Aha. Ob die Geschichten der Wahrheit entsprechen oder nicht, werden Björn und ich zumindest in diesem Jahr nicht überprüfen können. Denn immer mehr freunden wir uns mit dem Gedanken an, unseren Besuch in Manus ausfallen zu lassen und direkt nach Madang abzubiegen. Warum sollen wir uns all die wunderbaren Eindrücke, die wir von diesem Land bisher bekommen haben, von irgendwelchen Gewalttätern zerstören lassen? Gleiches zieht ja bekanntlich Gleiches an. Auf Reisen haben wir diese uralte Weisheit stets aufs Neue erlebt: Lächle – und die Welt lächelt zurück. Wie haben wir die Menschen in PNG angelächelt, anfangs aus Unsicherheit heraus, später aus tiefstem Herzen. Und was haben wir von ihnen zurückbekommen? Freundlichkeit, nichts als Freundlichkeit. Fazit: Wir sind überall positiv aufgenommen worden, wodurch wir noch sorgloser wurden, und dadurch wieder noch glücklicher. Und das Beste ist: Der Trick mit dem Lächeln und dem positiven Denken funktioniert weltweit. Der Satz »Was immer auch geschieht, liebe es« drückt diese Geisteshaltung aus. Vielleicht werde ich eines nicht allzu fernen Tages in der Lage sein, mir diese Weisheit nicht nur jeden Tag zu Herzen zu nehmen, sondern auch in die Tat umzusetzen. Dann hätte ich eines der größten Ziele in meinem Leben erreicht.

*

400 Menschen leben auf Wuvulu, doch das Riff ist bis auf die Stelle, wo wir ankern, intakt und wunderschön anzusehen. Natürlich fehlen die meisten großen Fische mittlerweile. Sie sind in den Mägen der Einheimischen verschwunden, denn von irgendetwas muss der Mensch schließlich leben. Doch die Gewässer rund um Wuvulu sind weit davon entfernt, überfischt zu sein. Jacques-Yves Cousteau hat Wuvulu als einen der besten Tauchspots der Welt bezeichnet. Als Schnorchler vergnügen wir uns im oberen Hundertstel des Steilhanges, wo das Sonnenlicht die bunten Farben der Korallen zum Leuchten bringt und die großen Tiere aus der Unterwelt sich nicht hintrauen. Richtig faszinierend wird es aber erst, als sich unsere Gastgeber entschließen, uns zu begleiten, um sich ihr Mittagessen mit der Harpune zu schießen. Langsam schleppt sich unser QUIETSCHIE unter der Last der sechs Insassen die Riffkante entlang: John, der von allen das Halbblut genannt wird und dessen Urgroßvater Deutscher war; Henry und Elliot, ein weiterer Freund von ihnen und wir beide, die wir beim folgenden Spektakel die Zuschauer stellen. Bewaffnet mit zwei Meter langen, selbst gebauten Harpunen verschwinden die vier Männer in der Tiefe. Lungen scheinen sie nicht zu haben, regungslos bleiben sie einfach im Wasser stehen, in zehn Metern Tiefe. Eine Minute vergeht. Zwei Minuten. Die Sicht unter Wasser ist hervorragend, teilweise bis zu 30 Meter weit, was bedeutet, dass wir von unseren Logenplätzen an der Wasseroberfläche einen wunderbaren Überblick haben. Plötzlich verstehen wir, warum die Einheimischen beim Harpunieren so viel erfolgreicher sind als Björn: Während er den Fischen ohne Chance hinterherschwimmt, warten diese Männer in der Tiefe, bis ein Fisch an ihnen vorbeischwimmt. Dann verfolgen

sie ihn langsam mit der Harpunenspitze, und bevor der Fisch das merkwürdige Wesen hinter sich entdeckt, hängt er schon am Pfeil. Und dann ein kurzer Biss über den Augen direkt ins Gehirn, schon ist er tot. Eine interessante Art, Fische zu töten. Henry hat das allerdings nicht nötig, bei ihm ist jeder Schuss sofort tödlich. Weiß der Himmel, wie er das macht! Nach jedem Erfolg liefern die Männer ihre Beute bei mir ab. Im Dinghi, das ich hinter mir herziehe, sammelt sich langsam ein ansehnlicher Haufen Fische an. Ich vermute, zum Abendessen gibt es heute Fisch. Zum Mittagessen fällt erst einmal ein Tintenfisch für uns ab, den wir, alle gemeinsam auf dem Vordeck von MI COLUMPIO sitzend und Kaffee trinkend, bestimmt eine halbe Stunde lang schlagen, klopfen und anderweitig bearbeiten. Trotz – oder möglicherweise wegen? – dieser Tortur schmeckt er zäh wie ein Harpunengummi. Tut uns leid, Fisch, da hättest du besser weiterleben können.

Am Nachmittag muss ich leider der Erkenntnis ins Auge blicken, dass ich mich jetzt wohl für längere Zeit von meiner gertenschlanken Taille verabschieden muss. Es liegt nicht an der Kokoscreme, dass ich um die Hüften ein wenig fülliger werde, es liegt unwiderruflich am wachsenden Würmchen in mir. Für Außenstehende bin ich noch immer schlank – schlank mit einem Speckbäuchlein. Keiner, der es nicht weiß, würde vermuten, dass ich schwanger bin. Elliot, Caroll und Henry haben wir über meine Schwangerschaft informiert, sie haben sich für uns gefreut, aber ansonsten werde ich von allen ganz normal, nicht übertrieben zuvorkommend behandelt.

Da Elliot so freundlich zu uns ist, möchte Björn ihm gerne ein paar Jongliertricks zeigen. Nur so im kleinen Kreis natürlich, für die Familie und ein, zwei Freunde. Als wir uns zur verabredeten Zeit dem Ufer nähern, stehen dort schon sechs junge Männer bereit, um unser Dinghi samt Jonglier-Equipment über das bei Ebbe freigespülte Riff zu tragen. Weitere 60 Neugierige samt Frauen und Kindern warten in Elliots Vorgarten. Björn jongliert wie ein junger Gott, schwitzend zwischen den Papayabäumchen vor Elliots Veranda. Sein Hochrad hat er auf diesem Törn, im Gegensatz zur Pazifiküberquerung, leider nicht dabei. Aber auch nur mit Diabolos, Devilstick und Fackeln kann Björn eine unglaublich amüsante Show hinlegen. Nicht umsonst ist er Comedy-Artist. Die Zuschauer johlen vor Begeisterung, ich mache Fotos. Alle bekommen so, was sie haben wollen: die Wuvuluaner beste Unterhaltung und ich meine Bilder!

Zäh und tapfer haben wir fünf unruhige Tage und Nächte lang diesen unzumutbaren Ankerplatz über uns ergehen lassen, doch der sechste Morgen gibt uns endgültig den Rest. Segeln ist harmlos gegen dieses Gerolle und Getanze innerhalb der fünf Trossen.

»Ich will an Land!«, flehe ich Björn direkt nach dem Aufwachen an. »Kannst du nicht kurz zu Elliot hinüberfahren und fragen, ob wir bei ihm die Pfannkuchen backen können? An Bord kann man ja nicht gehen oder stehen, ohne sich festhalten zu müssen.«

Eine halbe Minute später taucht Björn hinter mir auf.

»So schnell wieder da?«, frage ich giftig.

»Noch gar nicht fort gewesen. Das Dinghi ist weg. Es hat sich bei dem Geschaukel einfach losgerissen. Aber keine Sorge, ich habe es bereits wiedergefunden, es ist hinter uns ans Ufer gespült worden.«

Mir ist alles egal, ich will nur runter von dem schaukelnden Boot. Dafür muss Björn allerdings erst an Land schwimmen und QUIETSCHIE retten, dessen zwei stabile Metallbügel, durch welche die Festmacherleine läuft, von der Gewalt der Wellen aufgebogen sind. Dann werde ich, mit Bratpfanne, Mehl und Eiern bewaffnet, endlich erlöst. So nett die Menschen auf Wuvulu auch zu uns sind, es reicht. Ich bleibe keine einzige Nacht länger auf diesem Ankerplatz. Das ist wirklich Ankern für Perverse! Elliot und Caroll überlassen uns Flüchtlingen gerne ihre Feuerstelle. Sie entschuldigen sich sogar bei uns für den schlechten Ankerplatz vor ihrer Haustür. Als ob es ihre Schuld wäre, dass Wuvulu kein schützendes Außenriff aufzuweisen hat! Dennoch ist Wuvulu unvergleichlich. Auf dieser Insel wird uns tatsächlich alles, was wir dringend benötigen, geschenkt. Natürlich gibt es hier keine Ersatzglühbirne für den Kompass und auch keinen passenden Dieselfilter, aber Süßkartoffeln, Bananen, Papayas und Kokosnüsse. Und frische Eier. Leider sind einige schon angebrütet, was dazu führt, dass ich mich beim Eieraufschlagen vor Ekel schüttele, wenn wieder so ein blutiger trüber Klumpen in meiner Teigschüssel landet. Die Einheimischen sind hier wohl, im Gegensatz zu uns, nicht an den Eiern, sondern an den Küken interessiert. Und was brauchen wir noch? Unser Plastikpaddel ist zerbrochen. »Hier habt ihr zwei neue, aus Holz geschnitzte.« Und: »Was, ihr haltet den Kokosnussschaber beim Schaben in der Hand?« Am nächsten Tag liegt ein echtes Wuvulu-Sitzbrett zum Kokosnussschaben vor uns, auf dessen Hals wir nur noch unseren Metallschaber aufzuschrauben brauchen. Bestens geeignet für unser Cockpit, in dem ein Schemel mit Beinen gar keinen Platz finden würde. Jetzt brauchen wir uns nur noch auf das runde Brett zu setzen, eine Schüssel zwischen die Beine zu klemmen und können mit dem Schaber, der aufrecht zwischen unseren Beinen emporragt, die Kokosnuss bearbeiten. »Und diese jämmerlichen Überreste sollen einen Fliegenbesen darstellen? Keine Sorge, wir machen euch schnell einen neuen aus Palmwedelfasern ...«

Unsere Zucker- und Zigarettentauschvorräte gehen beträchtlich zur Neige, als uns am letzten Tag Freunde von Elliot die Ergebnisse ihrer Schnitzkunst präsentieren. Björns Augen fangen wie immer an zu leuchten, wenn er nur das Wort »Schnitzerei« hört. Fein gearbeitete, schlanke Auslegerkanus aus glänzend poliertem Kerosinholz liegen vor uns, die mit ihrem unglaublich langen, spitzen Bug und Heck die für Wuvulu so typische Form aufweisen. Wir wollen es zuerst kaum glauben, als uns alle einhellig bestätigen, dass auf Wuvulu niemand segeln kann.

»Wir sind starke Leute«, versichern uns die Männer.

Und darum wird auf Wuvulu ausschließlich gepaddelt, vereinzelt auch mal zur 30 Seemeilen entfernten Nachbarinsel mit dem bezaubernden Namen Aua. Björn und ich können glücklicherweise segeln und verabschieden uns, um die 60 Meilen zum Nachbaratoll Ninigo hinter uns zu bringen: Elliot, sei nicht traurig, immerhin haben wir es an diesem furchtbaren Ankerplatz vor deiner Haustür mehr als doppelt so lange ausgehalten wie alle anderen Segler zuvor. Danke schön für die wunderbare Gastfreundschaft! Erneut gleitet MICO hinaus auf das offene Meer, vom goldroten Sonnenuntergang beschienen.

Robinsonleben im Paradies

Heina – Wochen vollkommener Glückseligkeit

Über die Über-Nacht-Tour möchte ich mich nicht großartig auslassen. Nichts Besonderes ist passiert, ein ganz normal unangenehmer Durchschnittstörn. Ich weiß, dass es sie gibt, diese wunderbaren klaren, warmen Nächte, in denen die Wellen sanft an MICOs Bug entlangplätschern und ich im Cockpit liege und mich in die Unendlichkeit des Sternenhimmels über mir träume. Doch solche in jeder Hinsicht traumhaften Über-Nacht-Törns scheinen der Vergangenheit anzugehören. Kaum verschwindet Wuvulu am Horizont, segeln wir auch schon in die erste Regenwolke hinein. An eine geregelte Nachtwache von abwechselnd drei Stunden schlafen, drei Stunden wachen ist nicht mehr zu denken, alle halbe Stunde muss derjenige, der Nachtruhe hat, an Deck erscheinen, um bei diesen ständig auffrischenden und wechselnden Winden die Segel zu verkleinern oder zu vergrößern. Ich fluche und friere, als ich um drei Uhr nachts im Nieselregen die dritte Wende fahren darf. Wie sind wir eigentlich zu der – anscheinend völlig falschen – Annahme gekommen, dass in dieser Region die Winter trocken sind und die Regenzeit in den Sommermonaten stattfindet? Im grauen Regenmorgengrauen erkennen wir zumindest schon in der Ferne die ersten mit Palmen bestandenen Inselchen von Ninigo. Innerhalb von einer einzigen Stunde hängen drei Thunfische an unserer Schleppangel. Als ob das Meer uns für die fast schlaflose Nacht entschädigen möchte …

Auf unserer Seekarte sieht Ninigo, das große Atoll, so verlockend geschützt aus. Beim Hineinfahren in die Lagune stellen wir jedoch fest, dass Seekarten auch Illusionen erzeugen können und in Wirklichkeit das Außenriff überspült wird. Die vielen

Inselchen innerhalb der Lagune sind zu winzig oder zu korallig, auf alle Fälle zu ungeeignet, um bei diesem starken Wind, der mittlerweile bläst, einen ruhigen Ankerplatz abzugeben. Ein Inselchen nach dem anderen suchen wir ab – nichts. Keine Bucht, keine noch so winzige Einbuchtung. Ich bin schlecht gelaunt und ungeduldig und drohe Björn, über Bord zu springen und an Land zu schwimmen, wenn er nicht gleich irgendwo ankert. Meiner Meinung nach können wir den Anker hinter die Korallen werfen oder vor einen kleinen Strand. Nach Björns Meinung nicht. Leider ist er der Stärkere. Außerdem sitzt er an der Pinne. Müde und genervt verstecken wir uns schließlich hinter der Insel Logan. Ruhig kann man auch diesen neuen Ankerplatz nicht nennen, doch besser als der vor Wuvulu ist er allemal. MICO liegt, dank eines zweiten Ankers, den wir auch hier ausbringen müssen, zumindest erträglich zu den heranrauschenden Wellen. Geschafft! Beine ausstrecken, Thunfisch essen und endlich ausruhen. Als ich nach einer halben Stunde von meinem Buch hochschaue, sieht Björn irgendwie verändert aus. Knallrot im Gesicht ist er.

»Alles in Ordnung?«, frage ich.

»Wieso?«, fragt er zurück.

»Schau mal in den Spiegel!«

Doch Björn braucht gar nicht mehr aufzustehen. Innerhalb weniger Sekunden hat diese Röte seine Brust erreicht und breitet sich rasend schnell über seinen gesamten Oberkörper aus. Plötzlich bemerke ich, dass auch mein Gesicht glüht, sehe meinen fleckigen knallroten Bauch. Sehe, wie die Farbe sich wie eine Welle weiter über den Körper frisst. Alles prickelt wie tausend Nadelstiche. Heißes, brennendes Rot. Eine Allergie? Gift? Fischvergiftung? Sieht so eine Fischvergiftung aus? Doch was soll es sonst sein?

Leicht panisch, immerhin habe ich ein hoffentlich noch nicht angestecktes kleines Wesen in mir, frage ich Björn: »Was sollen wir bloß tun?«

»Keine Ahnung. Wie wäre es mit abwarten? Entweder geht alles von alleine wieder weg …«

»Oder …?«

»Oder nicht.«

Björn liest seelenruhig weiter. Was bleibt mir anderes übrig, als es ihm gleichzutun. Eine lange bange Stunde später ist der Spuk vorbei. Der Rest vom Thunfisch fliegt jedenfalls ungegessen über Bord. Zurück in Deutschland erfahren wir per Zufall, dass wahrscheinlich Niacin schuld war an unserer Verfärbung. Dieses B-Vitamin kommt im Thunfisch in hohen Dosierungen vor und kann bei erhöhter Zufuhr genau diese sonnenbrandähnlichen, aber normalerweise ungefährlichen Symptome hervorrufen.

Was für ein Luxus, sich in die Koje zu kuscheln und die Welt draußen komplett vergessen zu dürfen! Dort stürmt und regnet, heult und kachelt es ums Boot herum. Seit mittlerweile 20 Stunden fühlen wir uns von allen Seiten von dichten Wassermassen eingehüllt. Habe ich nicht irgendwo mal gelesen, dass die zweite Sintflut auf Ninigo beginnen soll? Das hier ist keine kurze Regenfront mehr, das ist ein ausgewachsenes Unwetter, für das es in der Seglersprache bestimmt auch einen schönen Fachausdruck gibt, den wir nicht kennen, und das uns in seiner Intensität sehr an das Unwetter in der Bismarcksee im letzten Jahr erinnert. Wenn unser SSB funktionieren würde, könnten wir irgendeinen anderen Segler in diesem Teil der Welt mal anfunken und fragen, wie sich das Wetter entwickeln soll. So haben wir keinen blassen Schimmer, wie lange dieses Unwetter noch andauern wird. Wetterfax haben wir ebenso wenig wie Radar an Bord – wir waren immer der Meinung, solche Anschaffungen lohnen sich nicht für uns, die wir mit Vorliebe in der Trockenzeit nahe dem Äquator herumschippern.

Regenfluten rauschen aus einem bleigrauen Himmel auf unser Boot, auf die aufgebrachten Wellen, lassen die Büsche am Ufer vor uns hinter einem grauen Tropfenschleier verschwimmen. Die Palmen am Strand beugen sich unter der Last der Wassermassen, unter der Penetranz des Windes. Um MICO herum tobt das Meer und lässt sie in den mittlerweile bis zu zwei

108

Metern hohen heranrollenden Wellen wild hin und her tanzen. Auf Wuvulu hätte es uns bei diesen Wellen mit ziemlicher Sicherheit das Schiff zerlegt. Und auf dem offenen Meer hätten wir bei diesen Bedingungen auch alles andere als unseren Spaß gehabt. Doch jetzt denken wir: Lass die Ankerkette knacken und den Regen prasseln, wir müssen durch keine Riffpassage, durch keine Kreuzseen mehr hindurch. Bis zu dem Moment, als Björn sich in den Regen hinauswagt, um nach Anker und Kette zu schauen. Mehr wütend als verstört steht er ein paar Minuten später tropfnass wieder unter Deck.

»Der Haken biegt sich auf!«

»Bitte, welcher Haken?«, frage ich, aus meiner Lektüre gerissen.

»Der Haken, der die Kette mit dem Stoßdämpfer verbindet. Die Wellen sind zu hoch – MICO kracht nach jeder Welle mit einem Ruck ins nächste Tal. Wir hätten in den Philippinen doch den größeren Haken kaufen sollen, aber du wolltest ja unbedingt den kleineren. Weil er hübscher war! Pah, Frauen! Jetzt haben wir den Schlamassel!« Wütend durchforstet er die Werkzeugkisten nach einem Ersatzhaken. Das Einzige, was er nach langem Suchen findet, ist ein kleiner Schraubschäkel, der zumindest durch die Kettenglieder der Ankerkette passen würde. »Von diesem mickrigen lächerlichen Schäkel hängt von nun an unser Leben ab!«

Ich finde, Björn übertreibt ein wenig. So klein war unser erster Haken nun auch wieder nicht, immerhin hat er den Wellenwahnsinn von Wuvulu überlebt. Aber mir jetzt Vorwürfe zu machen, weil ich damals im Hardware-Shop in Dumaguete Praktisches mit Ästhetik verbinden wollte! Den Rest der Nacht verfolgt mich das Wort »Schäkel«, das sogar im Schlaf aus Björn herausgrummelt. Am nächsten Morgen gießt es zwar immer noch in Strömen, bei uns herrscht dagegen wieder eitel Sonnenschein. Wir haben die Nacht heil überstanden, wunderbar lange geschlafen, können über unsere Schäkeldiskussion nur noch lachen und kuscheln uns für einen weiteren Lese-Vormittag in die Vorderkoje. Die einzige Regenpause in zwei Tagen nutzen wir, um umzuankern und uns hinter der kleinen Insel Bahanat zu verschanzen. Das Inselchen ist durch viele vorgelagerte Riffe sehr viel besser geschützt. Auf dem normalerweise unbewohnten, dafür aber von Millionen von Fliegen bevölkerten, winzigen Eiland baut Sanly mit seiner Frau Rachel gerade ihr neues Haus. Per Hand natürlich. Als einziges Werkzeug dient ihm dabei eine Axt. Balken, Dach und Wände stammen aus dem Busch. In mühevoller Handarbeit flicht Rachel die Dachziegel aus Palmenwedeln und die Wandziegel aus Blättern der Sagopalme. Doch als Ergebnis ihrer Anstrengungen steht in nicht mal vier Wochen Arbeit ein fertiges Haus vor ihnen, ohne dass sie einen Cent bezahlt haben. Björn und ich seufzen. Für eine eigene Hütte in Deutschland müssen wir wohl an die 20 Jahre abzahlen. Ich weiß, ich weiß, dafür ist sie auch größer, bequemer und vor allem fliegenfrei (ein Punkt, in dem ich mich grundlegend irren sollte).

Ich helfe Rachel und übe mich im Flechten von Wandziegeln. Wer kann schon in die Zukunft sehen, vielleicht müssen wir uns auf irgendeiner abgelegenen Insel irgendwann eine eigene Hütte bauen? Dann weiß ich zumindest, wie man Wände herstellt: Sorgsam lege ich um eine drei Meter lange Latte aus gespaltenem Bambus die einzelnen Blätter der Sagopalme und nähe sie mit einem dünnen, aber sehr stabilen Streifen Kokoswedel zusammen. Die ungewohnte Arbeit bringt mir Spaß, aber leider ist Rachel alles andere als gesprächig. Dagegen erzählt uns der 26-jährige Sanly abends am Lagerfeuer viel Interessantes: Mit PNG geht es seiner Meinung nach immer weiter bergab. Möglicherweise liegt es daran, dass im Moment keine Parlamentswahlen anstehen. Wählerstimmen werden nicht gebraucht, was bedeutet, dass die Bevölkerung vernachlässigt werden kann. Das offizielle Versorgungsschiff aus Manus hat es zum Beispiel vor einem halben Jahr zum letzten Mal geschafft, bei dieser Inselgruppe vorbeizuschauen. Seitdem ist Ninigo mehr oder weniger von der Außenwelt abgeschnitten. Das bedeutet nicht nur totale

Selbstversorgung durch Anbau aller überlebensnotwendigen Nahrungsmittel auf der Insel, während Reis, Mehl, Zucker und alles andere aufgebraucht sind, sondern auch kein Kerosin für Lampen und keinen Treibstoff für die wenigen vorhandenen Außenborder. Es gibt zwar ein Fass Benzin für den absoluten Notfall, damit per *banana boat* aus Wewak, der nächstgelegenen Stadt am Festland, oder von Manus dringend notwendige Versorgungsmittel geholt werden können. Doch wann ist ein Notfall? Im Moment ernähren sich die Insulaner hauptsächlich von *giant taro* und anderen Gemüsen und Früchten, für die gerade Saison ist. Dazu kommt Fisch und, falls gerade ein Touristenboot mit Tauchern auftaucht, hin und wieder ein Sack Reis, gegen Langusten eingetauscht.

Noch viel drastischer als die miserable Versorgungslage erscheint uns beiden die Tatsache, dass die Ninigo-Bevölkerung weder ihr Atoll verlassen noch von Manus auf ihre Insel zurückkehren kann. Sanlys Mutter zum Beispiel befindet sich ungewollt seit nunmehr sechs Monaten auf Manus. Mit dem letzten Schiff, das Ninigo verließ, ist sie abgereist. Irgendwann fuhr endlich ein Versorgungsboot von Manus mit 30 Personen an Bord Richtung Hermit, Ninigo und Wuvulu los. Es kam jedoch nie an, denn es sank noch vor der Küste Manus'. Mit allen Säcken Reis, allen Ersatzteilen und der gesamten Post. Glücklicherweise konnten sich die Passagiere schwimmend an Land retten, wo sie nun erneut sitzen und geduldig auf das nächste Schiff warten, das sie endlich zurück in ihre Heimat bringen soll. Auch das ist PNG.

Bei diesen chaotischen Verhältnissen können wir gut verstehen, dass es bei ruhiger See manchmal einige Männer wagen, per *banana boat* die 80 Seemeilen zum Festland oder nach Manus zurückzulegen. Falls alles gut geht, benötigen sie für diese Distanz nicht mehr als fünf, sechs Stunden plus 60 Liter Sprit. Falls … Es endet ja nicht immer so wie bei Elliot, Henry und ihren vier Freunden aus Wuvulu, bei denen 30 Seemeilen vom Festland entfernt der Motor ausfiel, sodass sie dann die nächsten sechs (sechs!!!) Tage auf dem offenen Meer trieben, bis sie zufällig von einem Fischerboot entdeckt wurden. Von der Sonne total verbrannt (das kann auch Schwarzhäutigen passieren), dehydriert und abgemagert. Vier Liter Wasser und ein Sack rohe Süßkartoffeln, den sie für den Verkauf auf dem Festland an Bord hatten, reichten nicht lange für sechs ausgewachsene Männer. Trotzdem überlebten sie, fatalistisch, wie sie hier sind, mit eisernem Willen und einem unerschütterlichen Glauben an Gott.

Was Sanly dagegen von seinen Fahrten nach Manus erzählt, mutet eher zum Lachen an. Auf einer Tour zum Beispiel lief die Flüssigkeit aus dem Kompass aus. Zu allem Unglück herrschte finsterste Nacht, der Himmel war komplett mit Wolken zugezogen, Navigation nach den Sternen war unmöglich.

»Was macht ihr, wenn so etwas passiert?«, wollen wir wissen.

»Warten«, grinst er, »auf das nächste Schiff, bis es am Horizont auftaucht. Zu dem fahren wir dann und fragen nach dem Kurs nach Manus. Oder wir folgen ihm einfach, wenn es das gleiche Ziel hat wie wir.«

»Und auf dem Rückweg passiert es nie, dass ihr die winzigen flachen Inseln von Ninigo verfehlt?«

»Doch, auch das kommt vor. Dann machen wir den Motor aus und warten auf ein Fischerboot. Und da auf fast allen Fischerbooten der Gegend unsere Leute arbeiten, finden wir eigentlich immer jemanden, der uns bis in Sichtweite der Inseln begleitet.«

Sanly schwärmt in einem fort vom Heina-Atoll, dem kleinen unbewohnten Nachbaratoll von Ninigo: »Heina ist so wunderschön, jeder liebt Heina, das Tauchboot fährt dort vorbei, Heina ist das Paradies! Wenn ich ein größeres Segelkanu besitzen würde, würde ich mit euch für ein paar Tage dorthin fahren!«

Björn ist sofort Feuer und Flamme, liegt er mir doch schon seit Tagen mit dem Wunsch in den Ohren, dieses kreisrunde, rundherum geschützte Atoll zu besuchen. Laut Cruising Guide ist der Pass in die Lagune allerdings nur genauso »tief« wie Mico, nämlich nur einen Meter fünfzig.

Doch Sanly beruhigt uns: »Der Pass ist tief genug, und Heina ist ja soooo wunderschön …«

Ohne lange zu überlegen, fragen wir die beiden, ob sie Lust haben, mit uns und MICO für zwei, drei Tage nach Heina zu segeln. Die Antwort ist sonnenklar, genauso wie der nächste Morgen, an dem wir uns zu viert zum Heina-Atoll aufmachen. Schnell jedoch stellen wir fest, was es für einen Unterschied ausmacht, ob zwei oder vier Personen an Bord herumturnen. MICO ist doch ganz schön klein. Im letzten Jahr, bei Willy und Derek, störte es uns nicht, da die beiden sehr höflich und zuvorkommend waren und überall mithelfen wollten. Doch Rachel sitzt nur herum, mit ihrem missmutigen Gesichtsausdruck wirkt sie wie ein Fremdkörper an Bord. Glücklicherweise wollen Sanly und Rachel in Heina an Land schlafen.

Heina entpuppt sich tatsächlich als Traum von einem Atoll, ruhig, vollkommen, ohne jegliche Welle. Wir ankern dicht vor einer schmalen Sandinsel, mit Heckleine zu den übers Wasser ragenden Palmen. Inmitten eines Palmenwaldes liegen verschlafen zwei Hütten, in denen die einheimischen Inselbesucher üblicherweise übernachten. Sanly holt flugs Tisch und Bänke heraus und baut diese Luxusmöbel an einem schattigen Plätzchen im Freien auf. Das Paradies ist eröffnet, doch leider stellt sich Rachel nicht nur als schweigsam, sondern als ausgesprochen langweilig heraus. Was immer wir sie auch fragen, die Antwort müssen wir ihr aus der Nase ziehen. Nicht einmal auf unser »Guten Morgen« reagiert sie. Außerdem scheint sie hier Urlaub machen zu wollen und rührt so gut wie keinen Finger mehr. So hatte ich mir unseren Aufenthalt nicht vorgestellt. Wir teilen gerne unsere letzten Vorräte, auch wenn wir gehofft hatten, dass die beiden in Form von Papaya, Bananen oder Taro wenigstens ein bisschen zu unserem Speiseplan beitragen würden. Doch dreimal am Tag für vier Personen kochen? Da keinerlei Initiative von Rachel ausgeht, bleibt uns nichts anderes übrig, als sie zur Arbeit einzuteilen.

»Könntet ihr vielleicht den Fisch ausnehmen und zum Abendessen zubereiten?«

Keine Antwort ist auch eine Antwort. Bei Einbruch der Dunkelheit rudern wir an Land, wo in einem Topf über dem offenen Feuer bereits das Essen brutzelt. Fisch in Kokoscreme nach Ninigo-Art! Uns läuft das Wasser im Munde zusammen, doch als Rachel den Topf öffnet, bleibt Björn und mir fast die Spucke weg. Die nur grob zerhackten Fische schwimmen in einer wässerigen Flüssigkeit, samt Flossen, Gräten, Haut und Hunderten Schuppen.

Uns schießt der gleiche Gedanke durch den Kopf: »Nur gut, dass man uns auf Wuvulu ständig zum Essen eingeladen hat und nicht auf Ninigo!«

Nach zwei gemeinsamen Tagen, ausgefüllt mit Schnorcheln, Harpunieren und Kokosnusskrabbenfangen, bringen wir Sanly und Rachel zurück nach Ninigo. Der Abschied fällt kurz aus, die gemeinsam verbrachte Zeit hatte sich zu sehr in die Länge gezogen, zu unterschiedlich waren unsere Charaktere und Verhaltensweisen.

Doch mit Heina sind wir noch nicht fertig, ein oder zwei Tage wollen wir das Robinsonleben dort genießen: Ruhe, Frieden, Einsamkeit. Björn ist in diesen Tagen ein Jongleur der Worte statt der Fackeln, schwärmt unentwegt von seinem Paradieschen, seinem Paar Radieschen, das er hier gefunden hat.

»Wie definierst du eigentlich ein Paradies?«, will ich wissen, da ich mir bis dahin Paradiese immer fliegen- und mückenfrei vorgestellt habe.

»Nun ja, das Wichtigste ist ein sicherer und vor allem ruhiger Ankerplatz, wo ich mir um MICO keine Sorgen zu machen brauche. Dann gibt es auf alle Fälle klares Wasser, wunderschöne Korallen, ausreichend viele Fische zum Harpunieren und Angeln. Und natürlich Palmen, Kokosnüsse im Überfluss, eine Hängematte im Schatten. Das entspricht sicherlich nicht nur meiner Vorstellung vom Paradies!«

»Und was ist mit Einheimischen?«

Björn überlegt: »Im Moment bin ich unendlich glücklich darüber, wieder allein zu sein. Aber in ein paar Tagen freue ich mich ziemlich sicher wieder auf nette Papuas. Du weißt doch, Abwechslung ist alles!«

Und ob ich das weiß! Darum genieße ich es sehr, mir ausnahmsweise keine bereits entschälten Trinknüsse schenken zu lassen, sondern mir selber welche »besorgen« zu dürfen. So angenehm und vor allem bequem es auch ist, von anderen Essen und Früchte serviert zu bekommen, so verlockend erscheint mir jetzt die Herausforderung, selbst für unser Essen aufzukommen. Was wir bei den Einheimischen alles abgeschaut und gelernt haben, wollen wir nun anwenden. Das lässt sich allerdings leichter sagen als in die Tat umsetzen. Auf Heina wimmelt es zwar von Kokospalmen, in deren Kronen die Kokosnüsse büschelweise locken, doch zwischen ihnen und dem Erdboden klafft eine Lücke von 15 bis 20 Metern. Und wir haben keinen Papua wie Willy dabei, der ohne Mühe den Stamm jeder Palme hinaufklettern und sich dann sicher in der Krone zwischen den Wedeln niederlassen kann. Für die Einheimischen gehören diese Akrobatikkünste von Kindesbeinen an zum Alltag. Nicht jedoch für mich Zivilisationsgeschädigte. Zweifelnd betrachte ich meine auf einmal viel zu dünnen Oberarme. Dabei fällt mir unwillkürlich eine Reklame aus dem GEO-Südseemagazin ein: »… unter sich sanft im Wind wiegenden Palmen legten wir uns in den Schatten und hörten dem regelmäßigen Schlagen der Wellen zu. Es war wie bei Robinson Crusoe. Ich spielte mit der Idee, auf eine Palme zu klettern, um ein paar Kokosnüsse zu holen. Aber ich entschied mich anders und blieb neben der Flasche Dom Perignon sitzen, die uns unser fantastisches Hotel in Phuket klugerweise im Picknickkorb mitgegeben hatte …«

Den Touristen möchte ich sehen, der mal eben so auf eine Palme klettert, ein paar Nüsse herunterholt und natürlich auch eine Machete dabeihat (wahrscheinlich ebenfalls im Picknickkorb des fantastischen Hotels deponiert), um sie zu öffnen. Ein

Leistungsturner vielleicht. Jongleure wie Björn und ehemalige Leichtathletinnen wie ich suchen sich in Ermangelung einer Flasche Dom Perignon lieber ein kleines, fünf Meter hohes Pälmchen mit einigen Kerben im Stamm. Und auch da hinaufzukommen ist noch anstrengend genug. Vielleicht liegt es aber auch daran, dass ich mich mittlerweile am Ende des fünften Monats befinde. In Deutschland wäre ich schon längst gewogen, in jeder Hinsicht untersucht und kontrolliert worden. Wahrscheinlich würden die Ärzte mir nach den bestimmt positiven Befunden mitteilen, ich wäre kerngesund. Und genauso fühle ich mich ja auch (ohne dass es mir erst jemand sagen muss).

Ist die Nuss erst mal vom Baum, erscheint der Rest wie ein Kinderspiel. Nachdem wir jahrelang wie wild mit der Machete auf die arme grüne Nuss dreingehauen hatten, bis die Kokosfasern zerfetzt und unsere Arme müde waren, sind wir in Ninigo endlich hinter das Geheimnis gekommen, dass auch Trinknüsse per Stock geschält werden können. Hierzu wählt man einen robusten circa einen Meter langen Stab aus Hartholz, spitzt ihn an einem Ende mithilfe der Machete zu und rammt ihn mit dem anderen Ende senkrecht in die Erde. Auf die Spitze lässt man mit aller Wucht eine Kokosnuss niedersausen, deren feste Schale nun eigentlich von der Spitze durchbohrt sein sollte und die man, nach einigen Wiederholungen, Stück für Stück wie eine Apfelsine pellen kann – nur mit deutlich mehr Kraftaufwand. Nach zehn Sekunden oder zwei Minuten, je nach der Hartnäckigkeit der Nuss und des Menschen, hält man die entschälte Kokosnuss, so wie wir sie aus dem Supermarkt kennen, in der Hand.

Möchte man nun eine Trinknuss, also eine junge, grüne und hoffentlich sehr saftige öffnen, kann man entweder mit der Machete oben ein Stück Schale wegschlagen oder die Nuss in eines der drei Augen pieksen, wo statt harter Schale weiches Fleisch sitzt. Essnüsse haben den großen Vorteil, dass man sie gleich vom Boden aufsammeln kann und nicht erst auf die Palme gehen muss. Nach der Entschälprozedur folgt das Aufschlagen per Machete. In einer Hand hält man die Nuss und dreht sie, mit der anderen lässt man die Machete mit der stumpfen Seite auf den »Äquator« sausen, bis sie in der Mitte zerspringt und sich in zwei Hälften teilt. Daraufhin hockt man sich auf seinen Kokosnussschabersitz oder -stuhl und schabt in lockerem Dreierrhythmus möglichst viel Nussfleisch und möglichst wenig eigenes in eine zwischen die Beine geklemmte Schüssel. Ein paar Tropfen Wasser oder Kokossaft dazugeben – und schon rinnt die dicke weiße Kokosmilch zwischen den Fingern, die die Kokosraspeln mit aller Gewalt zusammenpressen, hervor. Ich gebe zu, eine Dose herauszusuchen, zu öffnen und Kokosmilch über ein gewünschtes Objekt zu gießen, geht bedeutend schneller. Aber der Geschmack!!! Jeder Vergleich wäre beleidigend. Schon aus diesem Grunde lohnt sich die Mühe.

Da 21 Hühner und ein Küken auf Heina wohnen und gefüttert werden wollen, lernen wir ziemlich schnell, Essnüsse wie am Fließband zu entschälen und zu öffnen. Was sollen die Hühner denn sonst fressen, wenn nicht Kokosnüsse! Als wir ankamen, hingen den meisten schon die Flügel schlapp herunter, aber mittlerweile haben wir sie mit einer Mischung aus Kokos und Fischresten wieder in Topfform, äh, natürlich in Topform gebracht.

Unterdessen nimmt unser Leben auf diesem Mini-Atoll in geruhsamen, aber doch geregelten Bahnen seinen Lauf. Direkt nach dem Aufstehen verlassen wir MICO, um an Land zu frühstücken. Das heißt normalerweise: Feuer machen, Gitterrost darüber legen und Pfanne mit Pfannkuchenteig darauf stellen. Je nach Windstärke und Qualität des Feuerholzes dauert es nun zwischen einer halben und zwei Stunden, bis die ersten Pfannkuchen, gefüllt mit Papaya oder Banane, in unseren Mägen landen. Von dieser Anstrengung erholen wir uns dann ein wenig in der Hängematte, bevor wir Hühner füttern, Trinknüsse beschaffen oder Wäsche waschen. Die gleißende Mittagshitze überstehen wir am besten im Wasser beim Schnorcheln. Auf dem Hin- oder Rückweg zum Riff hängt sich oftmals gleich unser Abendessen an die Angelleine. Von diesen erneuten körperlichen Anstrengungen mitgenommen, erholen wir uns beim Lesen, Schreiben, Kokosnussknabbern, bevor es Zeit wird, sich um die Zubereitung des Abendessens auf dem offenen Feuer zu kümmern, was wiederum circa zwei Stunden in Anspruch nimmt. Mit anderen Worten: Wir schlafen, essen und suchen unser Essen zusammen. Mehr nicht.

Björn hat seine Idee vom letzten Jahr noch immer nicht verworfen und meint hin und wieder, ich könnte über unsere Erlebnisse doch ein zweites Buch schreiben. Ja, das könnte ich, bloß bin ich leider zu faul dafür. Da halte ich es ganz wie Buddha: Man kann auch mit Nichtstun glücklich sein. Und wir tun beide nichts. Wir sind einfach faul. Wer uns kennt, wird diesen letzten Satz zwar nicht glauben können. Wir, die zu Hause nicht fünf Minuten still auf unseren Hintern sitzen können, immer unterwegs sind, um Freunde zu besuchen und neue Gegenden zu erkunden, tun hier stundenlang nichts weiter, als die Landschaft zu betrachten. Einfach so – und sind dabei auch noch glücklich. Wozu bewegen, wenn es doch nur Schweiß verursacht? Wozu jetzt arbeiten anstatt einfach nur genießen, wenn es in vier Monaten dank Baby mit der Ruhe sowieso aus sein wird – für die nächsten 20 Jahre? Wozu sich Sorgen machen? So lange wir ausreichend zu essen haben und uns nicht gegenseitig auf die Nerven gehen, so lange bleiben wir hier. Erst wenn die letzte Flasche Antimückenspray zur Neige geht, ist es an der Zeit, dieses idyllische Eiland zu verlassen und uns erneut in die von Menschen bewohnte Welt zu stürzen. Jetzt aber bewohnen wir ein Paradies. Und dabei gehe ich nicht nur von Björns Definition vom Paradies der Palmen und Korallen aus. Was sagt noch gleich das »LOL²A-Prinzip« dazu, das im gleichnamigen philosophischen Buch so herrlich einfach und logisch beschrieben wird? Das Paradies ist offenbar schlicht und einfach ein Geisteszustand. Ein Zustand des Nichturteilens, des Nichtaufteilens der Welt in Gut und Böse. Meine eigene Definition des Paradieses gefällt mir noch besser: ein Zustand vollkommener Zufriedenheit. Ohne Sorgen, ohne Ängste, ohne Hass oder Neid im Herzen. Stattdessen voller Glück und, so kitschig es auch klingen mag, Liebe. Denn ich liebe hier doch (fast) alles: die sich im Winde wiegenden Palmenwedel, das Glitzern des Sonnenlichts auf den kleinen Wellen der Lagune, die weißen Wolkenberge am Horizont, die kühlende Brise auf der Haut, die Hühner, die Pfannkuchen und Björn.

Wenn aber die Überwasserwelt bereits das Paradies auf Erden darstellt, dann gibt es für die Unterwasserwelt von Heina keine Bezeichnung mehr. Nirgendwo haben wir solche farbenprächtigen, üppigen und abwechslungsreichen Korallen gesehen wie hier. Überwältigt von so viel Schönheit gleiten wir nackt durch das sonnendurchflutete warme Wasser am Außenriff. Direkt vor unseren Augen breitet sich der atemberaubend schöne Korallengarten aus. Dazu wimmelt es von Fischen in allen nur erdenklichen Regenbogenfarben. Ich fühle mich wie in einem riesigen Aquarium, in dem Hunderte bunte Farbkleckse um mich herumscharwenzeln. Hier ein Schwarm Papageienfische, dort die bunten Streifendrückerfische, die winzigen Farbenprächtigen, deren Bezeichnung wir nicht kennen, überall dazwischen. Ein Riesengrouper taucht aus dem dunklen Blau auf. Als Krönung des Ganzen eine Schule Delfine, die im tiefen Wasser unter uns entlangzieht.

Aus geplanten zwei Tagen auf Heina werden acht. Acht fast durchgehend friedvolle Tage. Nur in der fünften Nacht werden wir durch eine kurze, aber heftige Starkwindfront daran erinnert, wie nahe Glück und Unglück beieinanderliegen. Um zwei Uhr nachts tobt ein heftiger Regenschauer mit 25 Knoten über uns hinweg. Das Prasseln dicker Tropfen reißt uns aus dem Schlaf. Glücklicherweise. Denn nur wenige Minuten später dringt ein anderes Unheil verkündendes Geräusch an unsere Ohren. Es klingt, als ob Metall über Schotter geschleift wird. Oha, der Anker! Den haben wir, jetzt fällt es uns wieder ein, im ersten Begeisterungstaumel, allein auf Heina zu sein, glatt vergessen einzufahren. Die Rechnung wird uns jetzt präsentiert.

»Kein Problem«, meint Björn und wischt sich den Schlaf aus den Augen, »dann fahr ich den Anker eben jetzt ein.«

Sagt es und will den Motor starten, der als Antwort nur ein leises »Klick« von sich gibt. Oh, da haben wir wohl auch vergessen, in den letzten Tagen per Motor die Batterie aufzuladen. Zu viel Nichtstun ist auf die Dauer nicht gesund, man wird zu träge und vergisst die einfachsten und wichtigsten Dinge. Immerhin haben wir aus unseren unzähligen Fehlern der Vergangenheit gelernt und genau wegen solcher Situationen Starterbatterie und Batteriebank getrennt voneinander geschaltet. Seelenruhig montiert Björn die Starterbatterie ab und schließt die beiden anderen an.

»Klick«, sagt der Anlasser.

Ebenfalls leer, schade aber auch. Jetzt bin ich hellwach, turne im Regen an Deck herum und versuche mich zu erinnern, wie groß der Abstand zwischen MICOs Heck und dem Strand hinter uns in diesem kreisrunden Atoll in den letzten Tagen war. 100 Meter? 200 Meter? Und wie viele Meter schafft ein Anker auf Korallenschotter pro Minute?

»Unsere letzte Chance ist die Batterie, die wir fürs Laptop benutzen!«

Mein mittlerweile weniger gelassener Freund stürmt ebenfalls ins Cockpit.

»Oder die Front ist vorbei, bevor wir aufs andere Ufer knallen«, ergänze ich, »oder der Anker bleibt an einem Korallenblock hängen.«

Alle drei Möglichkeiten treten ein paar Minuten später ein. Sicherheitshalber geben wir rückwärts noch einmal richtig Vollgas, der Anker hält jetzt bombenfest. Erleichtert und etwas beschämt klettern wir durchnässt in unsere Kojen zurück und schwören uns, als Erstes am nächsten Morgen alle Batterien aufzuladen.

Wenn Björn bloß nicht solche absurden Einfälle hätte. Das Leben könnte so ruhig und entspannt sein. Wie kann man nur auf die blödsinnige Idee kommen, Benzin in den Dinghitank zu füllen, der schon gut verstaut in der Backskiste liegt – und das alles bei laufendem Motor? Es geschieht, was geschehen muss: Der Schiffsmotor wird plötzlich immer schneller und schneller, läuft auf Vollgas, dann darüber hinaus.

»Mach den Motor aus!«, schreit Björn mich an.

Ich reiße an der Ausmacherschnur. Nichts passiert. Der Motor ist kurz vorm Durchdrehen. Oder explodieren. Ich sprinte aufs Vorschiff, bereit, mich in der nächsten Sekunde ins rettende Wasser zu stürzen. Björn dagegen, lebensmüde oder geistesgegenwärtig, springt nach unten und reißt die Motorabdeckung weg. Ein paar angsterfüllte Sekunden später stirbt der Motor.

»Was war denn das für eine Schwachsinnsaktion?«, herrsche ich den selbst ernannten *Captain* an. Ich zittere am ganzen Körper, mein Adrenalinspiegel muss in der letzten Minute ins Unendliche gestiegen sein. »Willst du uns umbringen? Oder wolltest du mit dieser Aktion herausfinden, wie viel Adrenalin eine werdende Mutter verträgt?«

»Ich glaube, das waren die Benzindämpfe. Ich habe beim Einfüllen ziemlich viel danebengegossen. Und der Motor sitzt doch direkt unter den Backskisten und hat die Benzindämpfe angesaugt. Das gefiel unserem Dieselmotor wohl gar nicht.«

Ich starre Björn mit offenem Mund an und kann mich nicht entscheiden, ob ich nun laut aufschreien soll vor Fassungslosigkeit oder lieber Gott dafür danken, dass wir beide noch am Leben sind. Manchmal gibt es eben Momente, in denen Björn mich, auch nach sieben Jahren Zusammensein, mit seinen unüberlegten Taten noch immer schocken kann.

»Du lässt wohl auch nichts aus, um das Leben möglichst aufregend zu gestalten, was?«

»Wieso?«, Björn grinst mich frech an. »Du hast doch in deinem Buch über unsere letzte Reise geschrieben: ›Für Björn, mit dem das Leben nie langweilig wird‹.«

Endlich laufen wir hinaus aufs glasklare, schimmernde blaue Meer. Ein paar Stunden motoren nur, sieben, vielleicht acht. Die letzten Stunden Einsamkeit genießen. Die letzten Stunden puren Daseins. Unsere letzte Insel liegt vor uns.

Eine Insel mit zwei Bergen

Hermit –
Von Hirschen, Haien und Schatzsuchern

Wie viele Inseln Papua-Neuguineas wir in den letzten 16 Monaten bereits besucht haben? Ich weiß es nicht, ich weiß nur, dass jede Insel so einzigartig und unvergleichlich war, trotz aller Versuche unsererseits, sie mit irgendetwas Bekanntem zu vergleichen. Das aber ist einfach nicht möglich in diesem Land. Nicht einmal die drei Inselgruppen Wuvulu, Ninigo und Hermit, die so nahe beieinanderliegen, ähneln sich. Deshalb sind wir mehr als überrascht, als wir nach Stunden des Motorens, in denen unser Blister aufgrund vollkommener Windstille friedlich in seinem Segelsack weiter vor sich hin träumen konnte, Hermit erblicken. Hohe, von Tausenden Palmen bestandene Vulkaninseln erwarten uns – und keine einzige Menschenseele. Kein Dorf verbirgt sich unter den Bäumen am Sandstrand, kein Kanu löst sich vom Ufer, als wir im goldenen Licht der Nachmittagssonne die ersten Inseln innerhalb des Außenriffs erreichen. Nur »gemeingefährliche Mörderkorallen« (O-Ton Björn) tauchen aus den Tiefen der Lagune vor uns auf und machen mir das Leben schwer, während ich im Bugkorb stehend verzweifelt nach ihnen Ausschau halte, damit wir nicht aufsetzen. Eine geschlagene halbe Stunde irren wir auf der Suche nach einem Ankerplatz zwischen diesen Korallenblöcken umher, und unser hektisches Geschrei breitet sich über die bereits im Dämmerschlaf liegende Bucht: »Ein bisschen weiter nach rechts, ja, so ist es gut. Nein, Mist, ein riesiger Block vor uns! Rückwärts, Vollgas rückwärts, schnell, schnell! Schnell!!!«

Drei Minuten später wiederholt sich das ganze Manöver, weitere fünf Minuten später erneut und so weiter und so fort. Als wir endlich eine halbwegs passable freie Stelle finden und der Anker fällt, plumpst Björn geschafft neben mir ins Cockpit.

»Ich rühre keinen Finger mehr. Hoffe nur, dass heute Nacht kein Wind aufkommt, bei den Massen an Korallenblöcken um uns herum.«

»Denkst du beim Anblick dieser Hütten das Gleiche, was ich denke?«, fragt Björn mich am nächsten Morgen einige Seemeilen unter Motor und ein paar Stunden später.

Vor uns in einer malerischen Bucht liegt ein Dorf, das einem Comic von Asterix und Obelix entsprungen sein könnte: klein, gemütlich und richtig urig. Palmwedelgedeckte Hütten träumen unter Kokospalmen, und hinterm Dorf, das auf einem nicht mehr als 200 Meter breiten Streifen Strand liegt, schimmert schon das Türkis der nächsten Lagune.

Zum letzten Mal auf dieser Reise betreten wir eine fremde Insel. Ich bin insgeheim froh darüber. So spannend es auch sein mag, es ist auf die Dauer anstrengend. Immer wieder neue Leute kennenlernen. Bei wem müssen wir vorsichtig sein, mit wem könnte sich eine Freundschaft entwickeln? Auch auf Hermit beginnen wir wieder bei null. Alles ist neu. Wir können uns nur auf unsere Erfahrung und Menschenkenntnis verlassen. Doch warum machen wir trotzdem immer weiter? Was treibt uns vorwärts? Ich glaube, es ist noch immer die Suche nach der Bestätigung, dass Glück überall zu finden ist. Dass es nicht an einen bestimmten Ort gebunden ist. Eines Tages werden wir vielleicht sogar die Erkenntnis haben, dass das Glück genau genommen in uns selbst liegt, und es schaffen, für eine lange Zeit an einem einzigen Ort zu verweilen.

Ein Dutzend neugieriger Mienen mustert uns, als wir am Sandstrand des Dorfes Luff auf der gleichnamigen Insel anlanden. Eine junge Frau mit Baby auf dem Arm spricht uns an, begleitet uns. Endlich mal wieder eine Frau in PNG, die ihre Zähne auseinanderbekommt, die Humor und Selbstbewusstsein hat. Ich freunde mich schnell mit der neun Jahre Jüngeren an, wir albern herum, und ich freue mich, ein paar persönliche Fragen stellen zu können und sogar eine Antwort zu bekommen.

Joanne wirkt anders als viele Frauen, die ich in Papua-Neuguinea getroffen habe. Sie ist selbstbewusst, gebildet, spricht sehr gutes Englisch und ist sich trotz ihrer jungen Jahre ihrer Ausstrahlung und Schönheit bewusst. Nicht mehr von unserer Seite weichend führt sie uns, stets mit ihrem Baby Oldrich auf dem Arm, auf einem ersten Spaziergang durchs Dorf. Ich gehe davon aus, dass sie verheiratet ist, und frage sie nach ihrem Ehemann. Doch da bin ich an die falsche Adresse geraten.

»Ich bin nicht verheiratet.« Geheimnisvolles Lächeln.

»Und der Vater deines Kindes, wo steckt der?«, will ich wissen, neugierig, erstaunt, ein nichteheliches Kind auf diesen christlich geprägten Inseln vorzufinden. Ein verschmitztes Grinsen ist ihre Antwort.

Ein paar Tage später erfahre ich, dass der Vater, ebenfalls von Luff stammend, aufgrund seines Lebensstils (»raucht, hat andere Mädchen gehabt und arbeitet nicht fleißig genug«) von Joannes Eltern sehr ungern als Ehemann für ihre Tochter gesehen worden wäre, und da Joanne ein gutes Einvernehmen mit ihrer Familie wichtig ist, hat sie sich gegen eine Heirat entschieden.

»Und wie wirst du von der Dorfgemeinschaft akzeptiert, mit unehelichem Kind?«, hake ich nach.

»Kein Problem«, kommt prompt die Antwort, »das sind die Leute hier gewohnt!«

Statt mit Vater wächst Oldrich im Kreise seiner Großfamilie auf, gut behütet von Joannes jüngeren Schwestern Shila und Julin, von Mutter Wilma und Vater Okip. Die ganze Familie hat es sich in den Kopf gesetzt, uns für die Zeit unseres Aufenthaltes auf Hermit zu adoptieren. Mit anderen Worten: uns mit Essen zu beschenken, besser gesagt vollzustopfen. Wir wagen kaum mehr, bei ihrem Haus vorbeizuschauen; schon kommen sie angelaufen und drücken uns einen Korb, gefüllt mit Früchten und Gemüse aus ihrem Garten, in die Hände. Damit sind sie bei uns natürlich genau an die Richtigen geraten. Endlich wieder

Frischzeug! Wir hatten seit Ninigo nur noch ein paar vertrocknete Zwiebeln und Knoblauchzehen an Bord und fallen heißhungrig über die Köstlichkeiten der Natur her. Wir können uns im Moment kaum etwas Leckereres vorstellen als frische Ananas oder ein Stück Zuckerrohr direkt aus dem Garten. Unsere Geschmacksnerven und sogar die Verdauung haben sich längst auf die gesunde und unverarbeitete Nahrung der Natur umgestellt, für die wir in jedem Bioladen in Deutschland ein größeres Vermögen hinblättern müssten. Unsere Konservendosen können meinetwegen in der Bilge verrosten. Es stört uns mittlerweile nicht mal mehr, das Essen, ganz im Stil der Einheimischen, kalt zu uns zu nehmen. Doch was ist schon kalt bei 32 °C Durchschnittstemperatur im Schatten? Sogar der Kaffee braucht in den Tropen eine knappe Stunde, um abzukühlen. Dass wir bei all dem Essen – und wir essen wirklich den ganzen Tag hindurch – nicht dicker werden, wundert uns kaum. Vitamine setzen einfach nicht an, und die kalorienreiche Kokosnusscreme bauen wir bei schweißtreibenden Kletterpartien in die auf steilen Hängen gelegenen Gärten und auf den alltäglichen Spaziergängen durchs Dörfchen wieder ab.

»Sag mal, bist du nicht bald schon im sechsten Monat?«, wundert sich sogar Björn mit Blick auf mein sanft, ganz sanft gerundetes Bäuchlein.

»Du weißt doch, Björn«, sage ich geheimnisvoll und schaue ihn mit ernstem Blick an, »Sperma light macht schwanger, aber nicht dick.«

Dann kommt der Sonnabend oder, in der Inselsprache, der Sabbat. Seit Anfang des 20. Jahrhunderts haben Missionare der verschiedenen christlichen Gruppierungen die Inseln PNGs aufgesucht, um die Einheimischen zu missionieren, was, soweit wir es beurteilen können, sehr erfolgreich gelungen ist. Alle Bewohner der Insel Luff zählen zu den Siebenten-Tags-Adventisten, und für sie ist Sabbat der heilige Tag, den sie mit stundenlangen Gottesdiensten zelebrieren. Wir brauchen nur zur zweiten Hälfte zu erscheinen, was mir auch reicht, denn beim sechzehnten Choral in Folge im Stehen gesungen, bin ich Schwangere kurz davor, in Ohnmacht zu fallen. Draußen im hellen Sonnenschein nimmt Okip uns beim Arm und führt uns ins Gemeindehaus, wo sich ein überdimensionaler Tisch unter der Last der Speisen biegt.

»Das ist für euch. Setzt euch und esst!«

Und wir, wir verwöhnten Geschöpfe, wundern uns kaum. Wir freuen uns zwar über die Einladung, aber nicht überschwänglich, strahlen nicht verzückt-verklärt unsere Gastgeber an wie letztes Jahr auf Neumara. Wir wissen, so viel Gastfreundschaft ist NICHT selbstverständlich. Aber sie ist mittlerweile sooo normal. Ankommen, zum Essen eingeladen werden, beschenkt werden, abfahren. Auch die schönsten Dinge werden irgendwann zum Alltag, zur Gewohnheit. Und Gewohnheit macht bequem. Es ist schon schlimm mit uns.

Björn wundert sich nur kurz: »Komisch, dass man hier zum Essen eingeladen wird, bevor man eine Show macht oder sie ankündigt.«

Dann kommt von rechts die Trinknuss und von links die Schale mit dem Cassavakuchen. Cassava ist eine Knollenfrucht, die in anderen Teilen der Welt Maniok oder Tapioka heißt. Nur ein paar Minuten leisten uns die anderen Gemeindemitglieder Gesellschaft beim Essen, sprich, sie sorgen dafür, dass die Speisen von den Tellern in ihre Münder verschwinden. Am großen Tisch sitzen, mit Teller, Messer und Gabel ausgestattet, dürfen nur wir. Wären wir 150 Jahre früher auf Hermit aufgetaucht, ich wäre fest davon ausgegangen, sie nudeln uns nur, um uns hinterher gemästet in den Kochtopf zu stecken. Anschließend spazieren wir in Begleitung von Joanne, Steven und ein paar anderen durchs gepflegte Dorf. Stolze 150 Einwohner zählt die einzige Siedlung auf Hermit. Sehr sauber und aufgeräumt wirkt sie auf uns. Die Hälfte der Bevölkerung besteht, nach dem Geschrei und Geplansche zu urteilen, das nachmittags vom Strand zum Boot herüberweht, aus Kindern. Als Joseph, der Großvater von Joanne und jetzt als einer der Ältesten *chief* der Insel, noch ein kleiner

Junge war, wohnten in Luff nur elf Menschen, die alle zur selben Familie gehörten. Von dieser Familie stammen alle weiteren Bewohner auf Luff ab. Daraus folgt unweigerlich, dass jeder mit jedem verwandt ist. Im heiratsfähigen Alter fahren die Hermitaner dann zur Nachbarinsel Ninigo, um sich von dort ihre Frauen zu holen. Diese sind meist auch alle untereinander verschwistert und verschwägert, das heißt, auch die Einwanderinnen stammen alle aus einer einzigen Sippe. Ich mache mir einen Spaß daraus und frage Joanne bei jeder Person, die wir antreffen, ob sie mit ihr verwandt ist.

Die Antwort ist: »Sicherlich! Das ist die Tochter der Schwester meiner Mutter.« Oder: »Der Kleine dort ist der Sohn meines Onkels väterlicherseits.« Oder: »Dieser Mann ist der Cousin von der Schwester meines Großvaters.«

»Und alle diese Kinder hier um uns herum«, necke ich sie und zeige auf die Schar von 20 kleinen braunen Gestalten, die uns auf Schritt und Tritt folgen, »alles Verwandte?

»*Sure*«, antwortet sie, »alles Cousins und Cousinen!«

Und alle sind Gemeindemitglieder der Siebenten-Tags-Adventisten. Die alte, im traditionellen Stil gebaute wunderschöne Kirche, in der wir heute gesungen haben, ist für die zu erwartenden Neuankömmlinge zu klein; darum wird bereits jetzt fleißig an einer modernen, mit Wellblech gedeckten und unserer Meinung nach komplett überdimensionierten neuen Kirche gebaut. Tausende Kina, die heute offizielle Währung, abgeleitet von der früheren Währung, der Kinamuschel, fließen in das zukünftige Gotteshaus. Aber ist es ein Wunder, dass die Religion hier das Sagen hat? Stellt sie doch mit ihren Gottesdiensten, Kirchenpicknicks und anderen organisierten Aktivitäten die einzige Form von Unterhaltung dar. Dazu kommen die täglichen Andachten. Morgens um halb sechs bimmelt die Glocke in Form einer aufgehängten, leeren Gasflasche gnadenlos alle Bewohner aus dem Schlaf. Am Abend wiederholt sich die Prozedur. Tag für Tag, mit Ausnahme des Sonnabends, dem heiligen Sabbat, an dem der offizielle Gottesdienst stattfindet: von 9 bis 12 Uhr und noch einmal von 16 bis 18 Uhr. Auf Betelnuss und Zigaretten, auf Alkohol und Schweinefleisch können wir ohne Weiteres verzichten, nur diese langen, langen Gottesdienste wären auf die Dauer gar nichts für uns. Uns reicht es, uns jeden Morgen nach dem Aufstehen für den wunderschönen Sonnentag beim Schöpfer zu bedanken – und nach jeder Trinknuss kurz bei der Palme.

Unser zweiter Ansprechpartner auf Hermit ist Steven, mit seinen knapp 30 Jahren nicht nur Onkel von Joanne, sondern auch Mitglied des *Island Ressource Management*. Eine Handvoll verantwortungsbewusster Einwohner hat diese Organisation gegründet, um Korallenriffe und Fischleben vor den und für die ein-, zweimal im Jahr erscheinenden Tauchtouristen und Segler zu bewahren. Ohne Führer aus diesem Verein ist kein Schnorcheln und Tauchen, kein Ankern und Fischen in der Lagune von Hermit erlaubt. Der Service ist kostenlos. Spenden für die Dorfgemeinschaft werden aber gerne entgegengenommen, genauso wie Kaffee und Kekse an Bord.

Steven begleitet uns zum Schnorcheln zur Südostpassage. Und nicht nur Steven. Ich frage Joanne, ob sie die Frauenquote an Bord erhöhen will. Natürlich will sie. Sie hat sich sichtlich gefreut, als ich ihr am zweiten Tag nach unserer Ankunft eröffnet habe, dass ich bald ein Baby haben werde – fast auf den Tag genau ein Jahr nach der Geburt von Oldrich. Sie hat ihr Kind, wie übrigens fast alle Frauen von Hermit, auf dem Nachbaratoll Ninigo bekommen, in der dortigen kleinen Krankenstation. Auf diesen Inseln ist eine Schwangerschaft, wie ich sie führe, völlig selbstverständlich: ohne Vorsorgeuntersuchungen, ohne Ultraschall, ohne Arzt oder Hebamme.

»Achtet ihr auf irgendetwas Besonderes während der Schwangerschaft oder Geburt?«, will ich von ihr wissen.

Joanne überlegt kurz: »Die letzten drei Wochen vor der Geburt essen wir keine Eier mehr.«

»Warum?«, hake ich nach.

»Keine Ahnung«, meint sie schulterzuckend, »das machen wir schon immer so. Irgendeinen Vorteil wird es schon haben.«

Björn und ich freuen uns darauf, schon mal sehen zu können, wie es ist, wenn ein Baby wie Oldrich auf dem Vordeck herumkullert und maunzt. So einen Zwerg, bloß in einer anderen Farbe, werden wir in ein paar Monaten also auch auf dem Arm tragen.

»Wir können unser baldiges Elterndasein ja schon mal mit Oldrich üben.«

Wir machen ein paar Fotos mit schwarzem Baby auf dem Arm und stellen uns die Gesichter unserer Freunde vor, wenn sie in ein paar Monaten diese Bilder mit der Überschrift »Die stolzen Eltern verkünden …« in ihrem Briefkasten finden werden.

In der Südostpassage soll es laut Steven besonders schön zum Schnorcheln sein. Von Fischschwärmen soll es dort wimmeln und von Haien. Besonders auf Letztere bin ich nicht sehr erpicht. Steven scheint es zu ahnen und gibt, noch bevor wir ins Wasser springen, eine Geschichte zum Besten, die ich lieber nicht gehört hätte: Bis zur vergangenen Woche galten die Riffhaie in der Passage, wie eigentlich alle Riffhaie weltweit, als harmlos. Doch dann wurde ein Cousin von ihm aus Ninigo beim Harpunieren im Pass von einem dieser Gesellen kurz, aber heftig in die Schulter gebissen, aus Versehen sozusagen. Das Tier hatte es auf die bereits gefangenen Fische abgesehen, die aufgefädelt am Gürtel des Mannes hingen, und der Jagdausflug endete für den jungen Mann in der Krankenstation auf Ninigo, denn nach diesem Biss fehlte nicht nur ein Stück Haut, sondern auch ein Stückchen Schulter.

Meine Lust aufs Schnorcheln hält sich daraufhin in engen Grenzen. Im Wasser traue ich mich keinen Meter von QUIET-SCHIE weg, und ich bin ständig bereit, beim geringsten Annäherungsversuch eines Hais blitzschnell ins Schlauchboot zu flüchten. Haiverseucht ist die Passage allemal. Sie kann ohne Weiteres

Suvarov Konkurrenz machen, dem kleinen Atoll der Cookinseln, wo jeder von Björns Harpune angeschossene Papageienfisch innerhalb von Sekunden von Haien zerrissen wurde und jegliches Schwimmen und Schnorcheln sich für uns als Zitterpartie entpuppte. Auch jetzt kommen die Raubfische wie neugierige junge Hunde jedes Mal zu Steven und Björn geschwommen, sobald sie den Klick des ausgelösten Harpunenpfeils hören. Wie die beiden bei diesen Störenfrieden in aller Seelenruhe weiter harpunieren können, ist mir schleierhaft. Schließlich holen sie, ohne einen einzigen Fisch erlegt zu haben, den Anker hoch, durchqueren die Lagune und setzen unseren Anker erst wieder im sogenannten Manta-Pass.

Haifrei! Hier gefällt es mir schon wesentlich besser. Während Joanne an Bord den ungewohnten Klängen von Mozart lauscht, fahren Steven, Björn und ich mit dem Dinghi gegen die Strömung durch den Pass und lassen uns schnorchelnderweise zurücktreiben. Wie herrlich das Leben doch sein kann im 29 °C warmen Äquatorwasser, durch das Fischschwärme in allen Größen ziehen. Und Mantas! Drei kleine Rochen, aufgereiht wie Flugdrachen, heizen durch das türkisblaue Wasser. Da, ein noch größeres Exemplar! Aber leider nicht so klar zu sehen wie der riesige Manta, den wir vor Jahren, ebenfalls auf Suvarov, minutenlang aus allernächster Nähe bewundern durften. Dafür werden wir Zeuge, wie Steven sich aus einer Schule Barracudas den größten Fisch heraussucht, ihn durch einen gezielten Schuss in den Rücken erst betäubt und dann nach Art der Hermitaner mit einem Stich des Pfeils ins Gehirn tötet, ohne auch nur einen einzigen Tropfen Fischblut zu vergießen.

Nach dem Schnorcheln haben wir alle vier an Bord Appetit auf eine Trinknuss. Deshalb motoren wir die paar Minuten hinüber nach Maron Island, dessen Kokosnussplantagen von einem der vielen Onkels von Joanne bewirtschaftet werden. Neben Kokosnüssen und Alligatoren kann Maron mit drei weiteren unglaublichen Sehenswürdigkeiten aufwarten: mit Kühen,

Rehen und einer kleinen Burg aus Marmor beziehungsweise deren Überresten. Außer den Fundamenten steht nichts mehr, nachdem einige Australier 1975 direkt vor der Unabhängigkeitserklärung von Papua-Neuguinea alles, was damals von der Burg oder vom Schloss (was immer *castle* für die Einheimischen bedeuten mag) noch übrig war, aus reiner Lust an der Zerstörung komplett abgerissen haben. Es kommt uns absurd vor, auf einer Südseeinsel einen Breitengrad südlich des Äquators ein Schloss zu bauen. Veranlasst hatte das Rudolf Wahlen, der deutsche Verwalter der schon zu ihren Lebzeiten legendären Queen Emma, welcher Anfang des letzten Jahrhunderts die Kopraerzeugung auf den Hermit Islands überwachte. Queen Emma, mit bürgerlichem Namen Emma Forsayth, geboren in der Mitte des 19. Jahrhunderts als Tochter eines Amerikaners und einer Samoanerin, hatte sich mit einem australischen Händler zusammengetan und begonnen, rund um die frühere Hauptstadt PNGs Rabaul sowie auf den Duke-of-York-Inseln Kopraplantagen aufzukaufen. Emma pflegte einen extravaganten und luxuriösen Lebensstil, residierte in ihrer schlossähnlichen Villa und glaubte am Ende ihres Lebens wahrscheinlich selbst daran, eine Königin zu sein. Heutzutage geht auf Hermit die Rede von einem sagenhaften Goldschatz um, den Rudolf Wahlen 1914 kurz vor seinem Abtransport durch die neuen australischen Besatzungsmächte im Beisein des damaligen Inselhäuptlings vergraben haben soll. Auf Maron oder möglicherweise vor Maron im Wasser. Und der Häuptling hat natürlich ewige Verschwiegenheit versprochen und bis in seinen Tod hinein gehalten, sodass der Goldschatz unauffindbar blieb. Rudolf Wahlen ist schon lange tot, doch ein paar Zeugen der Geschichte rennen noch immer auf der Insel herum: Rehe und Kühe. Mich wunderte zwar, dass diese Tierchen in den Tropen überleben konnten, aber offensichtlich hatten sie keine Probleme mit dem Klima. Allerdings unterlief den Hermitanern Anfang des Jahres ein gewaltiger Fehler: Sie erschossen den letzten Bullen. Ihre Lieblingsfleischquelle ist damit für immer versiegt.

Björn ist nach diesen Schatzinsel-Geschichten sofort Feuer und Flamme und will am nächsten Tag am liebsten gleich die ganze Insel durchwühlen. Ich jedenfalls will nicht graben und auch nicht beim Graben schwitzen. Mir läuft der Schweiß auch ohne jegliche Bewegung schon in Bächen über den Körper. Ein Königreich für eine kühle Nacht, eine goldene Krone für einen Windhauch! Schweißgebadet wachen wir jede Nacht auf und wenden und drehen unsere feuchten Kopfkissen zum wiederholten Mal. Vergeblich. Nicht der leiseste Windzug dringt durch die feinen Maschen des Moskitonetzes, die stehende Hitze legt sich schwer über unsere Körper, die in einer Lache aus Schweiß schwimmen. Schlafen ist bei diesen Temperaturen menschenunmöglich. Beim vergeblichen Warten auf ein bisschen Schlaf mache ich die interessante Entdeckung, dass sogar Kniescheiben in der Lage sind zu schwitzen, Ohrläppchen dagegen nicht. Der einzige Ausweg, um nachts überhaupt ein Auge zuzubekommen, ist, sich vor dem Schlafengehen einen Eimer Wasser über den Kopf zu gießen und sich nicht abzutrocknen. So bringt wenigstens die Verdunstungskälte an der Kopfhaut einen Hauch von Entspannung. Auch die Einheimischen beklagen sich ständig über die Hitze, womit der Beweis erbracht ist, dass Jammern über das Wetter nicht nur eine typisch deutsche Eigenschaft, sondern weltweit verbreitet ist.

Ein Gedanke allerdings beunruhigt mich. An den letzten Abenden, wenn Björn und ich während des Einbruchs der Dunkelheit auf dem Vorschiff lümmeln und das dunkelrote Leuchten der untergehenden Sonne sich langsam von uns verabschiedet, fühlen wir uns, vom bevorstehenden Angriff der ersten Moskitos mal abgesehen, rundherum glücklich. Dann frage ich mich, ob wir dieses Glück, diese innere Befriedigung nach all dem, was wir in unseren jungen Jahren bereits erlebt haben, an einem anderen Ort und zu einer anderen Zeit wiedererlangen können. Ich denke dabei nicht unbedingt an zu Hause. Zu Hause ist alles vertraut, vielleicht auch ein bisschen abgestanden, mit vielen Verpflichtungen und weniger Freiheiten. Nein, ich denke an

unsere zukünftigen Reisen, die wir in zwei, drei Jahren hoffentlich wieder werden machen können. Werden wir, verdorben
durch unsere Erfahrungen an den schönsten Plätzen der Welt,
jedes neue Reiseziel nur noch durch die Südsee-Brille betrachten können? Doch dann sage ich mir: Freundliche, aufgeschlossene Menschen gibt es überall, und wir haben noch so vieles zu
entdecken. Und das geht bestimmt auch mit Baby!

Jeden Morgen vor dem Aufstehen setze ich eine der kleinen
Spieluhren, die wir als Gastgeschenke mit an Bord haben, auf
meinen Bauch und kurbele für unser Baby eine kleine Melodie
von Beethoven. Und mit ziemlicher Sicherheit freut sich das
Würmchen über die zarten Klänge, denn meistens fühle ich
danach zarte Bewegungen in meinem Bauch, als ob ein kleiner
Schmetterling in mir herumfliegt und mich mit seinen Flügeln
sanft streift. Vereinzelt meldet sich das Kindchen auch mit
Klopfzeichen, was besonders für Björn ein faszinierendes Erleb-
nis ist. Endlich erhält auch der werdende Vater die Möglichkeit,
sich von der tatsächlichen physischen Existenz seines Babys zu
überzeugen.

»Ich kann genau fühlen, wie es sich bewegt«, strahlt er mich
an, mit seiner Hand auf meinem Bauch, »wahrscheinlich ist es
Klassik-Liebhaber und schlägt im Bauch Purzelbäume vor
Begeisterung.«

»Oder es beschwert sich«, sinniere ich, »weil es eigentlich auf
Hardrock steht.«

Auch auf einer paradiesisch friedlichen Insel herrscht nicht
immer eitel Sonnenschein. Nachbarn mit denen man sich nicht
so blendend versteht, gibt es auch hier. Aus diesem Grund haben
sich Steven und ein paar andere Insulaner »Wochenendhütt-
chen« auf die umliegenden Hügel gebaut, und auch dorthin
erhalten wir eine Einladung. Ein kurzer schweißtreibender
Anstieg durch Bachbette, Gärten voller Süßkartoffeln und Cassava, und schon sind wir auf dem Hügelkamm. Ja, jetzt verstehen wir, warum Steven sich hier oben so gerne aufhält. Nicht nur

die Aussicht ist umwerfend, nicht nur die Blumen, die hier oben blühen, entzücken uns. Man hat hier oben die Chance, auch mal alleine, mal unbeobachtet zu sein. Hier oben kann Steven auch in Ruhe eine Zigarette rauchen, was im Dorf schlichtweg unmöglich ist.

Irgendetwas auf Hermit fehlt, etwas Wesentliches, das es auf den anderen Inseln gab. Aber was? Nachmittags, als wir alleine auf dem Vorschiff liegend unseren Blick über Insel und Dorf schweifen lassen, fällt uns endlich auf: Kaum ein Mensch kommt uns auf MICO besuchen. Das liegt daran, dass es keine Kanus auf der Insel gibt. *Banana boats* gibt es ein paar, und zwei oder drei einfache Einbäume. Aber die PNG-Kanus, die mit Ausleger, die man vor jeder anderen Insel in Massen sieht, fehlen komplett.

»Ausgestorben«, antwortet Joannes Vater Okip auf unsere Fragen, »natürlich hatten wir auch mal eigene Kanus, doch das ist lange, lange her. Keiner hier auf der Insel weiß mehr, wie sie aussahen, die Hermit-Kanus. Nicht einmal die ganz Alten. Leider.« Er kramt ein Stück Papier aus seiner Hütte hervor. Eine Kopie, einen Scherenschnitt. Wir erkennen die Umrisse eines Bootes. »Das ist alles, was wir noch haben«, meint er bekümmert.

Björn und ich schauen uns an. »Da lässt sich vielleicht etwas machen.«

Haben wir nicht erst im letzten Sommer im Hamburger Völkerkundemuseum Bücher über Bücher gewälzt auf der Suche nach der Geschichte Nukuoros? Hunderte Inseln im Westpazifik wurden da von Entdeckern, Ethnologen, Biologen etc. aufgelistet und beschrieben. Möglicherweise auch Hermit? Deutsche Wissenschaftler sind doch bekannt für ihre Gründlichkeit. Vielleicht finden wir ja in alten Aufzeichnungen Skizzen oder gar Fotos vom Hermit-Kanu? Und nicht nur das. Wieder in Deutschland, entdecken wir in einem Buch von 1935 die Abbildung eines riesigen, kunstvoll verzierten Kanus von den Hermit-Inseln mit dem Hinweis, dass ein besonders großes und schönes Exemplar seit 1904 im Berliner Museum für Ethnologie zu finden sei. Ein kurzer Anruf beim für die Südsee-Abteilung zuständigen Professor und schon haben wir die Erlaubnis, besagtes Kanu zu fotografieren und zu vermessen. Mit stolzen 15 Metern Länge ist es das mit Abstand größte Kanu im ganzen Museum – und fünf Meter länger als unsere MICO. Mit zwei Masten und einem riesigen Ausleger von bestimmt sechs Metern Breite samt Plattform dazwischen bietet es Platz für bis zu 50 (!) Personen. Enorme, wunderschön geschnitzte Bug- und Hecksprieten, kunstvoll aus Kokosfasern geflochtene Verbindungen, in leuchtend roten Farben gemalte Verzierungen, ein Prachtexemplar sondergleichen und das schönste Kanu, das wir je gesehen haben. Wir fotografieren das Schiff bis ins kleinste Detail und erstellen, ergänzt mit erklärenden Texten, ein Fotoalbum von dem Kanu für die Hermit-Insulaner. Ist das Versorgungsschiff auf seinem Weg nach Hermit nicht gesunken, so liegt es nun in Joannes Hütte oder im Gemeindehaus. Und wer weiß, vielleicht haben sich Steven, Okip und einige andere Männer zusammengefunden und ihr Kanu nachgebaut? Das wäre so wunderbar.

*

Unsere Tage auf Hermit lassen sich kaum beschreiben. Idyllisch wäre das richtige Wort für diese friedvolle Ruhe. Fünf Ananas sind in der letzten Woche auf unser Boot gewandert, vier Wassermelonen, 15 Eier, über 20 Trinknüsse und mehr als zehn Kilo Süßkartoffeln, Yams und Taro. Von den nicht gezählten Orangen, Riesenbohnen, Bananen, vom Zuckerrohr, Cumu (das sind Blätter, die wie Spinat verarbeitet werden) und Kürbis ganz zu schweigen. Für einen Großteil der Geschenke sind Joanne und ihre Familie verantwortlich, ebenso für den unglaublichen Walzahn, auf dem, man glaubt es kaum, ein Hirschgeweih eingraviert ist. Aber auch viele uns namentlich unbekannt Gebliebene erschienen mit Geschenken am Dinghi. Kinder paddelten im Einbaum in Erwartung eines geschenkten Luftballontieres mit Trinknüssen zu uns herüber, und wir haben sie natürlich nicht enttäuscht. Die Dorfbewohner bringen, was sie in ihren Gärten haben, und wir bemühen uns redlich, ihnen ebenfalls Geschenke zu machen. An Weihnachten fühle ich mich oft erinnert, mit dem Beschenktwerden, Überlegen, Herumkramen, Verschenken. Mehl, Reis und Zucker wandern von unserem Boot in die Hütten an Land, aber auch Seife, Angelhaken, T-Shirts, Nagellack und Babykleidung, Weltkarten, Schulhefte, Stifte, ein Bildband über Hamburg und ein Volleyball. Mit Tauschhandel hat das Geben und Nehmen auf Hermit nichts zu tun. Es geschieht rein aus Liebenswürdigkeit. Doch seltsamerweise ist genau dieses uneigennützige Verhalten für uns der Hauptgrund, das Dorf nach acht glücklichen Tagen wieder zu verlassen. Wir möchten die Gastfreundschaft der Dorfbewohner nicht weiter ausnutzen. Noch schenken sie gerne und von Herzen, aber mit der Zeit entsteht bei ihnen möglicherweise das Gefühl, uns mit frischem Essen versorgen zu *müssen*. Und das wollen wir unter allen Umständen vermeiden.

So heißt es erneut Abschied nehmen von lieb gewonnenen Menschen, von einer bezaubernden Kulisse, von unserem letzten Korallenatoll für lange Zeit. Wie so oft merke ich erst in der letzten Stunde, wie viel mir diese Leute mittlerweile bedeuten. Vor allem von Joanne, die am Strand mit Oldrich auf dem Arm würdevoll wie eine Königin steht, fällt der Abschied schwer. Ich würde so gerne noch mehr über sie erfahren, mit ihr klönen und lachen, zusammen mit ihr im Garten und Haus arbeiten. Am liebsten aber möchte ich sie und ihr Baby einpacken und mit nach Madang nehmen. Blöde Tränen! Ich sollte bei unserem Vagabundenleben doch langsam gelernt haben, dass zu jedem Willkommen auch ein Abschied gehört.

»Pass auf dich auf«, ruft Joanne mir noch nach, »und denk an die Eier!«

Zum letzten Mal tuckern wir durch das tiefblaue Wasser einer Riffpassage zwischen türkisfarbenen Korallenflecken auf das offene Meer hinaus. Unser Kurs weist fast direkt nach Süden, zum Festland von Neuguinea, der größten Insel der Welt. 225 Seemeilen trennen uns noch von Madang, 225 Seemeilen bis zur Welt der Autos, Kreditkarten und Klimaanlagen.

Wieder einmal liegt das Meer so spiegelglatt vor uns wie ein Pfannkuchen. Ein leuchtendes, unbewegtes Blau über uns, ein leuchtendes, unbewegtes Blau unter uns. Keine noch so kleine Welle hebt unser Schiffchen, nur manchmal kräuselt hier und da ein Hauch von einem Wind die glänzende Wasseroberfläche. So lass' ich mir das Vorankommen gefallen. Ich sitze in meinem Lieblingsplatz im Bugkorb, Björn steht hinter mir auf der Metallreling, die aufgerollte Genua im Rücken, während im Cockpit einsam, aber zuverlässig Arndt zur leisen Melodie des Motortuckerns steuert. Segeln ist eine Philosophie, genauso wie das Leben an und für sich. Vielleicht erscheint Segeln für viele Menschen aus genau diesem Grund als etwas Magisches, Ursprüngliches, da es genauso unkontrollierbar wie das Leben selbst ist. Oder genauso schön beziehungsweise genauso schrecklich. Alles, was das Leben an Höhen und Tiefen mit sich bringt, erfährt man beim Segeln in seiner komprimiertesten Form: Sturm und hohe Wellen, Angst und Aufgebenwollen, Flaute und Frust und wenig Geduld, dann jedoch wieder sanftes Dahingleiten übers blau glitzernde Wasser und das Gefühl, alles Glück der Welt für sich gepachtet zu haben. Einige Menschen vergleichen das Segeln mit einer Beziehung: ein stürmisches Auf und Ab mit vielen Flauten zwischendurch. Und sie haben gar nicht mal so unrecht.

Im Laufe des Tages verwandelt sich der Lufthauch in eine leichte Brise. Nach wochenlangem Eingeengtsein unter der Persenning stehen Vor- und Großsegel wieder frei im Wind. O du lieber Wettergott, lass noch 24 Stunden solch ein holdes Lüftchen wehen. In nur 24 Stunden wird die Segelei für diese Reise nämlich ihr Ende finden. Es reicht auch. Wir beide sind des Segelns, des Motorens, des Weitermüssens und -wollens so müde. Müde, ununterbrochen nach Wind und Wolken Ausschau halten zu müssen, müde, auch am Ankerplatz ständig Angst um das Boot zu haben, müde, durchwegs in Alarmbereitschaft vor Starkwind-fronten, die uns auf Wuvulu, Ninigo und Heina das Leben schwer gemacht haben, leben zu müssen. Hoffentlich spielt das Wetter mit. Die letzten Seemeilen bis zum sicheren Hafen sind immer die schlimmsten. Bisher sind wir unbekümmert über Riffe und Seen geschippert, nur bei den letzten Meilen fangen wir wie immer an, uns Gedanken zu machen, Gedanken darü-ber, ob nicht doch noch irgendein allerletzter Zwischenfall unse-ren sehnlichsten Wunsch, Besatzung und Schiff gesund und munter in den Zielhafen zu bekommen, zunichte machen wird. Fast stündlich bitten wir unseren Schutzengel, noch ein bisschen weiter aufzupassen und nicht vorzeitig Feierabend zu machen.

Vor uns liegt Madang, lockt die Stadt, erwartet uns der rundum geschützte Ankerplatz von Kranket Island. Zum ersten Mal in unserem Seglerleben kehren wir an einen bereits vertrau-ten Ort zurück, brauchen nichts Neues zu erkunden. Freude steigt langsam in uns auf, Vorfreude auf Rookes Marine, wo wir unser Schiffchen hoffentlich zurücklassen können, und auf den alten John. Und vor allem Vorfreude auf ein Telefon und mögli-cherweise Internet. Nach über zwei Monaten werden wir wieder Schuhe, Geld, Pässe und andere Erfindungen der modernen Welt aus den hintersten Ecken der Kajüte hervorkramen und mit uns herumtragen. Doch vorerst dürfen wir uns mit den »Begleit-erscheinungen« des größten Flusses PNGs, dem Sepik, der vor über 100 Jahren den Namen Kaiserin-Augusta-Fluss trug, he-rumschlagen. Dessen Wassermassen ergießen sich zwar 100 Mei-len weiter westlich aus dem tiefsten Urwald kommend ins Meer, doch den ganzen Tag über treiben Äste, Bambus und vereinzelt Baumstämme an uns vorbei. Wir blicken beunruhigt auf die herannahende Nacht, und tatsächlich verfängt sich Mico in einem 20 Quadratmeter großen Schilfteppich. Die Pinne fängt an zu vibrieren, das Ruder ruckelt, stotternd verabschiedet sich der Motor. Ich schrecke von meinem Nachtlager im Cockpit hoch, blicke verwirrt um mich, sehe statt Wasser Gras, in dem

MICOS Heck verschwindet. Das hat uns gerade noch gefehlt! Björn wird die wenig angenehme Aufgabe zuteil, unser Boot aus diesem Schilfteppich herauszuschneiden. In solchen Momenten bin ich froh, als Frau auf die Welt gekommen zu sein. All diese widerlichen Jobs, vor denen ich mich – erst recht als Schwangere – drücken kann und die stattdessen von dem tapferen Mann an meiner Seite erledigt werden (müssen).

Dem ersten Schreck folgt kurz darauf der zweite: Unser Blick fällt auf ein riesiges schwarzes Ungetüm direkt vor dem Schiff. Was ist DAS??!! Geistesgegenwärtig reißt Björn das Ruder herum, an uns vorbei treibt das Wurzelgeflecht eines Urwaldbaumriesen, fünf Meter hoch in den Himmel ragend und mindestens doppelt so breit. *Oh shit!* Aber wir sind gewarnt. Die nächsten Stunden verbringen wir Wache schiebend im Bug des Schiffes, angespannt nach weiterem uns gefährdendem Treibgut Ausschau haltend. Vollmondlicht erhellt die Wasseroberfläche, Wetterleuchten taucht unsere Umgebung in grelles, hartes Licht. Ab Mitternacht verdichten sich die Wolken zu einer schwarzen bedrohlichen Wand. Ununterbrochen zucken Blitze über den düsteren Himmel. Ein richtig übles Gewitter versperrt vor uns die Meeresenge zwischen der Insel Karkar und dem Festland. Wir fühlen uns winzig klein und verloren auf unserem Segelboot angesichts dieser sich entladenden Naturgewalten. Björn macht den einzigen sinnvollen Vorschlag, langsam aufs offene und sichere Meer zurückzukehren und abzuwarten. Nach Treibgut Ausschau zu halten ist nicht mehr möglich, denn ein Wolkenbruch hat eingesetzt. Wir motoren bei verminderter Geschwindigkeit langsam auf und ab. Das Gewitter zieht noch langsamer an uns vorüber. Im ersten grauen Schimmer des Morgens erkennen wir durch den abflauenden Nieselregen hindurch endlich die Umrisse der Berge vom Festland. Die letzten 24 Stunden hätten auch angenehmer verlaufen können.

Zwei Meilen vor Madang stirbt unser Motor zum letzten Mal. Sollten die Dieselvorräte von Helen Island tatsächlich direkt vor den Toren der Stadt zu Ende sein? Nach Björns Berechnungen müsste der Treibstoff gerade reichen. Wir versuchen es zum wiederholten Mal mit unserem Allheilmittel: entlüften. Genau wie auf unserem allerersten Törn in den Philippinen weigert sich der Motor auch am allerletzten Tag der Reise, in halbwegs erträglicher Weise zu funktionieren. Nicht einmal, nicht fünfmal stoppt der Motor, eher fünfzigmal. Mal läuft er nach dem Entlüften zehn Sekunden, manchmal auch eine ganze Minute lang. Mein Dieselmechaniker an Bord sucht verzweifelt nach einem Luftleck in irgendeinem Schlauch oder Filter, baut Schläuche ab, wechselt sie aus. Nichts! Den letzten Windhauch hatten wir am Vormittag gespürt. Dementsprechend nähern wir uns Madang, indem wir treiben. Egal! Wir werden ankommen. Zur Not per QUIETSCHIE oder schwimmend.

Doch irgendwann wird endlich unser Stoßgebet erhört, findet Björn des Rätsels Lösung, den simplen Fehler: Natürlich, es ist der Racor-Dieselfilter, komplett verstopft mit feinsten Algenteilchen. Ein allerletzter Gruß von Helen Island, dessen Strand-Tankstelle uns wohl doch nicht mit Diesel von der allerbesten Qualität bedient hat. Der Motor springt wieder an, und begleitet von einer Eskorte Delfine laufen wir am Sonntagmittag in die tiefen Lagunengewässer von Madang ein. Über den Wipfeln der Parkbäume schweben Tausende Fledermäuse und erfüllen die Luft mit schrillen Schreien. An unseren Nasen zieht der intensive süßliche Geruch aus der Kopra-Mühle vorbei. Frauen sitzen in ihren winzigen Kanus und fischen, während ein riesiger Frachter keine 20 Meter entfernt an ihnen vorbeifährt. Die groteske Idylle dieses friedlichen Städtchens hat uns wieder. Und unsere diesjährige Reise hat ihr Ende gefunden.

Baby an Bord

Unsere dritte Reise
durch Papua-Neuguinea nach Australien

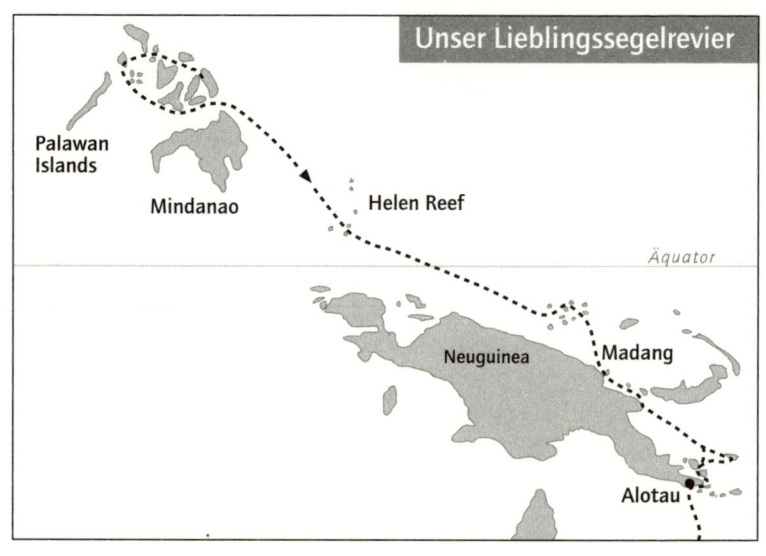

Unser Lieblingssegelrevier

Palawan Islands

Mindanao

Helen Reef

Äquator

Neuguinea

Madang

Alotau

Ab jetzt wird alles anders

Madang – Ein neues Besatzungsmitglied

Ab jetzt ist alles anders. Wir haben ein Baby. Andere Menschen teilen die Zeit ein in »vor beziehungsweise nach dem 11. September 2001«. Unsere neue Zeitrechnung beginnt bereits sechs Wochen früher, am 31. Juli. Auf einmal sind wir Eltern. Unsere Ruhe, unsere viele Freizeit und vor allem unsere Freiheit verabschieden sich langsam am Horizont. Durch unser Söhnchen ändert sich alles …

Nachdem wir im April MICO wie erhofft bei Rookes Marine in Madang untergebracht hatten, waren wir ziemlich aufgekratzt nach Hause geflogen. Wie würden unsere Eltern, unsere Freunde auf die Schwangerschaft reagieren? Wir hatten unser Geheimnis monatelang für uns behalten. Oder hätte ich meiner Mutter, die, sobald wir ablegen, in ständiger Sorge um uns lebt, noch mehr schlaflose Nächte bereiten sollen? Die Nachricht schlug zu Hause wie eine Bombe ein: Alles hatten uns unsere Freunde und Familien bisher zugetraut, nur das nicht! Warum eigentlich nicht?

Mir blieben nur noch knappe drei Monate, um mich im Schnelldurchlauf um Vorsorgeuntersuchung (ein Ultraschall genügt), Geburtsvorbereitungskurs (ein Wochenende genügt) und Geburtsort zu kümmern. Ein Krankenhaus kam für mich, die seit Jahren schon einen weiten Bogen um alle Schulmediziner macht, nicht infrage. In Lübeck fand ich glücklicherweise noch einen Platz im sehr angenehmen Geburtshaus und eine wunderbare Hebamme, die mich in der Zeit vor, während und nach der Geburt mit ihrer mütterlich-liebevollen Art begleitete.

An die Geburt ging ich ähnlich neugierig heran wie an unsere Pazifiküberquerung. War gespannt auf und offen für das, was mich erwarten sollte. Während Björn sich während der Geburt kaum von seinem spannenden Abenteuerroman »In eisigen Höhen« von Jon Krakauer losreißen konnte, überrollten mich die Wehen wie riesige, ununterbrochen aufeinanderfolgende Monsterwellen und stellten alles jemals Erlebte und Erlittene weit in den Schatten. Ich war von der Wucht und Gewalt einer Geburt, diesem unaufhaltsamen und kraftvollen Ins-Leben-Drängen, schlicht und einfach überwältigt. Björn dagegen fand (Originalton) »alle bisherigen Segeltörns spannender« als die Geburt seines ersten Sohnes. Hatte nicht auch er vor der Geburt überall verkündet, ein Baby wäre für ihn, der nächtliche Ruhestörungen in Form von flatternden Segeln, gerissenen Schoten oder plötzlichen Wetteränderungen gewohnt sei, wahrscheinlich keine allzu große Umstellung? Darin hatten wir uns beide grundlegend geirrt: Die von uns abgewetterten Stürme dauerten bisher maximal 72 Stunden, eine unangenehme Überfahrt maximal zehn Tage am Stück. Aber ein Baby?

Trotzdem, eine Sache stand von vornherein schon für uns fest: Egal, wie stressig die ersten Monate mit dem kleinen Wurm auch werden würden, nach Weihnachten, wenn unser Baby fünf Monate alt ist, fahren wir wieder los, zu MI COLUMPIO, unserem »anderen Kind«.

Sind wir deshalb leichtsinnig, verantwortungslos, verrückt oder alles zusammen? Wir wissen es nicht. Aber wir glauben zu wissen, was wir da tun. Wir kennen PNG, wir können mittlerweile sogar halbwegs segeln, wir haben auf den Inseln genügend Babys gesehen, denen das Leben dort zu gefallen scheint. Warum soll unser Baby andere Bedürfnisse haben als ein Papua-Kind? Und vielleicht mag unser Kind ja auch die gleichen Dinge wie wir: Wärme, Tropensonne, Barfusslaufen beziehungsweise -strampeln, frische Früchte und Kokosnusssaft?

*

Das Kreischen der Fledermäuse erfüllt die Luft, als wir Anfang Januar aus der einfachen Wellblechbaracke treten, auf deren

Dach die Großbuchstaben AIRPORT MADANG prangen. Die Luft duftet nach Hibiskusblüten und Kopra, die schräg stehende Nachmittagssonne übergießt die üppig wuchernde Natur mit ihrem goldenen Licht, die ersten Fledermäuse lösen sich aus den Bäumen und ziehen schreiend ihre Kreise über unsere Köpfe hinweg. Alles ist so, wie wir es vor acht Monaten verlassen haben. Sogar unser alter Kumpel Nick von Rookes Marine, der uns damals zum Flugplatz gebracht hat, lehnt wieder – oder immer noch? – in gewohnt lässiger Haltung an seinem Pick-up vor der Baracke und erwartet uns. Nur eines ist anders: Im Tragetuch vor meinem Bauch baumelt ein kleiner Zwerg und schaut sich neugierig die Welt an. Oleg findet, wie bisher immer, alles um sich herum spannend. Eigentlich heißt er ja Till Oleg, auf diese beiden Namen haben wir uns schließlich nach all den Hartmuts, Rasputinen und Rüdigern einigen können. Wir nennen ihn meistens Oleg, meine Eltern dagegen nennen ihn Till. Warum soll ein Kind nicht zweinamig aufwachsen dürfen, andere tun das ja sogar zweisprachig? In Papua-Neuguinea kommt sogleich noch ein dritter Name dazu.

»*What's the name of your baby?*«, will Nick nach der Begrüßung als Erstes wissen.

Oleg? Was ist denn das für ein unaussprechlicher Name? Und Till: *till* heißt »bis« auf Englisch, auch nicht so prickelnd.

»*You can call him Tom.* Ist das einfach genug für dich?«, geben wir Oleg einen ganz simplen, ganz internationalen Namen, T-o-m, nach den Anfangsbuchstaben von Till Oleg Maschler …

Nicks Pick-up biegt auf den Parkplatz von Rookes Marine ein. Marine hat mit Marina übrigens genauso wenig zu tun wie ein Hecht mit einem Specht. Die Rookes betreiben in Madang eine Tankstelle und Werkstatt, und zufällig liegt ihr Besitz am Ende eines schmalen Ausläufers der Lagune, sodass sich im seichten Wasser am Ufer auch ein paar kleinere Sportfischerboote tummeln. Und natürlich MICO, als einziges Segelboot. Mit ihrem langen Mast schwimmt sie wie ein schöner stolzer Schwan zwischen all den kleinen Motorbootentlein. Unsere MI COLUMPIO!

Wie jedes Jahr, wenn wir sie nach vielen Monaten endlich, endlich wiedersehen, fällt uns auch dieses Mal ein Stein vom Herzen. Uff, sie schwimmt noch! Schäbig sieht sie mittlerweile aus, doch das ist normal, die Plastikplanen, mit denen wir das Vordeck vor Sonne und Regen geschützt haben, halten unter den extremen tropischen Bedingungen kaum länger als ein Jahr, bevor sie sich auflösen, einfach zerbröseln. Und unsere alte kaputte Genua, die schon seit Jahren während unserer Abwesenheit das Cockpit schützt, wird uns auch nicht mehr lange zu Diensten stehen. Wie kleine Kinder vorm verschlossenen Weihnachtszimmer drängeln Björn und ich uns vor dem verrammelten Niedergang und streiten darum, wer zuerst unter Deck darf. Eine Wolke abgestandener Luft schlägt uns entgegen, ein Gemisch aus Mief, Staub, Möbelpolitur, Altöl und anderen, undefinierbaren Gerüchen – kurz, es riecht wie immer. Wir reißen alle Luken, alle Bullaugen auf, nichts wurde in der Zwischenzeit gefressen, nichts angeknabbert, keine Kakerlaken haben sich hier breitgemacht, keine Ameisen an Bord einen neuen Staat gegründet. Wir sind erleichtert.

»Schau mal, Oleg, dies ist dein neues Zuhause. Gefällt es dir?«

Anscheinend nicht sonderlich. Wer kam eigentlich auf die blöde Idee, mit Baby auf einem Segelschiff leben zu wollen? Wir sind noch nicht mal eine halbe Stunde an Bord, die meisten Taschen stapeln sich noch vor dem Boot, es gibt so viel zu tun, und sechs Hände wären besser als vier – und dennoch haben wir nur zwei zur Verfügung, weil Baby seit einer Viertelstunde schreit. Weil es beschäftigt werden will. Weil ihm zu heiß ist. Weil ihm der Platz in der Vorderkoje zu langweilig ist. Weil Freitag ist. Was weiß ich … Ich weiß nur, dass wir ab jetzt rein rechnerisch mindestens doppelt so lange für alles brauchen werden wie bisher. Und dazu noch doppelt so starke Nerven.

»Ach was«, meint der sehr in sein Söhnchen verliebte Vater lakonisch, »wir haben schon den Pazifik überquert und die Geburt heil überstanden, wir werden das hier auch noch hinkriegen.«

Und so läuft Tag eins mit Baby auf MI COLUMPIO an, etwas holprig zwar und mit vielen Unterbrechungen zum Schnullerwiederreinstecken und Fläschchenmachen und mit Baby-auf-dem-Arm-auf-dem-engen-Schiff-herumturnen-Üben. – Erschöpft fallen wir am Abend in unsere Kojen, Björn wie stets auf die Salonbank und ich, nur einen knappen Meter von seinem Kopf entfernt, auf meine heiß geliebte Vorderkoje, in der, dank der Dreiecksform der Matratze, genügend Platz für unseren dritten Mann an Bord ist. Er schlummert in seinem Nestchen, einem in U-Form um ihn drapierten, aufgerollten Badelaken, selig vor sich hin.

Das Morgenkonzert der Tropenvögel weckt uns in der frühen Morgendämmerung: ein Flöten, Tirilieren und Pfeifen, ungewohnte und doch so vertraute Geräusche. Ich brauche nicht einmal die Augen zu öffnen, noch halb schlafend weiß ich es: Ich bin wieder in Papua-Neuguinea.

Im selben Moment höre ich Björn an meinem Kopfende brummen: »Wir müssen wieder in PNG sein, so heiß ist es nirgendwo sonst. Aber keine Sorge: Ich werde für Oleg sofort wieder unsere Eismaschine aus dem Vorjahr installieren.«

Diese geniale Erfindung – eine Schale mit Eiswürfeln wird zwischen schwitzendem Subjekt und Ventilator platziert – hat uns schon manche Tropennacht im Hafen ertragen lassen. Und jetzt scheinen wir sie dringender denn je zu benötigen. Ogelchen hat über Nacht aus heiterem Himmel eine ansteckende (?) Krankheit bekommen. Unser Zwerg ist von Kopf bis Fuß mit kleinen roten Pickeln übersät. Besonders am Hals, Nacken und im Windelbereich wimmelt es von den roten Pünktchen. Ein kurzer Schreck unsererseits: Hey, wir sind noch nicht mal 24 Stunden in diesem Land, und schon ist unser Baby krank! Der Schreck weicht aber nach eingehender Untersuchung einem Seufzer der Erleichterung. Es sind nichts als Myriaden von Hitzepickeln, die unseren Kleinen verzieren, aber nicht gerade verschönern. Mit diesem Anblick werden wir ab jetzt wohl oder übel leben müssen. Und Oleg juckt es glücklicherweise nicht im Geringsten.

»Dann können wir ja gleich damit beginnen, unsere Ankunft gestern nachzuspielen und zu filmen.«

Björn, Sternzeichen Zwilling, hat dieses Mal eine seiner durchschnittlich 30 Ideen pro Tag bis zum Ende durchdacht und umgesetzt. Einen Film will er drehen, einen Film über unsere Reise. Mit einer richtigen fernsehtauglichen Kamera. Also hat er sich die kleinste fernsehtaugliche Digitalkamera, die es auf dem Markt gibt, kurzerhand für gar nicht allzu viel Geld gekauft. Meine Bedenken, dass so ein Film viel Arbeit macht, obwohl wir doch mit unserem Baby schon genug beschäftigt sind, wurden achtlos über den Haufen geworfen.

»Du kannst dich ja ums Söhnchen kümmern, ich jedenfalls filme.«

Na, wenn er meint. Leider muss auch jemand bei Björns Film die Hauptrolle spielen. Da er die Kamera bedienen will, bleibt logischerweise genau eine Person übrig, die schon sprechen und laufen kann. Gehorsam balanciere ich mit Söhnchen im Tragetuch auf der einen und einer großen und dementsprechend schweren Reisetasche auf der anderen Seite den schmalen drei Meter langen Balken hoch, der als Treppenersatz zu MI COLUMPIO fungiert.

»Großartig«, ruft Björn, »das sieht richtig schön gefährlich aus. Deine Mutter wäre begeistert, wenn sie das sehen könnte.« Noch dreimal muss ich diese Kletterpartie bewältigen, erst dann ist Björn endgültig zufrieden. »Du, das bringt super Spaß«, strahlt mein begeisterter Hobbyfilmer mich an, »das Filmen kostet zwar ganz schön viel Zeit, aber ich glaube, wir werden wunderbare Aufnahmen hinbekommen. Und wenn MICO aus der Lagune von Madang segelt, das muss doch fantastisch aussehen.«

»Wie stellst du dir das eigentlich vor, ich meine, so rein technisch? Du stehst irgendwo beim Madang Club mit der Kamera am Ufer und wartest, während ich mit Oleg im Tragetuch den Anker hochhole, die Segel setze und dann locker hinaussegle – am besten mehrere Male, damit du von verschiedenen Seiten filmen kannst?«

»Du kannst ja filmen, und ich segle hinaus«, überlegt Björn laut.

Wie erleichtert bin ich, als Björn sich eine Stunde später die Szenen, die er schon gedreht hat, auf Nicks großem Fernsehapparat anschaut. Die Aufnahmen vom Flughafen und die mit mir und Ogelchen scheinen ganz gut gelungen zu sein. Aber dann hatte Björn sich am Mast hochziehen lassen, um MICO und Rookes Marine von oben zu filmen. Und plötzlich sehen wir es: Genau in der Mitte des Bildschirms, im hellen Sonnenlicht, ist etwas, was da definitiv nicht hingehört. Und es bleibt dort, bei jedem Schwenk, bei jeder Einstellung. Björn springt panisch auf.

»Das kann doch nicht wahr sein«, stöhnt er.

Doch. Nach eingehender Untersuchung der Kamera finden wir die Ursache für die Bildstörung: In der Mitte der Linse prangt der Fehler. Im Glas selbst ist eine winzige Verunreinigung eingeschlossen. Werksfehler!

»Aber wir haben zu Hause doch auch schon Aufnahmen gemacht, und die waren, soviel ich weiß, alle okay.«

Björn ist fassungslos. Verständlich. Sein großer Traum vom Filmen fürs Fernsehen ist damit erst einmal geplatzt. Es dauert eine Weile, bis wir herausfinden, warum wir den Fehler in der Linse nicht schon in Deutschland entdeckt haben: Wir hatten fast ausschließlich Innenaufnahmen gemacht, eigentlich ja normal für Deutschland im Dezember, und einige wenige Außenaufnahmen, auf denen nicht viel mehr zu sehen war als Grau in unterschiedlichen Abstufungen. Aber hier nun diese Lichtfülle! Das gleißende Sonnenlicht bricht sich ganz einfach an dieser kleinen Unreinheit und verursacht dadurch den Fleck auf dem Bild.

»Na super, dann können wir ab jetzt also nur noch in der Morgen- und Abenddämmerung filmen. Zu Hause hätte ich das Ding ja sofort eingeschickt und eine neue Kamera verlangt, aber hier? Das war's dann wohl.«

Manchmal habe ich eben richtig Glück im Leben.

*

Noch einmal: Was bin ich froh, wieder hier zu sein! O ja, Madang hat seinen Titel, den ihm der Lonely-Planet-Reiseführer einst verliehen hat, verdient: schönste Stadt im Pazifik. Riesige Urwaldbäume mit unglaublich langen Luftwurzeln, die wie zottelige Bärte herumhängen, säumen die Alleen, welche die deutschen Kolonialherren vor weit über 100 Jahren angelegt haben. Viel Grün, viel Schatten, dazwischen vereinzelte kleine Backsteingebäude im Kolonialstil, hin und wieder ein Hardware-Laden oder Supermarkt unterm Wellblechdach.

Ich liebe diese Wärme, die kleine Schweißtropfen auf Olegs Näschen zaubert, ich liebe diesen Duft von süßer Kopra, der sich mit dem Rauch der kleinen Feuer vor mir vermischt, ich liebe die wunderschönen Blüten der Frangipani- und Flamboyantbäume, die den Weg hinunter zur Lagune säumen. Doch sind es allein die Farben, die Gerüche, das üppige Grün, die uns immer wieder in die Tropen, in diese Ecke des Pazifiks ziehen? Ich wage zu behaupten: nein. Auch in Deutschland gibt es herrliche Blumen, wunderbare Düfte und lange, traumhafte Sommertage. Natürlich, die unterschiedlichen Temperaturen spielen eine große Rolle. Als ich noch Studentin war, dachte ich, das feuchtkalte, muffelige Winterwetter in Deutschland sei der Hauptgrund, warum ich aus diesem Land einfach nur wegwollte – in die Wärme, in die Sonne. Mittlerweile weiß ich es besser. Denn das, wonach ich mich immer wieder sehne, wonach meine Seele jeden Herbst aufs Neue dürstet, ist etwas, was Deutschland, ja wahrscheinlich der Großteil der sogenannten zivilisierten Welt, nicht zu bieten hat: eine Art von Leben, das die Bezeichnung Leben meiner Meinung nach wahrhaftig verdient, das ich hier in jeder Faser meines Körpers spüre. Das Leben der jubilierenden Vögel über mir, das Leben der üppigen Pflanzen um mich herum, denen ich beim Wachsen beinahe schon zuschauen kann. Aber vor allem das Leben mit den Menschen, die mich fröhlich und vorbehaltlos anlächeln. Die mich anschauen, sehr tief in mich hinein, ohne das, was sie dort in mir entdecken, zu beurteilen, zu bewerten. Menschen, die auf eine mich faszinierende Weise in sich ruhen, eine Leichtigkeit und gleichzeitig eine Standfestigkeit ausstrahlen, die ihresgleichen sucht. Sie sind noch verwurzelt. »Die Entwurzelung ist bei Weitem die gefährlichste Krankheit der menschlichen Gesellschaft«, hat die französische Politikerin Simone Veil einst gesagt. Und: »Die Verwurzelung ist vielleicht das wichtigste und meistverkannte Bedürfnis der menschlichen Seele.« Hier merke ich, wie recht sie hat.

*

Den heutigen Tag haben wir uns für John freigehalten. John Davis, der die ersten 36 Jahre seines Lebens mit seinen Eltern in einer Missionsstation am Sepik gelebt hat und sich, wie er selbst sagt, als weißer Papua fühlt, hatte im frühen Rentenalter keine Lust mehr auf die westlichen Zivilisationen Australiens oder Neuseelands, wo er mehrere Jahrzehnte als Lehrer tätig war, und ist in sein »Heimatland« zurückgekehrt. Im Alter von 60 Jahren begann er, in Madang einen Tropenholzexport aufzuziehen. Ökologisch und *fair trade* sind die Bezeichnungen, die wir in Deutschland einer solchen Unternehmung verleihen: John kauft sein Holz direkt bei den Einheimischen im Urwald, die auf diese Weise mit ihren kostbaren Schätzen, den Urwaldriesen, Geld verdienen können. Im Gegensatz zu den großen ausländischen Holzfirmen lässt er nicht ganze Gebiete einfach kahl schlagen, sondern zersägt mit kleinen tragbaren Motorsägen die Stämme der ausgewählten Bäume noch vor Ort in Bretter und holt diese dann aus dem Urwald. Vor zwei Jahren, bei unserem ersten Aufenthalt in Madang, hatte uns John einmal zu einer seiner »Arbeitsstellen« in den Urwald mitgenommen, und wir waren schwer beeindruckt.

Glücklicherweise hat sich sein Geschäft in den letzten zwei Jahren erfolgreich entwickelt, trotz massiver Versuche der PNG-Regierung, seine »Holzwirtschaft im kleinen Maßstab« zu unterbinden. Nach dem Willen der Regierenden in Port Moresby sollten nur noch die großen ausländischen Konzerne am Holz

153

Papua-Neuguineas verdienen dürfen. Das würde Kahlschlag bedeuten, Zerstörung eines uralten Ökosystems und natürlich Entzug der Lebensgrundlage für viele Papuas, die ihren Wald als Einkommensquelle benötigen. Manchmal fragen wir uns, wie viel Geld dabei von einer Hand in die andere fließen musste. Und nur ein paar Jahre später planten ebendiese Regierenden gemeinsam mit der Weltbank zehn riesige Thunfischfabriken in Madang, um den Fisch, der vor Madang von südostasiatischen Fischereiflotten eingesammelt werden soll, sofort eindosen zu können. Eine weitere Lebensgrundlage, die wegfällt.

Mit John und seiner Frau Janice, die gerade aus Australien zu Besuch ist, machen wir ein kleines Picknick in einer der unzähligen weitläufigen Parkanlagen von Madang. Vor uns die tiefblaue Bismarcksee, über uns riesige Gummibäume, hinter uns der Madang Cricket Club auf der einen und der Madang Boule Club auf der anderen Seite. Björn erzählt John von der Panne auf unserem Rückflug im letzten April. Ich will nichts mehr davon hören. Nur ungern erinnere ich mich an die Geschichte auf dem Flughafen in Singapur: Von Madang waren wir über Port Moresby mit Airniugini nach Singapur geflogen, es war ein lustiger Flug, in dem der Steward (ein Papua in schicker Uniform, ein ungewohnter Anblick) ständig mit uns scherzte. In Singapur mussten wir mehrere Stunden auf den Anschlussflug warten, und als dann um Mitternacht der Schalter unserer Airline endlich öffnete, war ich so naiv zu fragen, ob wir Plätze mit Beinfreiheit bekommen könnten, weil ich schwanger wäre. Damit hatte ich unbeabsichtigt eine Lawine losgetreten, die uns ganz schön teuer zu stehen kam.

»Was schwanger, in welchem Monat denn?«, fauchte mich der unfreundliche Kuwaiti hinterm Schalter an.

»Im fünften«, log ich, obwohl ich bereits Ende des sechsten war. Aber mein Bauch war noch kaum zu sehen, ja, ich hatte in Ermangelung einer anderen sogar meine ganz normale Jeans an – mit geöffnetem Knopf, versteht sich.

»Schwangere Frauen sind bei uns an Bord nicht zugelassen.«

»Wie bitte? Warum denn nicht? Alle Fluggesellschaften nehmen schwangere Frauen im fünften Monat mit. Ich bin gerade erst aus Papua-Neuguinea hergekommen, das war gar kein Problem mit dem Flug.«

»Schwangere Frauen sind bei uns an Bord nicht zugelassen«, wiederholte er unwirsch in seinem schnarrenden Englisch.

»Wir haben aber doch gültige Flugtickets und müssen zurück nach Europa«, mischte sich Björn ein.

»Das ist Ihr Problem«, meinte der Kuwaiti schulterzuckend und wandte sich dem nächsten Passagier zu.

Das ließen Björn und ich uns natürlich nicht so ohne Weiteres bieten. »Wo ist Ihr Vorgesetzter?«

Der Vorgesetzte tauchte erst nach längerer Zeit auf, während wir wie auf Kohlen saßen, und erklärte uns mit gelangweilter Miene das Gleiche nochmals: Seine Fluggesellschaft nähme keine Schwangeren mit, egal, in welchem Monat sie seien. Zumindest nicht ohne ärztliches Attest. Aha, das war ja schon mal ein Anhaltspunkt.

»Wo bekommen wir so ein ärztliches Attest denn her?«

»Im Krankenhaus, da können Sie morgen hinfahren«, lautete die Antwort.

»Aber unser Flug geht in einer Stunde!«

»Das ist Ihr Problem. Ohne Attest nehmen wir Sie nicht mit. Sie können sich hier ein Hotel nehmen, in drei Tagen geht das nächste Flugzeug nach Frankfurt.«

Wenn ich eines nicht leiden kann, sind es Menschen, die mir kaltschnäuzig ihre Frechheiten ins Gesicht schleudern, entsprechend explodierte ich.

Worauf der Kuwaiti es wagte, mir den Ratschlag zu geben: »Regen Sie sich doch nicht so auf, das ist nicht gut für Sie, wenn Sie schwanger sind!«

Um es kurz zu machen: Bevor ich noch lauter werden und in der 26. Schwangerschaftswoche mein Kind vorzeitig auf dem Singapurer Flughafen zur Welt bringen konnte, wendete sich das Blatt. Ein Passagier war auf dem Flughafen zusammengebrochen, der Flughafenarzt war also trotz nächtlicher Stunde zufälligerweise anwesend. Wir erwischten ihn noch, als er gerade sein Arztzimmer zuschließen wollte, und ich musste ihm nur Namen, Adresse und Kontoverbindung geben, seine Frage, ob es mir gut gehe, mit »Ja« beantworten und ihm für seine Mühe 150 Singapur-Dollar inklusive Nachtzuschlag zahlen, und schon hatte ich mein ärztliches Attest.

Der Schalter war inzwischen natürlich längst geschlossen, alle Passagiere saßen schon im Flugzeug, nur mein Lieblingsfeind wartete noch mit arrogantem Grinsen an der Gangway und händigte uns nach einem weiteren kurzen Wortgefecht (»Ihre Fluggesellschaft ist die schlechteste, die ich je erlebt habe.« – »Wenn Sie mich noch weiter beleidigen, bleiben Sie hier!«) tatsächlich unsere Tickets aus. In der Business Class, wegen der Beinfreiheit. Trotzdem war der Service an Bord eine einzige Katastrophe.

*

Mi Columpio dreht seit heute Vormittag ihre Schnauze wieder in den Wind. Ein laues Lüftchen haucht durch die offenen Luken an Deck ins Schiffsinnere hinein, weht über unsere Gesichter, kühlt. Die Hitze bei Rookes Marine war auf die Dauer einfach nicht auszuhalten – trotz unserer Eisluftmaschine ist Ogelchen noch immer über und über mit roten Hitzepickelchen bedeckt. Sieht ziemlich gefährlich aus, der Zustand unseres Babys. Darum ankern wir jetzt in der perfekt geformten Bucht von Kranket Island, direkt gegenüber von Madang gelegen. Hier ist es nicht nur kühler, sondern auch ruhiger, schöner und einsamer. Nur ein paar *banana boats* ziehen manchmal in gebührendem Abstand an unserer kleinen Yacht vorbei, bringen Passagiere von Kranket Island nach Madang und wieder zurück. Fröhliches Winken auf beiden Seiten. Das erste Stückchen Freiheit haben wir uns schon mal zurückgeholt.

Freiheit. Ich sitze mit dem Zwerg auf unserem Lieblingsplatz auf dem Vorschiff, beobachte das bunte Treiben um mich

herum, die kleinen Frachtschiffe, die Kopra holen oder Treibstoff bringen, die vereinzelten Papuas, die von ihren Einbäumen
aus angeln. Freiheit scheint wirklich das Hauptthema meines
Lebens zu sein. Ich möchte nichts haben, nichts können, nichts
machen, solange ich dabei nicht frei sein kann. Ich muss selbst
über mein Leben entscheiden können. Ich brauche das Gefühl,
unabhängig sein zu dürfen. Unser Segelboot ist für mich der
Inbegriff von Freiheit schlechthin. Doch jetzt gluckst neben mir
etwas, das in der Zukunft alle meine Pläne von Freisein durch-
kreuzen kann. Baby und frei sein? Baby und segeln? Passt das
noch? Und was passiert, wenn statt einem irgendwann zwei oder
drei Kinder um mich herumtoben werden? War's das dann mit
meiner Freiheit? Werde ich dann zu Hause vorm Herd stehen,
Spielzeug wegräumen und Kinderklamotten waschen? Oder
werde ich meine Kinder einfach einpacken und mit ihnen durch
die Weltgeschichte ziehen? Um ihnen zu zeigen, was Freiheit
bedeutet?

»Na, Ogelchen, was meinst du? Wollen wir segeln und reisen
und frei sein und für den Rest unseres Lebens verdorben sein?«

Oleg strahlt mich an und gluckst: »Da!«

Eindeutige Zustimmung. Das Wichtigste wäre damit geklärt.
Nun gilt es nur noch herauszufinden, ob Oleg überhaupt segeln
mag. Übermorgen wollen wir los, hinaus auf die Bismarcksee,
die uns das letzte Mal so übel mitgespielt hat, durch die Vitiaz
Strait gen Süden. Kiriwina und Dobu wollen wir auf alle Fälle
besuchen, Inseln, die uns vor zwei Jahren sehr gefallen haben.
Und dann, ich wage den Gedanken noch immer nicht ganz zu
Ende zu denken, steht noch der lange Schlag zurück nach Australien an. Björn und ich haben uns nach Diskussionen über Diskussionen und vielem Hin-und-her-Überlegen dazu durchge-
rungen: Wir werden MICO verkaufen. Die letzten Monate in
Deutschland haben uns gezeigt: Unser Baby fordert unsere
gesamte Aufmerksamkeit, 24 Stunden am Tag. Die Zeiten der
grenzenlosen Unbeschwertheit, die wir vier Jahre lang nach
Beendigung des Studiums genießen durften, sind unwiderruf-

lich vorbei. Jetzt kommt die Zeit, für andere da zu sein, unsere Kinder – denn es sollen garantiert noch mehr werden – großzuziehen. Und das wird definitiv an Land stattfinden, denn wir beide können es uns beim besten Willen nicht vorstellen, mit krabbelnden Kleinkindern, auf die man jede Sekunde achten muss, solche Reisen wie bisher auf unserem kleinen Segelboot zu unternehmen. Für vier oder gar fünf Menschen wäre unser Schiffchen auf die Dauer auch zu klein. Für MI COLUMPIO hätten wir in den nächsten Jahren auch kaum mehr Zeit – und sie braucht dringend eine Generalüberholung. Das ganze GFK-Deck mit seinen Rissen und Sprüngen muss dringend gespachtelt und gestrichen, der Motor muss komplett überholt werden, wir könnten Wochen und Monate damit verbringen, unser Schiff wieder auf Vordermann zu bringen. Doch wann? Außerdem wollen wir uns endlich ein eigenes Haus kaufen, unser winziges, gemietetes, in dem wir in Deutschland wohnen, ist mit seinen 45 Quadratmetern jetzt einfach zu klein für uns. Und für ein größeres benötigen wir das Geld aus dem Verkauf von MICO.

Es fiel uns schwer, diese Entscheidung zu treffen, doch wir haben beide das Gefühl, es ist die richtige. Wir haben wundervolle Jahre mit unserem Bötchen verbracht – und mehrere, hoffentlich ebenso traumhafte Monate liegen noch vor uns. Versuchen wir einfach, sie in jeder Sekunde zu genießen und unseren Akku noch einmal vollzuladen – für die Zeit danach, die Zeit ohne Boot. Andererseits, und davon bin ich fest überzeugt: Wir werden nie sesshaft werden. Auch ohne Boot, da sind wir uns beide einig, werden wir irgendwo auf der Welt im Winter ein sonniges Eckchen finden, wo wir zur Besinnung kommen und genügend Abstand zum Alltagsleben bekommen können.

Rückkehr ins Paradies

Sialum – Welch ein großartiger Empfang

Dieses Mal will Björn alles perfekt machen. Besonders sein Liebling, der Motor, bekommt ungeteilte Aufmerksamkeit und wird gereinigt, untersucht, gehätschelt und gepflegt. Alles, was auf den letzten Reisen immer wieder in die Brüche gegangen ist, wird dieses Mal konsequent erneuert: neuer Impeller, neuer Keilriemen, neuer Kraftstofffilter, neuer Ölfilter. Mir scheint fast, seit wir zu dritt an Bord sind, bemüht sich Björn besonders, der verantwortliche und fürsorgliche Papa zu sein. Ich habe nichts dagegen einzuwenden, auf Dieselfilterwechsel bei heftigem Seegang kann ich mittlerweile verzichten, obwohl wir ihn beide wahrscheinlich mittlerweile schon mit geschlossenen Augen hinbekommen würden.

Unser Abfahrtsnachmittag naht. Irgendwie bin ich diesmal aufgeregter als sonst. Wen wundert es. Unsere erste Übernachttour mit Ogelchen steht uns bevor. Jetzt werden wir erfahren, ob unsere Vorbereitungen ausreichend waren. Und ob unsere Überzeugungen bestätigt werden. Wir werden mit einem gänzlich ungeimpften Baby in eine Gegend aufbrechen, in der es keine Ärzte und wenig Hygiene gibt, dafür aber Malaria, Hepatitis, Typhus, Tropengeschwüre und andere Krankheiten. Ja, ganz bewusst mit einem ungeimpften Kind! Mit einem von einer Drei- oder Sechsfachimpfung geschwächten Baby, das auf seine eigenen Selbstheilungskräfte nicht mehr zurückgreifen kann, hätten wir die Reise wahrscheinlich nicht gewagt. Ich bin fest davon überzeugt, die richtige Entscheidung getroffen zu haben. Zumindest in der Theorie. Wir sind gespannt, was die Praxis uns lehren wird. Sehr bald wird sich zeigen, ob all die Menschen, die uns vor Antritt der Reise mit ihren Schwarzmalereien – Prophezeiungen von tausend Problemen und Krankheiten für unser Kind – ununterbrochen Angst einflößen wollten, recht behalten werden.

Hoffentlich haben wir all die Dinge, die ein Baby im Alter von sechs Monaten brauchen könnte, mit an Bord: Stoffwindeln habe ich aus Deutschland mitgebracht, ebenso die Wickelablage, die ihren Platz in der vorderen Koje gefunden hat, Schnuller aus Vollkautschuk für unser Saugmonsterchen und Nuckelflaschen aus Glas. Brust samt Muttermilch habe ich sowieso immer dabei, Babymilchpulver in riesigen, kakerlaken- und ameisensicheren Blechdosen haben wir hier in Andersons Supermarkt erstanden. Kartoffeln und Karotten für den ersten Brei haben wir sowieso an Bord und, ein Geschenk meiner Mutter, einen funkelnagelneuen Pürierstab mit Anschlussvorrichtung für die Bordbatterie. Eine ausreichend große Plastikschüssel soll als Badewanne fungieren. Und statt eines Kinderwagens wird ein Tragetuch oder einer meiner Wickelröcke herhalten müssen – die meisten Menschenbabys auf dieser Welt werden getragen und nicht geschoben. Habe ich etwas Wichtiges vergessen? Falls ja, werden wir improvisieren, schließlich haben wir auch die ersten Monate in Deutschland mit Minimalausstattung hinbekommen. Ich konnte mich schon vom ersten Tag an nicht mit dem Gedanken anfreunden, ein Baby könnte irgendetwas mit Anschaffungen und Shopping zu tun haben, und habe mich mit Händen und Füßen gegen Wickelkommode, Wiege, Kinderwagen (allerdings erfolglos!) oder gar eine komplette Babyzimmerausstattung gesträubt. Immerhin habe ich durchgesetzt, konsequent auf Wegwerfwindeln zu verzichten. Zu Hause würde bei zu vielen vollgeschieterten Windeln nur der Mülleimer überquellen. Aber hier? Unser Segelboot ist nicht groß genug für ein Endlager, von der Entsorgungsproblematik der Plastikwindeln in dieser wunderbaren Natur und der damit verbundenen Umweltsauerei mal ganz abgesehen. Also haben wir Ogelchen von Beginn an mit Stoffwindeln gewickelt und diese Technik schnell schätzen und lieben gelernt. Natürlich muss ich häufig waschen, aber das ist in

Papua-Neuguinea gar kein Problem: Süßwasser finden wir auf jeder Insel und zwar ohne dass uns Kosten entstehen – und Salzwasser gibt es sowieso genug.

Oleg scheint sich während des mentalen Abhakens meiner Einkaufslisten nicht vernachlässigt zu fühlen. Wie immer ist er quietschvergnügt und zappelt ununterbrochen mit seinen kleinen Armen und Beinen in der Luft herum, als wolle er Energie erzeugen. Als ob es mit 31 °C nicht schon warm genug unter Deck wäre – wozu brauchen wir da noch diesen kleinen glühenden und glucksenden Ofen? Seine Haut scheint sich nach den ersten Tagen an die tropische Hitze und Feuchtigkeit gewöhnt zu haben, vom Hautausschlag ist, von ein paar Flecken in den Babyspeckfalten und im Nacken abgesehen, nichts mehr zu sehen.

Ob er es wohl genießen kann, wenn wir ihm zu seinem sechsten Geburtstag einen Südseesegeltrip schenken? Heute ist schon der 31. Januar – heute wird Oleg sechs Monate alt. Ein guter Zeitpunkt, um loszusegeln, finden wir. Darum holt Björn nach dem Mittagessen den Anker hoch, während ich mir noch immer den Kopf darüber zerbreche, wo denn nun beim Segeln der beste und sicherste Platz an Bord fürs Baby ist. Die Frage wird sich in Kürze von selber beantworten. Habe ich nach fast einem Dreivierteljahr Segelabstinenz etwa glatt wieder vergessen, dass man beim Segeln nicht zu planen braucht, weil ohnehin immer alles anders kommt, als man denkt?

Wunderbares Wetter herrscht, als wir aus der Lagune hinaussegeln. Endlich stehen die weißen Segel wieder in ihrer vollen Größe, bauscht sich die Genua im stetigen Wind und zieht unser Schiff aufs offene Meer hinaus. Sanft und doch stetig durchschneidet MICOs Bug die niedrigen Wogen, hebt und senkt sich andächtig, regelmäßig. Der beruhigende Rhythmus des Ozeans empfängt uns aufs Neue, genau wie die glitzernden freundlichen Wellen, die an der Bordwand entlanggurgeln. Wie ich dieses Geräusch vermisst habe! Und wie mir diese Bewegung, genauer gesagt dieses Bewegtwerden, nach dem ich sonst so wenig Bedürfnis habe, nach monatelanger Abstinenz auf einmal richtig behagt. Herrlich, an den riesigen Bergen auf dem Festland rechter Hand von uns vorbeizuziehen. Ihre grünen Gipfel verschwinden bei 3500 bis 4000 Metern Höhe irgendwo weit oben in Dunst und Himmel.

»Siehst du«, Björn lässt sich neben Oleg ins Cockpit plumpsen, »klappt doch alles ganz wunderbar mit Baby.«

In der Tat, Oleg schläft zusammengerollt auf einem Sitzkissen in der windgeschützten Ecke unterm Biminidach, das wir hier in den Tropen auch stets beim Segeln aufgespannt lassen, und scheint sich ausgesprochen wohlzufühlen.

»Weißt du noch, wie wir letztes Mal von Sialum durch die Vitiaz Strait nach Madang gesegelt sind? Da war gar kein Wind, und wir mussten die ganze Zeit motoren. Wie schön, dass wir diesmal wenigstens unter vollen Segeln vorankommen, auch wenn der Wind für meinen Geschmack noch ein bisschen zu schwach ist. Na ja, vier Knoten werden es wohl schon sein.«

Das hätte Björn nicht sagen sollen. Vom nächsten Moment an nimmt der Wind stetig zu. Warum haben wir uns eigentlich in den letzten Tagen solche Mühe gemacht, aus all den Knack- und Knistergeräuschen unseres SSBs einen zuverlässigen Wetterbericht herauszufiltern? Schönes Wetter, der Wind würde uns eine Geschwindigkeit von 15 bis 20 Knoten und moderate Wellen bringen, wurde uns da doch versprochen. An der Einfahrt der Vitiaz Strait fängt es jetzt an, wie verrückt zu blasen. Die Wellen bauen sich innerhalb von nicht mal zwei Stunden zu wahren Wasserungetümen auf, steile, chaotische Wogen von über drei Metern, die alles andere als gleichmäßig unterm Schiff durchlaufen und es wild schlingern lassen. Rechts befindet sich mit der Huon-Halbinsel das Festland von Neuguinea, irgendwo links vor uns sind in der Ferne die verschwommenen Umrisse der Insel Umbon zu sehen. Und hinter Umbon beginnt nach wenigen Seemeilen schon New Britain mit seinen vielen Riffen im Süden. Zwischen diesen drei Inseln führt die Vitiaz Strait mit einer Breite von 25 bis 30 Seemeilen hindurch – und eben auch der Wind, der

von den hohen Bergen abgelenkt wird und nun durch diese Was-
serstraße jagt. Kabbelwellen lassen MICO in einem unangenehm-
en Rhythmus tanzen. Das Groß haben wir längst gerefft, die
Genua mithilfe der Rollfock auf ein Drittel verkleinert, mit
Unbehagen sehen wir der aufkommenden Nacht entgegen.

Da wacht unser Baby auf und sieht nicht allzu begeistert aus.
Ich habe das Gefühl, es hat während des Schlafens die Gesichts-
farbe gewechselt. Ogelchen scheint immer mehr das Beige der
Cockpitwände anzunehmen.

Björn macht mir Mut: »Oleg muss so ein Schaukeln doch
gewohnt sein, der baumelt dir doch seit seiner Geburt jeden Tag
im Tragetuch vor deinem Bauch hin und her.

In diesem Moment starrt Ogelchen uns mit großen Augen an,
fängt an zu würgen und befördert sein gesamtes Mittagessen
nach draußen. Fein säuberlich verteilt auf Kind, Kleidung und
Polster duften vor uns die halb verdauten Reste des erst dritten
Mittagessens seines jungen Lebens: Süßkartoffeln und Karotten,
in einem Brei aus vergorener Babymilch. *Oh shit!* Mithilfe von
Handtüchern und Wasser versuchen wir den kleinen Kerl von
den größten Brocken zu befreien, doch da kommt auch schon
die nächste Ladung hoch. Oleg spuckt und spuckt und spuckt,
und Björn und ich kommen gar nicht mehr dazu, uns um unser
Schiff zu kümmern, das jetzt tapfer mit kleinster Besegelung und
Arndt an der Pinne in die Abenddämmerung hineinschlingert.
Wir sind ununterbrochen beschäftigt mit Wischen und Ausspü-
len, Baby trösten und halten, Baby umziehen, uns umziehen,
Baby umziehen. Haben wir nicht gegen alle möglichen und
unmöglichen Krankheiten unsere homöopathischen Pillchen
dabei? Aber an simple Seekrankheit hat keiner von uns gedacht.
Armes Ogelchen! Ein Baby kann ganz schön bleich aussehen,
sogar in den Tropen.

Ich will sofort umkehren, zurück nach Madang, um mein
Kind in Ruhe und Sicherheit zu bringen, doch Björn gehen
schon ganz andere Gedanken durch den Kopf: »Unsere Segel-
reise nach Australien können wir hiermit streichen.«

Während wir noch hin und her überlegen, ob wir auf der Stelle wenden oder es wenigstens bis Sialum versuchen sollen, fängt Oleg plötzlich wieder an zu lächeln, dann zu plappern und zu strahlen. Aha, unser Zwerg ist leer gespuckt und anscheinend wieder putzmunter. Und will jetzt erneut aufgefüllt werden. Glücklich sehen Björn und ich uns an. Doch zu früh gefreut. Nun beginnt nämlich das Desaster für uns, die wir noch längst nicht wieder seefest sind. Alle anderthalb Stunden darf einer von uns ein Fläschchen zubereiten, weil Oleg partout nicht an die Brust will. Babynahrungzubereitung in der Vitiaz Strait um Mitternacht läuft übrigens folgendermaßen ab: auf dem Boden der Kajüte sitzen und fünf Löffel Milchpulver in die Flasche schütten, aber nicht daneben. Aufstehen und sich ins Spülbecken übergeben. Wieder hinkauern und Wasser in die Flasche füllen. Nochmals Richtung Spülbecken. Dann endlich sich neben das hungrige, schreiende Baby legen, den eigenen Brechreiz hinunterwürgen, die Seekrankheitsschweißtropfen die Stirn hinunterperlen fühlen und ungeduldig darauf warten, dass die Flasche bald leer getrunken ist, um schnellstmöglich wieder an Deck an die frische Luft zu kommen. Ich glaube, ich habe mich in dieser Nacht nur elfmal übergeben. Wie oft ich geflucht habe, habe ich nicht gezählt.

Doch bekanntlich liegen Himmel und Hölle beim Segeln nahe beieinander. Herrlicher Sonnenschein und ein leichtes Lüftchen begrüßen uns und unsere knurrenden Mägen am nächsten Morgen. Von der Kabbelwelle ist nichts mehr geblieben. Oleg sitzt vergnügt auf Björns Schoß, mir fällt ein Stein vom Herzen. Unserm Zwergl geht es gut. Die Reise kann weitergehen. Üppig gefüllt stehen die Segel, nur im Groß haben wir vorsichtigerweise ein letztes Reff beibehalten. Bei angenehmen 20 Knoten wiegt sich MI COLUMPIO sanft in den Wellen und rauscht ihrem ersten Ziel entgegen. Schon ganz nahe ziehen wir an der Küste von Neuguinea vorbei. Verbirgt sich hinter dieser Landzunge das Dörfchen Sialum oder hinter der nächsten? Björn und ich sind total aufgekratzt, können es kaum erwarten, wieder in die vertraute Lagune von Sialum einzulaufen. Mehrere äußerst angenehme Tage hatten wir dort vor zwei Jahren mit Stelzenlaufen und Baden in der traumhaft schönen Süßwasserlagune verbracht. Und mit Eddie. Eddie wollte damals unbedingt unser bester Freund und Geschäftspartner werden. Ein Exporthandel mit Gold schwebte ihm vor. Er wollte das Gold im Hochland besorgen, wir sollten es in Europa verkaufen – und das Geld dafür vorab bereitstellen. Natürlich hatten wir abgelehnt und sind jetzt nicht sonderlich wild darauf, Eddie wiederzusehen. MI COLUMPIO biegt um das letzte Sandinselchen am äußersten Ende der Lagune herum. Zum ersten Mal in unserem Leben kehren wir mit unserem Boot in ein kleines Dorf zurück, vor dem wir schon einmal Station gemacht haben. Ein komisches Gefühl. Ein schönes Gefühl. Zum ersten Mal wissen wir schon vorher, wo wir gleich ankern werden, wie das Dorf aussieht, was für Menschen uns möglicherweise erwarten. Doch was in den nächsten Minuten passiert, haben wir nicht erwartet. Wann immer ich an Papua-Neuguinea zurückdenken werde – stets wird mir diese Szene in den Sinn kommen. Dieses unglaubliche Hochgefühl hat sich tief in meine Seele eingebrannt.

Während wir die Segel bergen und uns unter Motor der Lagune nähern, springen Dutzende von kleinen braunen Gestalten zwischen den Hütten und Büschen hervor und jagen in großen Sprüngen zu den Klippen vor dem Dorf. An die 100 Kinder drängeln sich auf den Felsen, um unsere Ankunft mitzuerleben. Erkennen sie MI COLUMPIO etwa wieder? Ich stehe vorne auf dem Bugkorb, strahle sie an und winke mit beiden Armen zu ihnen hinüber. Daraufhin bricht ein Jubel an Land aus, ein Gebrause und Gejohle, ein Hüpfen und Winken. Eine Welle unbeschreiblicher Freude und Glückseligkeit durchflutet mich. Papua-Neuguinea, du unser Lieblingsland! Ich heule einfach los – und Björn hinten an der Pinne tut das Gleiche. Schnell werfen wir den Anker, lassen unser Schlauchboot ins Wasser, holen Ogelchen, der den »historischen Moment« verschlafen hat, und düsen zur Pier hinüber, die mittlerweile von Kindern nur so wimmelt.

»Hello, hello, hello!«

Unzählige braune Kinderhände wollen uns anfassen, die Kleinen drängen sich um uns, strahlen uns an. Neugierige Gesichter mit diesem unbeschreiblichen Lächeln, das es wahrscheinlich nur in PNG gibt. Diese strahlenden Kinderaugen, die uns hier von früh bis spät umgeben, sind schlicht und einfach einmalig. Was für eine Begrüßung! Entweder ist in Sialum in den letzten zwei Jahren die Bevölkerungszahl explodiert – so viele Kinder hatten wir das letzte Mal definitiv nicht um uns herum – oder Weiße haben einen höheren Stellenwert bekommen. Ach nein, da habe ich doch beinahe etwas vergessen: Wir haben jetzt ja ein Baby dabei.

»Hello, baby, nice baby, ay ...«

Babys gibt es in Sialum normalerweise zur Genüge. Aber keine weißen. Und schon gar keine blonden mit einem dicken runden Gummischnuller im Mund. Um es kurz zu machen, unser Zwerg ist die Attraktion. Jedenfalls begleiten uns mindestens 50 kleine schwarze zerlumpte Gesellen auf Schritt und Tritt, als ich das Tragetuch umbinde, das Baby reinlege und wie selbstverständlich durchs Dorf trage. Wird das jetzt auf jeder Insel so sein?

Eddie treffen wir glücklicherweise nicht mehr an. Er wohne jetzt irgendwo im Hochland, erzählt uns Margarete, die Schwester von Eddies Frau Christine. Sie weiß noch genau, wer wir sind, nämlich diese arbeitswütigen Deutschen, die ihr damals spontan beim Kopramachen geholfen haben. Sie freut sich über unseren Besuch und präsentiert uns stolz den stabilen aufgeschnittenen Plastikkanister, den man so herrlich zum Schöpfen verwenden kann und den wir ihr damals geschenkt haben.

Eine letzte Frage brennt uns noch auf den Lippen: »Sag mal, Margarete«, forschen wir neugierig nach, »wie viele Segelboote sind in den letzten zwei Jahren hier vorbeigekommen?«

»Eines«, antwortet sie nach kurzem Nachdenken, »und das wart ihr.«

Oleg weigert sich von diesem Tag an beharrlich, Süßkartoffeln und Karotten zu essen. Zu eklig ist für ihn die Erinnerung ans hochgewürgte Mittagessen. Ich kann es ihm nicht verübeln. Hätte ich mit dem Zufüttern doch noch ein paar Tage warten sollen? Nicht mal Papaya mag er mehr, nur noch Flasche, Flasche, Flasche – und die am liebsten im Stundenrhythmus. Dazwischen strampelt er in einem fort. Wie ein aufgeregtes Hühnchen flattert, so zappelt er ununterbrochen mit Armen und Beinen. Eigentlich sollten wir eine Maschine erfinden, die dieses Gezappel in Strom umwandeln kann. Wo nimmt er bloß die Energie her? Aus dem Instantmilchpulver bestimmt nicht. Björn und ich hatten uns, als Ogelchen noch in meinem Bauch war, ein lebhaftes Baby gewünscht, damit es zu uns passt. Was dann aber in mir herumzutoben begann, war nicht mehr feierlich. Im neunten Schwangerschaftsmonat schauten meine Gesprächspartner mir meist nicht mehr ins Gesicht, sondern starrten nur noch auf meinen Bauch, in dem es wogte, als ob man fünf junge Hunde in einen engen Sack gesteckt hätte.

Was haben Björn und ich eigentlich früher auf dem Boot mit unserer Zeit angefangen? Mir kommt es vor, als wären die Tage im letzten Jahr noch bedeutend länger gewesen. Und unkomplizierter. Wenn wir jetzt an Land fahren wollen, müssen wir erst warten, bis Oleg ausgeschlafen hat. Dann bekommt er seine Flasche, wird gewickelt und angezogen. Das Mützchen versteckt sich mal wieder irgendwo, und Sonnencreme braucht er auch noch im Gesicht. Bis er bequem im Tragetuch liegt, ich meine Sonnenbrille und Sandalen und Hut gefunden habe, ist meist schon eine ganze Stunde vergangen. Dann können wir endlich los. Nur springt jetzt natürlich unser Mariner-Außenborder nicht an. Bis Björn 30-mal am Starterkabel gezogen, die Zündkerzen dreimal aus- und wieder eingebaut, das Benzin nachgepumpt, den Filter kontrolliert, den schweren 10-PS-Außenborder losgeschraubt und an Bord gehievt hat zur genaueren Untersuchung, bis also unser Außenborder wieder funktioniert und wie ein zufriedenes Kätzchen schnurrt und wir uns auf den Weg Richtung Land machen könnten, fängt unser Baby schon wieder an zu quengeln. Weil es die Windeln voll hat. Oder weil es schon wieder Hunger hat. Oder ein vereinzeltes Bäuerchen noch irgendwo quersitzt.

»Gut, dann verschieben wir unseren Landausflug halt auf morgen!«

*

Wo kommen bloß all die Kinder her? Und warum sind sie nicht in der Schule? Sind etwa schon wieder Sommerferien? Von den frühen Morgenstunden an wachen die kleinen Gestalten über uns, auf der alten Betonpier sitzend. Steigen wir ins Dinghi, verdoppelt sich die Anzahl in Sekundenschnelle. Legen wir zwei Minuten später bei ihnen an, steht mittlerweile die vierfache Menge an Kindern da, die uns oder soll ich ehrlich sein, unser Baby auf Schritt und Tritt begleiten und bestaunen. Und, man hält es kaum für möglich, dieser Winzling Oleg genießt es offensichtlich sehr, im Mittelpunkt zu stehen und von 50 Kinderaugenpaaren gleichzeitig angestarrt zu werden. Er lässt sich feiern wie ein Popstar oder Fußballheld. Dann geleiten die Kinder uns zwischen den Hütten hindurch zu einem großen, Schatten spendenden Baum, unter dem zwei Stühle auf uns warten. Björn und ich quetschen uns zusammen auf einen Stuhl, während Ogelchen (fast) ganz allein und aufrecht auf dem anderen Stuhl sitzt und huldvoll in die Menge lächelt, die sich in gebührendem Abstand im Kreis um ihn gesetzt hat. Mit seinen sechs Monaten verfügt er schon über eine Menge Tricks, kein Wunder, er ist ja Björns Sohn. Das absolute Lieblingsspielzeug ist sein überdimensionaler Schnuller aus Vollkautschuk. Und die neueste Lieblingsbeschäftigung: diesen Schnuller möglichst fest zwischen die noch immer zahnlosen Kiefer einzuklemmen und dann grinsend mit einem Ruck aus dem Mund herauszuziehen, sodass ein lautes und deutliches »Plopp« ertönt. Gab es in Sialum schon mal mehr Jubel und Kreischen und Lachen und bewundernden Applaus als bei Ogelchens Schnullerploppen?

Wäre er nicht erst sechs Monate alt, wäre ich davon überzeugt, dass er jedes Lächeln und jede kleine Geste ganz bewusst einsetzt, um möglichst viele bewundernde *ays* und *ohs* der Kinder zu ernten. Unglaublich! Hoffentlich braucht er, wenn er älter wird, nicht auch so viel Aufmerksamkeit und Publikum wie sein Vater, der inzwischen einen riesigen Kreis aus erwachsenen Zuschauern um sich versammelt hat und abwechselnd zwei Diabolos über die Palmenwipfel pfeffert. Noch mehr *ays* und *ohs*. Dann soll sich ein junger Papua auf den Erdboden legen. Björn, auf einem Seil balancierend, das er auf einer Seite an einer Palme festgebunden hat und das auf der anderen Seite von zehn Männern festgehalten wird, bleibt über ihm stehen und versucht, drei Messer über seinem »Opfer« fehlerfrei zu jonglieren. Ich zittere ein wenig bei dem Gedanken, was passieren könnte, würde er ein Messer fallen lassen. Würden wir genauso »gelyncht« werden, wie es angeblich Touristen passiert sein soll, die ein paar Inseln weiter auf Samoa aus Versehen ein Huhn überfahren haben? Nein, denke ich beruhigt, diesen friedfertigen Menschen hier traue ich solche Reaktionen nicht zu. In Deutschland arbeitet die Show mit Feuer, sehr viel Feuer. Das Hochrad, auf dem Björn dann sitzt, brennt; auf seinem Kopf drehen sich Silbersonnen, und er wirbelt zwei brennende Feuerseile durch die Luft. Doch die dafür notwendigen Utensilien sind zu Hause geblieben. Ein zwei Meter achtzig großes Hochrad macht sich einfach nicht so gut auf einem 10-Meter-Schiff, ebenso wenig wie Feuerwerkskörper im Flugzeug. Nur Feuerfackeln haben wir dabei, mit denen Björn nun allerhand Tricks vorführt, und natürlich seinen brennenden Devilstick, einen circa 70 Zentimeter langen Stab, der an beiden Enden brennt und mithilfe von zwei Handstöcken auf verschiedenste Art und Weise durch die Luft gewirbelt wird. Ich lasse meinen Blick über die strahlenden Gesichter der Zuschauer schweifen und bin wieder einmal sehr erstaunt, dass die Papuas an genau den gleichen Stellen lachen wie die Deutschen, an den gleichen Stellen mitzittern, an den gleichen Stellen vor Erleichterung losjubeln. Als ob es so etwas wie ein globales Showbewusstsein gibt, denke ich amüsiert. In Sialum hatten wir vor zwei Jahren ein Stelzenlauftraining zwischen den Hütten veranstaltet. Unsere sperrigen anderthalb Meter langen Alustelzen schipperten wir über den halben Pazifik, um eine neue Tanzshow zu entwickeln, in der irrsinnigen Annahme, in PNG ausreichend Zeit und Ideen dafür zu finden. Klar, dass sich noch alle Bewohner in Sialum an uns erinnern. Immerhin sind sie damals lachend vor uns Riesen weggelaufen und unter ihre Stelzenhütten geflohen.

Und noch jemand hat über uns gewacht. Wir erfahren es per Zufall, als bei einer Unterhaltung das Wort *rascals* fällt. O nein, bitte nicht schon wieder. Das Thema hatten wir doch schon auf Wuvulu. *Rascals* in Sialum? Das können wir uns beim besten Willen nicht vorstellen.

»Nein«, versichern uns die Anwesenden, »bei uns ist alles sicher. Aber zwei Dörfer weiter die Küste hinauf gibt es ein paar Jugendliche, denen nicht unbedingt zu trauen ist. Sie waren am Tag nach eurer Ankunft kurz hier. Deshalb haben wir sicherheitshalber ein paar Wachen aufgestellt.«

Wachen? Was? Wie? Langsam dämmert uns, dass das Feuer, das auf der äußersten Spitze der Laguneninsel ganz in unserer Nähe in den letzten zwei Nächten brannte, zu unserer Sicherheit angezündet worden war. Und wir Dummköpfe hatten es argwöhnisch beobachtet und jeden Abend vergeblich darauf gewartet, dass die Leute, die um die Feuerstelle herumsaßen, endlich die Insel verlassen, damit wir uns beruhigt unter Deck schlafen legen konnten.

*

Womit begrüßt mich am nächsten klaren, sonnigen Morgen das Leben? Mit einem wunderbaren Spruch auf meinem Teebeutel. Das ist kein Witz. Ich bin auch nicht unter die Kaffeesatzleser gegangen, ich bade nur wie jeden Morgen meinen Teebeutel im heißen Wasser und habe heute eine neue Packung angebrochen:

aus Deutschland mitgebrachten Yogi-Tee. Die Firma, die diesen superleckeren ayurvedischen Gewürztee vertreibt, hat eine kleine, aber feine Idee gehabt: Auf jedem Teebeutelschildchen steht eine kleine Weisheit. Die für den heutigen Tag lautet: Der Kopf verneigt sich vor dem Herzen.

Der Kopf verneigt sich vor dem Herzen, der Verstand verbeugt sich also vor dem Gefühl und ordnet sich unter. Wie wahr. Die Menschen hier wissen um diese Weisheit und leben sie jeden Tag. Wo kämen sonst all das Strahlen in ihren Augen, das Mitgefühl, die Hilfsbereitschaft und Freundlichkeit her, wenn nicht aus ihren Herzen? Als Europäerin bin ich so stolz auf meinen Verstand, der schnell denken, logisch kombinieren und bestens organisieren kann. Und erkenne mit ebendiesem Verstand, dass wir in Europa viel zu wenig Gefühl haben. Und noch weniger Mitgefühl. Wie wunderbar würde die Welt aussehen, wenn sich der Verstand Europas mit der Gefühlswelt der Südseevölker vereinigen würde? Oder, spinne ich weiter, die Ordnung in Deutschland mit dem Rhythmus Afrikas. Oder, wie Gandhi es auf andere Art und Weise einst ausdrückte, die materielle Welt Europas sich mit der spirituellen Welt Indiens verbinden würde. Dann würde in Deutschland viel mehr gelacht, getrommelt und meditiert werden, und in Indien, Afrika und PNG würde es perfekt funktionierende Abwassersysteme, Mülltrennung sowie Kranken- und Rentenversicherung geben.

Ogelchen reißt mich aus meinen Träumen von einer Welt, in der alle Menschen ein bisschen glücklicher wären. Nach nur fünf Tagen wollen wir weiter. Nicht mal unser Baby schafft es, die Unruhe in uns zu beseitigen. Wir haben nur so wenig Zeit dieses Mal, nur noch zwei Monate, und so viele Inseln liegen noch auf der Route von hier bis Australien. Und noch immer haben wir das Gefühl, wir könnten etwas verpassen, müssten alles mitnehmen, was möglich ist. Vielleicht möchte ich aber auch nur schnellstmöglich die von mir so gefürchtete Salomon-See, die jetzt noch vor uns liegt, hinter mir sehen. Segeln mit Baby bringt ja noch weit weniger Spaß als Segeln ohne Baby ohnehin schon bringt. Außerdem quält mich seit unserer Ankunft in Sialum die bange Frage: Wie wird unser Ogelchen die nächste Etappe überstehen? Ist er seefest geworden? Oder wird sich das Drama mit dem Spucken ab jetzt auf jeder Etappe wiederholen?

»Wir segeln erst mal nach Tami Island weiter. Da hat es uns vor zwei Jahren zwar nicht besonders gefallen, aber es liegt nur eine Tagesreise entfernt von hier. Das wird bestimmt ganz gemütliches Kaffeesegeln«, schlägt Björn vor.

Woher nimmt er bloß immer seinen Optimismus? Okay, er ist stets ausgeruht, da er durchschlafen darf und nicht zwei-, dreimal pro Nacht geweckt wird wie ich. Ohne mit der Wimper zu zucken, behauptet er seit dem Tag von Olegs Geburt, ich als Mutter hätte jetzt ja so viele Glückshormone, durchs Stillen und überhaupt, mir würden die nächtlichen Unterbrechungen aus diesem Grund gar nichts ausmachen. Wenn der wüsste! Ich sah auch schon mal jünger aus.

Björn soll zum zweiten Mal innerhalb einer Woche mit seiner Wetterprognose voll danebenliegen. Bereits nach wenigen Stunden auf dem Meer stellen wir fest, dass Wind und Welle dieses Mal zwar mit uns sind, die Strömung aber gegen uns. Von Südwesten, aus dem Golf von Huon kommend, zieht sie uns aufs offene Meer hinaus. Grau und düster hängt der Himmel über uns, ein unangenehmer Wind peitscht das ebenso graue, unfreundliche Meer um uns herum auf. Und wo soll ich Ogelchen hinlegen, wenn es regnet? Nach unten? Aber unten wird mir doch wieder schlecht! So habe ich mir das Segeln mit Baby definitiv nicht vorgestellt. Jeden Tag Starkwind und zweifach gerefftes Großsegel. Dauerregen. Sprühregen. Nieselregen. Dazwischen prasseln Sturzfluten vom Himmel. Die Polster für draußen, unsere Klamotten, die Handtücher, auf denen Ogelchen liegen soll, alles ist klitschnass. In der schwülwarmen miefigen Luft unter Deck trocknet rein gar nichts. Irgendwo dringt Wasser ins Schiff, was uns ziemliche Sorgen bereitet, da die Bilgenpumpe nur sporadisch anspringt. Björn muss zwischendurch das stetig nachlaufende Wasser mit der Hand ausschöpfen. Das Schapp mit unseren Büchern steht auch mal wieder unter Wasser, denn genau an dieser Stelle führen die Wanten durchs Deck und verursachen ein kompliziertes Leck, das wir trotz mehrerer Schichten Sikaflex bis jetzt nicht abdichten konnten. Immerhin stehen alle wichtigen Bücher, denen man ihre Weltreisen anhand ihrer gewellten oder angeschimmelten Seiten leider ansehen kann, mittlerweile trocken auf den in Bonbonon angefertigten Lattenrosten.

Oleg macht die Sache diesmal ausgesprochen gut mit. Er spuckt nicht. Er weint nicht. Ich habe keine Ängste auszustehen um ihn. Aber er freut sich auch nicht sonderlich. Liegt nur dick eingemummelt in seiner Cockpitecke, beobachtet uns und fragt sich sicherlich, warum seine Eltern so komische Sachen mit ihm machen. Das frage ich mich beim Segeln übrigens meist auch. Ein Tag nach dem anderen vergeht in dieser tristen, grauen Brühe. Drei Tage, die ich am Leben war, ohne sie wirklich gelebt zu haben.

*

Als wir vor ein paar Jahren in Australien waren, hatten wir das Glück, auf dem Rückflug von Brisbane nach Tokio einen Fensterplatz zu ergattern. Die australische Ostküste mit ihrem lang gezogenen Great Barrier Reef sah von oben einfach fantastisch aus. Als ich aber ein paar Stunden später erneut aus dem Fenster schaute, verschlug es mir beim Anblick der atemberaubenden Schönheit unter mir die Sprache. Tausende kleine Riffe schwebten da wie grün leuchtende Chromosomen im dunkelblauen Ozean. Wie sich kringelnde Ringelwürmer überzogen sie das Meer von Horizont zu Horizont mit ihren bizarren Formen und strahlenden Farben. Ich starrte wie gebannt auf dieses unbeschreibliche Wunderwerk der Natur und hatte nur einen Wunsch: Es einmal von Nahem betrachten zu dürfen. Und nun liegt diese Wunderwelt vor uns. Was mich damals so fasziniert hat, können nur die Lusancay Reefs und Islands gewesen sein. Nirgendwo sonst in PNG oder Mikronesien haben wir auf unseren Seekarten so viele winzige Riffe und Inseln auf so engem Raum gefunden. Auf der Karte steht zwar »unberührt und unvermessen«, doch das ist uns ziemlich egal. Normalerweise stört es uns nicht, zwischen Riffen zu segeln. Solange einer von uns im Bugkorb oder oben in der Saling, in die auch ich gerne über unsere handgemachte Wantenleiter hinaufklettere, herumturnt und anhand der unterschiedlichen Farben den Überblick über die wechselnden Wassertiefen behalten kann, trauen wir uns fast überall hin. Normalerweise. Normalerweise scheint da, wo wir segeln, auch die Sonne, von dem leichten Wind, den wir gewohnt sind, ganz zu schweigen. Jetzt aber werden wir vom alles verschleiernden Nieselregen eingehüllt, den immer wieder Starkwindfronten unterbrechen, in denen es dann wie aus Kübeln gießt. Und das, obwohl laut GPS direkt vor uns die Lusancays beginnen sollen. Direkt vor uns.

Ich stehe im Regen auf der obersten Stufe unserer Wantenleiter, halte mich mit Armen und Beinen an den Wanten fest, um bei diesen Wellen nicht wie ein Apfel vom Baum von Bord geschüttelt zu werden, schaue und schaue und sehe außer Wellenbergen nichts. Nur weiße Gischtkronen auf einem unruhigen Meer.

»Da müssen aber Riffe sein«, schreit Björn ungeduldig vom Cockpit hoch, wo er auf Ogelchen aufpasst.

»Ich sehe aber keine!«, brülle ich zurück.

Wir segeln bei verkleinerter Fock vorsichtig weiter. Wie gut, dass wenigstens unsere Rollfock immerzu einwandfrei funktioniert! Ich weiß, dass es Wahnsinn ist, was wir da machen. Bei diesem Wetter habe ich keine Chance, irgendetwas zu erkennen, was uns hilft, unseren Kurs in die Lusancays hinein zu finden. Obwohl: Hier vorne brechen sich die Wellen irgendwie anders.

»Riff voraus!«, schreie ich. »Halte dich weiter rechts, da vorne ist eines.«

Björn startet sicherheitshalber den Motor. Im sich lichtenden Nieselregen erkenne ich zwei winzige Sandinseln, in der Südsee *motus* genannt, mit ein paar Palmen drauf. Sogar im grausten Grau sehen sie wunderschön aus. Da will ich hin!

»Kann man hinter den *motus* ankern?«, will Björn an der Pinne wissen. »Und kannst du irgendeine Durchfahrt zwischen den Riffen entdecken?«

Ehrlich gesagt, ich kann nichts erkennen, und die Inselchen sind auch viel zu klein, um irgendeinen Schutz zu bieten bei diesem Wetter. Aber … ich habe gerade mal wieder die Schnauze vom Segeln gestrichen voll. Da vorne ist Land. Da liegt das Ziel meiner Träume. Und ich soll nicht hinkönnen? Nicht mit mir.

»Vergiss es!«, sagt Björn.

Ha, wenn ich das schon höre. Vergiss es. Ich will aber nicht mehr. »Dann nehme ich halt Oleg und schwimme an Land!«

»Ich hindere dich nicht daran.«

Björn kann manchmal so ätzend sein. Fährt seelenruhig eine Wende und dreht MI COLUMPIOS Bug Richtung Trobriand Islands, in die genau entgegengesetzte Richtung. Die nächsten Stunden herrscht Kriegszustand an Bord.

Schatten auf dem Schiff

Kiriwina/Kitava –
Ein Tropengeschwür kommt selten allein

ch fühle mich mittlerweile wie Odysseus auf seiner Odyssee. »Nein«, klärt Björn mich auf, als ich noch ganz verschlafen ins Cockpit klettere und ihm von meinen Gefühlen erzähle, »bei uns ist es genau umgekehrt. Odysseus wollte nach Hause und kam stattdessen ständig woanders an. Wir dagegen kommen zurzeit nirgendwo an. Obwohl – vor uns kannst du schon Kiriwina erkennen.«

Da muss ich mich allerdings beeilen, denn gerade verschwindet die flache, mit Palmen bestandene Insel hinter einer dichten Regenwolke. Kiriwina, so heißt die Hauptinsel der Trobriand Islands, haben wir schon vor zwei Jahren einen Besuch abgestattet. Damals hatten wir das Glück, drei Fischer, die wir unterwegs aufgabelten, als Führer mit an Bord zu haben, denn während wir ihr Kanu abschleppten und sie somit vor einer mühsamen Paddelei bewahrten, brachten sie uns, von Süden kommend, als Dank durch die Riffe zur Hauptstadt Losuia. Diesmal kommen wir von Norden. Und da das Wetter meint, uns immer noch nicht genug geärgert zu haben, zieht ein paar Minuten, bevor wir in den kleinen Kanal zwischen den Riffen einbiegen können, der uns zu einem sicheren Ankerplatz vor Losuia bringen soll, eine weitere Regenfront auf. Und was für eine! Eine riesige grauschwarze Wand hüllt in Minutenschnelle erst die Nachbarinsel Kaleuna, dann Kiriwina, dann uns ein. Gerade eben war es noch taghell, zehn Uhr morgens halt, jetzt herrscht so etwas Ähnliches wie finstere Nacht um uns herum. Regenböen peitschen übers Boot. Ich fluche, während ich auf dem Deck herumturne, um das Großsegel herunterzuholen. Pitschnass verziehe ich mich zu Ogelchen unter Deck. Man kann sein eigenes Wort

17

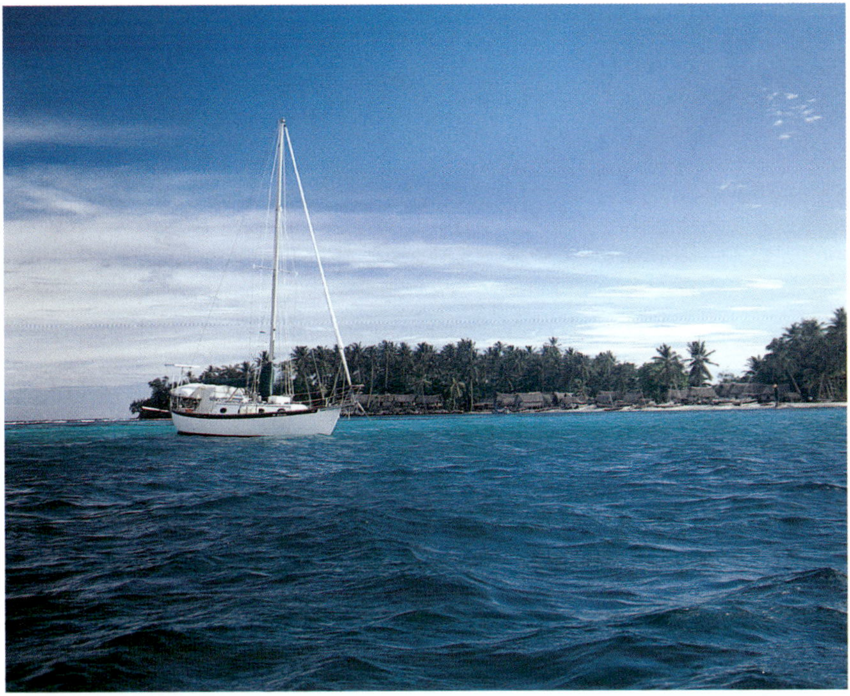

18

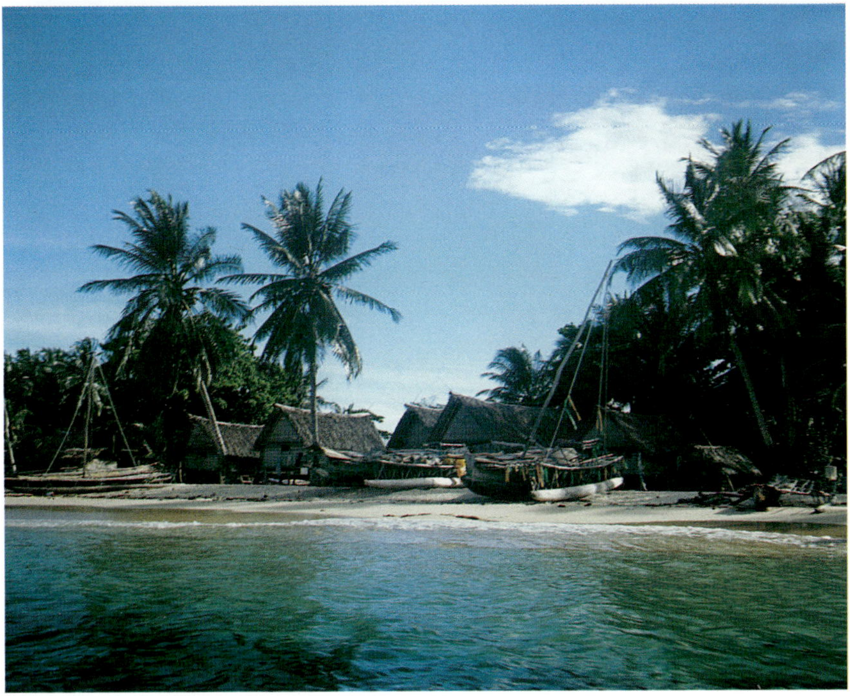

17 Anstrengendes Ankern im Egom-Atoll.

18 Egom – ein Südseedörfchen wie aus dem Bilderbuch.

19

20

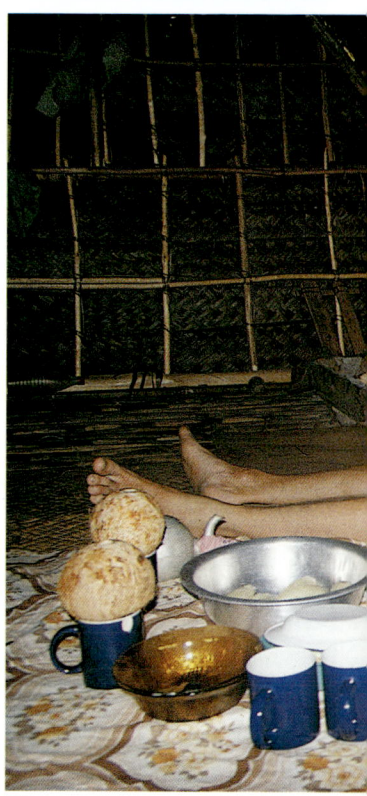

21

19 Idylle zum Sich-satt-Sehen.

20 + 21 Eine Hütte ganz für uns allein: Einladung zum Essen auf Egom.

22 Mittagspause im Schatten.

23 Helen Reef – die größte Badewanne der Welt.

22

23

24

25

24 »Lasst es euch schmecken!« Willy, Dusien und Veronika servieren
uns auf Neumara ein paar Köstlichkeiten aus dem eigenen Garten.

25 Ein kleiner Familienausflug.

27

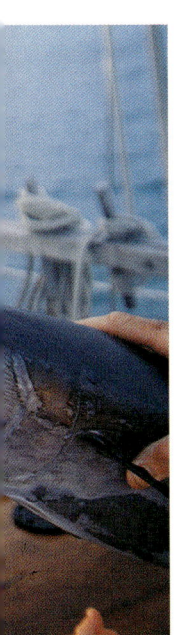

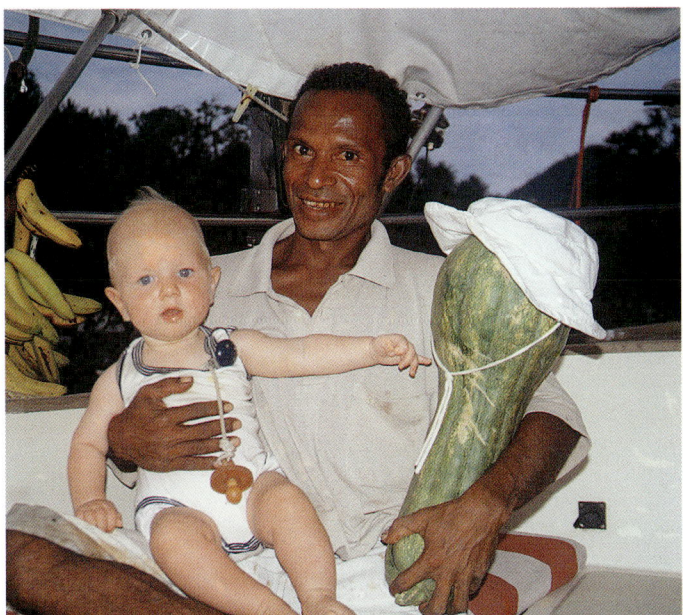

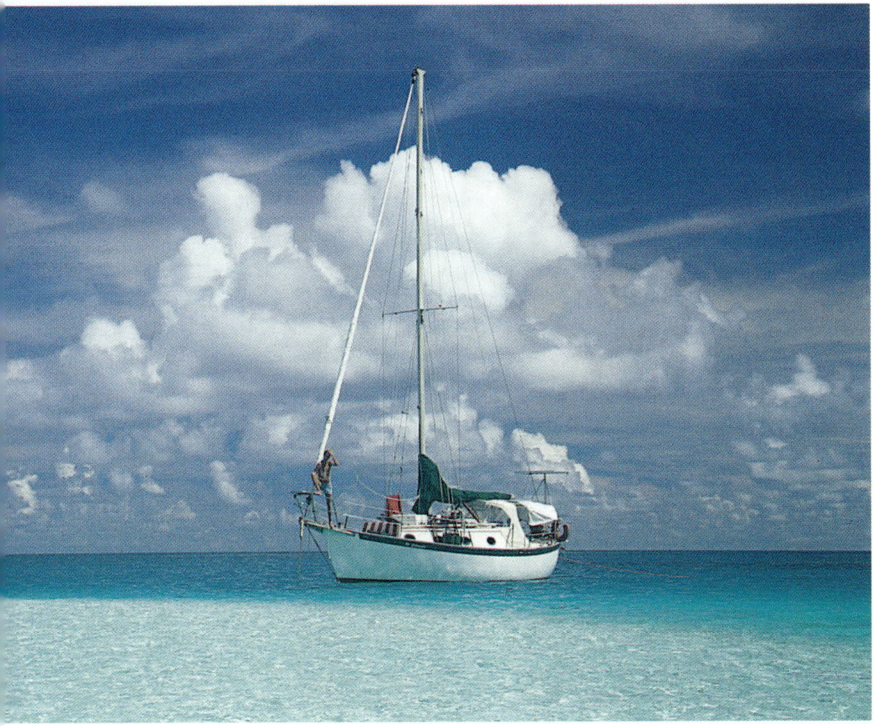

28

26 »Hallo, wer bist du denn?« Zwiegespräch mit Thunfisch.
27 Stillleben mit Oleg, Willy und Kürbis.
28 Mi Columpio im Farbenrausch, Helen Reef.

29

![top photo]

30

31

29 Birgit bei der arbeitsintensiven Kokoscreme-Herstellung.

30 Björn übt schon mal mit Oldrich, Hermit.

31 Das Ereignis des Tages für die Kinder: Gruppenfoto auf Kitava.

32

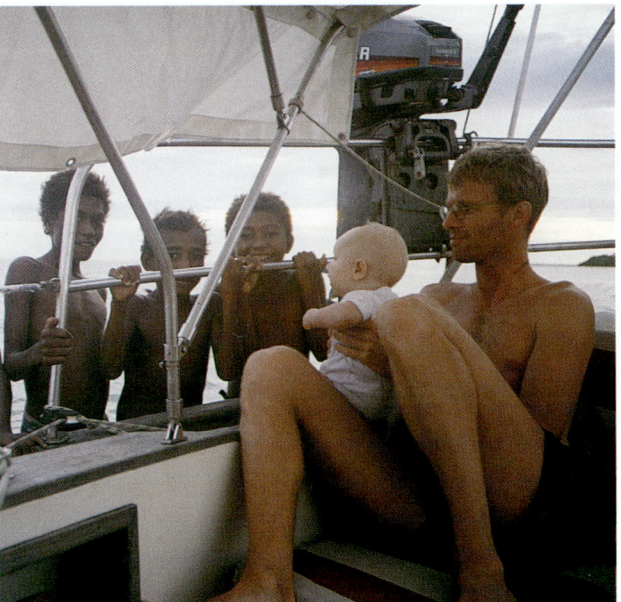

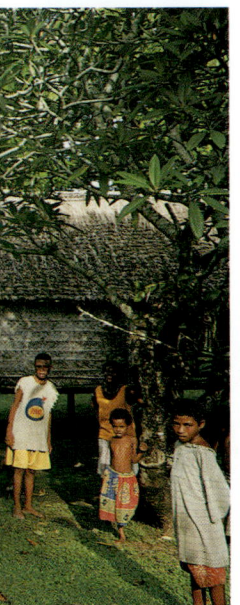

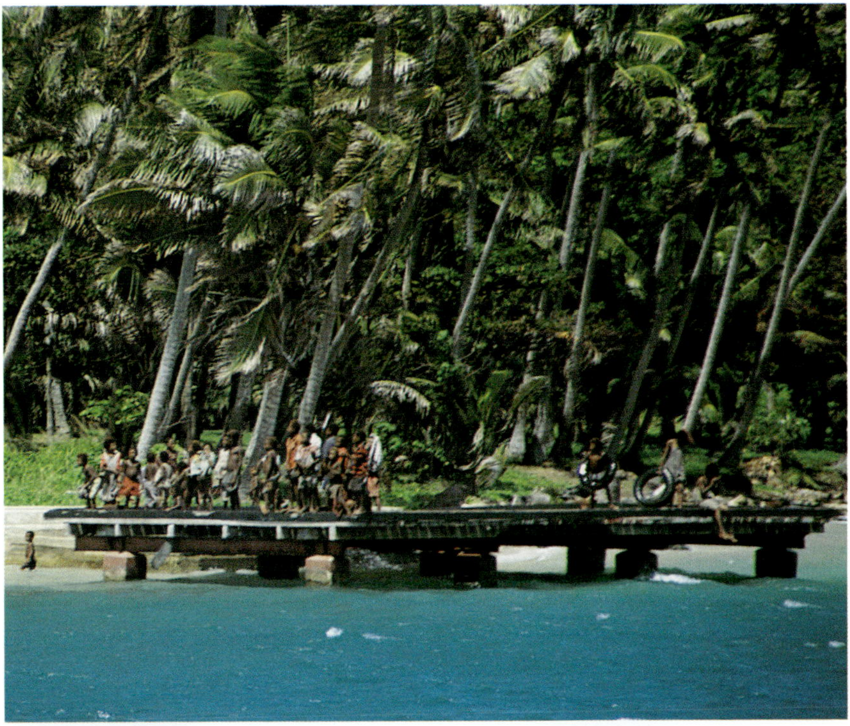

33

32 Alle warten aufs Baby: unser tägliches Empfangskomitee auf der Pier von Sialum.

33 Gegenseitige Kinderbestaunungsaktion, Kiriwina.

34 Holzschnitzer aus Kiriwina fühlen sich wohl an Bord von
MI COLUMPIO.

35 Jonathan und Winky auf ihrem Lieblingsplatz im
Bugkorb, Kiriwina.

36 Eine kleine Strampelpause für Oleg am Strand.

kaum verstehen, so laut prasseln die Wassermassen aufs Deck. Immerhin liegt MICO endlich mal ruhig. Mehrere Minuten vergehen.

»Birgit!«, schreit Björn vom Cockpit, »du musst mir unbedingt sagen, wo ich bin.«

Im ersten Moment denke ich, Björn will mich veräppeln, und will schon frech antworten: »Auf einem Segelboot zwischen Kiriwina und Kaileuna.« Als ich aber meinen Kopf aus dem Niedergang stecke, begreife ich sofort den Ernst der Lage: Wir segeln bei katastrophaler Sicht mit halb gereffter Genua zwischen zwei Inseln herum, die wir nicht sehen können. Beide liegen schätzungsweise eine halbe Seemeile entfernt, vielleicht auch nur eine viertel Seemeile, vielleicht auch weniger. Um uns herum herrscht dichtestes Regengrau. Wir scheinen mitten in einer fetten Wolke zu stecken.

»Warum segelst du eigentlich nach Norden?«, frage ich Björn nach einem kurzen Blick auf den Kompass erschrocken.

»Tu ich das?«, ist seine verwirrte Antwort. »Ich halte die ganze Zeit über denselben Kurs, hoch am Wind.«

Dass der Wind innerhalb dieser Regenfront ständig dreht und seine Richtung ändert, wie es ihm gerade passt, hat Björn vor lauter Regen und Grau noch gar nicht bemerkt. Nur gut, dass auch diesmal wieder unser Schutzengel auf uns aufgepasst hat. Eine geschlagene Stunde verbringen wir damit, dass ich durchgehend am GPS sitze und die angezeigten Positionsdaten alle paar Minuten als Kreuzchen auf die Seekarte male, um mich zu vergewissern, dass MICO möglichst in der Mitte zwischen den beiden Inseln hin und her segelt. Alle zehn Minuten springe ich an Deck und helfe Björn, eine Wende zu fahren. Dann reißt der Himmel plötzlich auf, die Sonne kämpft sich durch, und als wir eine weitere Stunde später unseren Anker in der Nähe der Pier von Losuia fallen lassen, wirkt alles schon wieder wie aus dem Tropenbilderbuch: Türkisfarbenes Wasser strahlt mit dem satten Grün an Land und dem wolkenfreien blauen Himmel um die Wette.

*

Kiriwina gefällt uns dieses Mal viel besser als vor zwei Jahren. Woran es liegt? Keine Ahnung. Leider sind Kate und Zac mit ihren Kindern, die wir damals kennengelernt und mit denen wir ein sehr nettes Weihnachtsfest verbracht haben, nach ihrem zweijährigen Aufenthalt für ein Wiederaufforstungsprojekt auf Kiriwina schon längst wieder zu Hause in Tasmanien. Und die Einwohner von Kiriwina hatten wir bei unserem kurzen Zwischenstopp nicht kennengelernt. Vielleicht diesmal? Wie schön, dass wir jetzt zumindest die wichtigsten Wörter in Kiriwina-Sprache aus dem hintersten Winkel unseres Gedächtnisses hervorkramen können, und mit einem fröhlichen *»Bwena kaukau«* auf den Lippen betreten wir die bestimmt 100 Meter lange Pier von Losuia und stolpern gleich über Jonathan: zwölf Jahre alt, ein hübscher und intelligenter Junge, der sofort sein Herz an unser Ogelchen verliert und für die Dauer unseres Aufenthaltes beschließt, Olegs bester Freund zu werden.

Jeden Nachmittag nach der Schule paddelt er mit seinem Kameraden Winky im Auslegerkanu zu uns heraus, um mit Oleg zu spielen. Diese Halbwüchsigen beschäftigen sich mit unserem Baby mit einer Hingabe, dass wir nur staunen können, bekommen umgehend von uns den Orden »Beste Babysitter der Welt« verliehen und werden mit selbst gebackenem Kuchen, Keksen und Früchten verwöhnt. Nach nur kurzer Zeit fühlen die beiden sich auf unserem Segelschiff wie zu Hause. Haben sogleich ihren Lieblingsplatz auf dem Vorschiff gefunden, wo sie, solange Ogelchen schläft oder trinkt oder gewickelt wird, in ihr neues Lieblingsspiel »Vier gewinnt« vertieft sind, das selbstverständlich auch bald in ihren Besitz übergeht. Ja, sie betrachten sich als die Herren von MI COLUMPIO. Was amüsant anzuschauen ist, wenn andere Kinder vorbeischauen und unser Schiff mit ihren Kanus belagern. Wie Wachhunde passen sie ganz genau auf, dass keines von denen versucht, auf unser Schiff zu klettern, geschweige denn es wagt, »ihrem« Baby zu nahe zu kommen.

Aber auch vormittags, wenn die beiden in der Schule sind, schaffen wir es kaum, vom Schiff herunterzukommen, um über die vertraute »Hauptstraße« von Losuia zu schlendern und an den unter Kokospalmen geduckten Hütten der kleinen Viertel vorbeizuspazieren. Noch bevor wir mit dem Frühstück fertig sind, legt meist schon das erste »gecharterte« Kanu an. Die sehr zurückhaltenden, freundlichen Männer wagen es erst nach mehrmaliger Aufforderung, an Bord zu kommen. Zu Fuß wanderten sie, mit schweren Bündeln beladen, aus den entlegensten Teilen der Insel heran, haben ihr Dorf bereits am Vortag verlassen, um frühmorgens als Erste bei uns zu erscheinen und ihre Kunstwerke vorlegen zu können. Die Nachricht von der Ankunft eines *DimDim*-Segelbootes, eines Segelboots mit weißen Eignern, scheint sich in Windeseile über die Insel verbreitet zu haben. Im Hauptort Losuia leben keine Schnitzer, hier verdienen alle ihren Lebensunterhalt mit dem Reichtum des Meeres: mit den Fischen. Geschnitzt wird im Inselinneren, eben da, wo noch ein paar vereinzelte Bäume stehen, die das richtige Holz für die wunderschönen Schnitzereien liefern können.

Kaum haben die Männer ihre filigranen Arbeiten eine nach der anderen aus den Lappen gewickelt und vor uns ausgebreitet, legt schon das nächste Kanu an. Ich bin nur noch am Hin-und-her-Rennen und verteile noch mehr Kekse, noch mehr Kaffee. Den Männern gefällt es. Aber sie sind auch nervös. Auf Kiriwina gibt es nicht viele Möglichkeiten, an Produkte aus dem Ausland oder gar an Geld zu kommen – und auch nicht viele vorbeireisende potenzielle Käufer wie uns. Jeder möchte ein paar der Kunstwerke verkaufen, an denen er wochen-, ja monatelang geschnitzt hat. Und bald sitzen fünf Schnitzer bei uns an Bord. Normalerweise finde ich solche Situationen schrecklich, wenn Händler uns ihre Ware aufdrücken wollen und sich gegenseitig lautstark mit immer neuen »Sonderangeboten« übertrumpfen. Aber nicht hier! Es herrscht eine angenehme Stimmung. Und außerdem wollen wir ja unbedingt diese Kunstwerke kaufen, diese wunderbaren blank polierten Fischskulpturen mit Hunderten Intarsien aus Perlmutt darin, oder diesen über und über verzierten Stab, der nur drei Kilogramm wiegt, aber laut Künstler zum Wandern verwendet werden soll, oder einen lustigen kleinen Hocker, dessen Sitzfläche von zwei geschnitzten Nackedeis gehalten wird, die ihren Popo herausstrecken. Björn ergeht es wie mir: Er möchte am liebsten unbesehen fast alles erwerben, was die Schnitzer mit hoffnungsvollem Blick vor uns ausbreiten.

»Denk dran, wir haben zurzeit nur ein 45-Quadratmeter-Häuschen«, flüstere ich ihm zu.

»Aber die Schnitzereien sind sooo schön! Und je mehr wir davon kaufen, desto mehr freuen sich die Männer, und desto mehr Geld bringen sie nach Hause, und desto mehr freuen sich ihre Frauen und Kinder darüber. Schau mal, man kann es auch Unterstützung der einheimischen Schnitzindustrie und Schaffung von Arbeitsplätzen nennen. Oder praktizierte Entwicklungshilfe.«

Schließlich einigen wir uns darauf, dass wir in den nächsten Jahren allen Freunden, die heiraten oder einen runden Geburtstag feiern, eine Holzfigur aus unserem großen Fundus schenken werden. Ich glaube, die Urheber sind mit unserer Entscheidung voll und ganz zufrieden, als sie eine Stunde später ohne Schnitzereien, aber mit Zucker, T-Shirts, Stiften und viel, viel Geld in den Hosentaschen von Bord klettern. Allerdings könnten wir, da Kiriwina von allen Kunstwerken »befreit« ist, glatt selber einen Handel eröffnen.

*

Ich könnte jetzt noch viel über die einzigartige Kultur auf Kiriwina, auf den Trobriand Islands schreiben. Über Sitten und Bräuche, über die traditionelle Kleidung, über das Yamsfestival oder über die angebliche sexuelle Freizügigkeit. Aber das haben andere schon zur Genüge getan, die das viel besser können als ich. Ich bin auf Kiriwina meist nur müde. Ogelchen schläft so unruhig zurzeit, zweimal, dreimal, viermal pro Nacht werde ich wach, aus dem Tiefschlaf gerissen, weil der Schnuller weg ist, er schlecht geträumt hat, die Windel komplett durch ist, was weiß ich. Eigentlich hatten wir vor der Geburt noch geglaubt, dass uns die ständigen Unterbrechungen in der Nacht nicht allzu viel ausmachen würden, da wir sie von langen Segelstrecken her kennen. Bloß: Beim Segeln konnten wir uns nach einer miesen Nacht meist am kommenden Tag ausruhen. Unser Baby dagegen ist nach einer unruhigen Nacht am nächsten Tage noch quakiger und will, verstehe einer dieses Kerlchen, tagsüber noch weniger schlafen. Wie groß der Schlafmangel also auf einem Segelboot mit Baby wird, kann sich jetzt jeder selbst ausrechnen, der eins und eins zusammenzählen kann.

Da wir also mit Baby die sagenumworbene Kultur der Trobriand Islands nicht genauer erforschen können, drehen wir den Spieß einfach um und lassen die Kiriwianer einen Blick auf die »typisch deutsche« Kultur werfen. All die Kinder, die jeden Nachmittag um unser Boot herumlungern, laden wir zu einer Zaubershow an Bord ein. Das lässt sich natürlich keines zweimal sagen. 30 kleine Gestalten drängeln und schubsen sich über den Niedergang ins Innere von MI COLUMPIO, bestaunen und befühlen alles mit vielen Ahs und Ohs, nehmen das gesamte Schiff vom Bug bis zum Kartoffel- und Zwiebelkorb am Heck in Besitz. Jonathan und Winky, die beiden »Herren« an Bord, haben alle Hände voll zu tun, ihre Kameraden im Zaum zu halten und ihnen all die unbekannten Dinge auf »ihrem« Schiff zu erklären. Auch bei Björns Zaubershow geht es immer noch zu wie in einem Bienenkorb. 30 kleine Gestalten strecken gleichzeitig ihre Köpfe vor, um bloß keinen Trick zu verpassen.

Björn hat die Bilgenbretter spontan in eine Kleinkunstbühne verwandelt, lässt gekonnt Schaumstoffhasen verschwinden und Gummibänder durchlässig werden, Spielkarten wie von Zauberhand aus einem Kartenstapel aufsteigen und im vormals leeren Holzkistchen wieder erscheinen.

Als der Spuk vorbei ist, ist er sichtlich erleichtert: »Was bin ich froh, dass ich nur ein Kind habe! Das eine merkt man ja gar nicht.«

»O nein, schau dir das an!«

Ich schätze es nicht sehr, am Morgen von solch Unheil verkündenden Worten aus dem Schlaf gerissen zu werden. Was ist jetzt schon wieder kaputt? Hat der Anker nicht gehalten? Oder ist das Dinghi trotz Kabelsicherung über Nacht spurlos verschwunden? Oder hat Ogelchen erneut gespuckt? Nichts von alledem. Es ist viel schlimmer! Björn hat seine erste offene Wunde am Fuß entdeckt. Beginnt nun das Kapitel »Eiterbeule auf Reisen« aufs Neue? Auch vor zwei Jahren fingen unsere gesundheitlichen Probleme auf Kiriwina an. Es scheint wirklich an dieser Insel zu liegen, vielleicht an der mangelnden Hygiene an Land, die uns auf dem Boot Lebenden allerdings nicht so sehr auffällt, oder an diesem Klima, das eine hohe Virulenz zur Folge hat. Die kleinsten Kratzer, die wir uns hier einfangen, verschorfen und verheilen in diesem feuchtwarmen Klima lange Zeit nicht. Es geschieht sogar genau das Gegenteil von dem, was man im Allgemeinen von Wunden erwartet: Sie fangen an zu wachsen, fressen sich in die gesunde Haut hinein, beginnen zu eitern und sich wie Geschwüre aufzublasen. Außerdem tun sie auch noch höllisch weh. Wir hatten damals alle Tipps ausprobiert, die uns Einheimische, Bücher und andere Segler gegeben haben. Von zermatschte Papaya oder antibiotische Salbe beziehungsweise Puder draufstreichen bis hin zum Draufpinkeln reichten die Ratschläge, die niemals wirkten. Und jetzt geht es wieder los: An der Innenseite von Björns Knöchel, da, wo die Haut am dünnsten ist, wuchert eine Wunde, die drei Tage zuvor mit einem kleinen, harmlosen Kratzer begann.

»Wenn die Wunde sich weiterhin in dem Tempo ausbreitet, werde ich von ihr bei lebendigem Leibe aufgefressen werden.«

Solange Björn noch Scherze machen kann, kann es ja noch nicht allzu schlimm um ihn stehen. »Bist du noch segeltauglich?«, will ich wissen.

»Na klar, bin ich ein Mann oder was!«

Gemeinsam machen wir das Schiff seeklar, verstauen nur die notwendigsten Sachen unter Deck, holen das Schlauchboot an Bord, wuchten den schweren Außenborder an seinen Platz über dem Heckkorb, holen schließlich den Anker auf. Die Überfahrt zur Nachbarinsel Kitava kann nicht mehr als drei, vier Stunden dauern.

Was für die Lusancays gilt, gilt auch für die Trobriand Islands. *Unsurveyed* – unerforscht, scheint in diesem Revier das häufigste Wort auf unserer Seekarte zu sein. Doch die Sicht ist heute hervorragend, der Wind mäßig, und störenden Wellengang gibt es in diesem flachen Gewässer, das im Westen komplett von der lang gestreckten Insel Kiriwina geschützt wird, ebenfalls nicht. Außerdem ist es mit fünf bis zehn Metern Wassertiefe im Durchschnitt überall so seicht, dass wir notfalls einfach mitten im Meer Anker werfen könnten. Einen Haken hat die Sache nur: Wo Kiriwina endet, fängt knappe 100 Meter weiter im Süden schon die nächste Insel, Vakuta, an. Dazwischen liegt nur ein enger Durchlass, eine schmale Passage, durch die unser Kurs führen soll. Und diese Passage ist nicht nur verdammt eng, sondern auch ziemlich flach. Das erkennen wir aber leider erst, als wir uns bereits bei zweieinhalb Metern Wassertiefe befinden und flugs alle Segel einholen. Auch das wäre alles noch kein großes Problem, wenn Björn fit wäre. Ist er aber nicht. Sein Fuß schmerzt von Stunde zu Stunde mehr. An der Pinne sitzen kann er gerade noch. Und auf Ogelchen aufpassen, das vergnügt neben ihm auf dem Sitzkissen liegt und an seinen Zehen knabbert, auch. Immerhin. Ich stehe derweil auf der Metallreling des Bugkorbs und halte nach möglichen Untiefen Ausschau. Alles ist okay, aber irgendwie wird vor uns die Wasseroberfläche immer unruhiger. Sieht nach Kreuzseen aus, stelle ich fest, und denke mir nichts dabei. Wie oft mussten wir uns schon bei Ein- und Ausfahrten von Korallenatollen mit Kreuzseen herumärgern. Und die hier sehen vergleichsweise harmlos aus: kleine, steile Kabbelwellen, die wild durcheinanderwogen, weil von hinten die ablaufende Strömung das Wasser durch die Passage drückt, von vorne jedoch der Wind die Wellen des offenen Meeres in die schmale Öffnung presst.

»Alles in Ordnung?«, will Björn vom Heck aus wissen.

»Alles okay«, rufe ich zurück.

In diesem Moment wird MICOS Bugkorb komplett unter Wasser getaucht – zum ersten Mal in sieben Jahren. Ein riesiger Schwall Wasser fließt unter meinen Beinen hindurch, Tausende Liter strömen übers Boot, an den Seiten entlang bis ins Cockpit!

Mein Baby liegt dort, ist mein einziger Gedanke. Ich kämpfe mich durchs ablaufende Wasser nach hinten. Das Cockpit hat sich in einen fast knietiefen Swimmingpool verwandelt, denn mit solchen Wassermengen sind die beiden kleinen Abflüsse am Boden total überfordert. Alle Sitzpolster triefen, nur Björn sitzt noch da, wo er vorher auch war. Hält unser Ogelchen im Arm und strahlt mich vergnügt an:»Mann, hast du diese Welle gesehen?«

Oleg, der dank Björns schneller Reaktion kaum einen Spritzer Wasser abbekommen hat, wird von mir sicherheitshalber nach unten auf die Salonbank verfrachtet und mit ein paar Kissen gesichert. Ich renne wieder nach vorne. Alles klar. Wo mag nur diese eine einzige Monsterwelle hergekommen sein? In der nächsten Viertelstunde flitze ich wie eine Verrückte übers Boot. Rauf in die Saling, schauen, ob die nächsten Meter vor unserem Bug frei sind, Wantenleiter wieder runter, unter Deck das quengelnde Ogelchen beruhigen, das sich mal wieder langweilt, Wantenleiter wieder hoch und so weiter. Nur gut, dass ich früher mal Leistungssport gemacht habe.

Als ich zum vierten Male die Wanten hochklettere, höre ich von unten ein Knistern und Glucksen. Super! Oleg hat die Cornflakes-Packung im offenen Schapp entdeckt, glücklicherweise ist sie noch geschlossen. Doch was gibt es für ein kleines Baby Spannenderes als auf einer Plastiktüte herumzutrommeln und herumzubeißen, deren Inhalt ordentlich knistert? So kann ich beruhigt oben in der Saling bleiben, bis wir die Durchfahrt ohne weitere Probleme bewältigt, den Kindern auf der Sandzunge am Ende der Passage freundlich zugewunken und schließlich das offene Meer erreicht haben. Zwei Stunden später nähern wir uns Kitava und unserem neuen Ankerplatz. Zwischen zwei Riffen fließt das Wasser hindurch, MICO liegt dort durch die Strömung ziemlich ruhig. Na, dann erst mal gute Nacht!

*

Kitava wurde vor einiger Zeit ein mehrseitiger, sehr interessanter GEO-Bericht gewidmet. Von Auslegerkanus war die Rede, die auf Kitava so traditionell und bunt bemalt und schön sein sollen wie nirgendwo sonst in PNG. Die herrlichen Fotos samt dem faszinierenden Bericht veranlassten uns natürlich, Kitava in unsere Reiseroute aufzunehmen.

Leider kann Björn sich am nächsten Morgen kaum mehr erheben. Seine Wunde am Fuß ist schon wieder größer geworden, hat sich noch tiefer ins Fleisch gefressen und nähert sich bereits dem Knochen. Dementsprechend matschig fühlt sich der ganze Kerl, und dementsprechend schlecht ist er auch gelaunt.

»Warum passiert das immer mir? Warum immer nur in PNG? In Deutschland war doch alles wieder okay!«

Nicht nur, dass er sich schlapp fühlt, er fühlt sich auch nutzlos, weil er mir mit Ogelchen nicht mehr helfen kann. Da glauben nun die Leute zu Hause in Deutschland, ich mache hier monatelang Urlaub auf einer Segelyacht und segle jeden Abend mit dem *sundowner* in der Hand in den Sonnenuntergang hinein. Was für ein grundlegender Irrtum! In Wirklichkeit bin ich nämlich in einer Art Arbeitslager gelandet. Was immer es auf dem Boot zu tun gibt, bleibt jetzt an mir hängen: Frühstück machen, Flasche machen, Baby entertainen, abwaschen, Baby windeln, Wasserkanister schrubben, Baby entertainen, Wasser von Land holen, Babypiesche vom Laken waschen, kranken

Mann versorgen, Windeln waschen – per Hand natürlich, Mittagessen für Oleg kochen, ihn füttern und entertainen, Mittagessen für uns kochen – Björn kann zumindest schon alleine essen –, abwaschen, Flaschen auskochen, mit Baby spielen, Früchte von vorbeipaddelnden Kindern in Empfang nehmen, Bücher, Discman und CDs für den sich langweilenden Björn unter Deck zusammensuchen, mit Einheimischen handeln, Baby beruhigen, Kaffee für unsere Besucher kochen, Bonbons an die Kinder in den Kanus um uns herum verteilen, Baby füttern und baden und windeln und zu Bett bringen, Abendessen kochen, abwaschen – und endlich frei haben. Die zehn Male pro Abend, die ich vom Cockpit hinunter ins Vorschiff klettern darf, um dem quakenden Ogelchen seinen Schnuller wieder in den Mund zu stecken, betrachte ich nur noch als Vergnügen.

*

In den nächsten Tagen hüpft Björn morgens mühsam ins Cockpit, wo er den ganzen Tag über liegt und döst, um am Abend wieder zur Koje zurückzuhinken. Doch eines Morgens kommt er schneller aus den Federn als sonst. Ich sitze nämlich gerade im Cockpit und versuche, wenigstens ein paar Minuten an diesem schönen, sonnigen Tag in aller Ruhe und ganz für mich alleine zu genießen, als das erste Auslegerkanu vorbeikommt.

Das obligatorische »*Bwena kaukau!*« ertönt.

Dann will der circa Fünfzehnjährige von mir wissen, wo denn der alte Mann sei, der hier sonst immer herumliege. Das ist der Moment, in dem mein kranker Freund weniger als zehn Sekunden benötigt, um an Deck zu gelangen und sich zu beschweren. Zumindest ich habe meinen Spaß.

Unser Ankerplatz ist mehr als bescheiden. Aber er ist der einzige, der halbwegs Schutz bietet. Wir wären lieber gestern als heute abgehauen, aber mit einem »Krüppel an Bord« (O-Ton Björn) besteht keine Chance. Zum ersten Mal merken wir, wie sehr wir aufeinander angewiesen sind beim Segeln, was für ein eingespieltes Team wir sind, in dem normalerweise, zumindest am Ankerplatz, jeder seinen eigenen Aufgabenbereich hat: Björn den Motor und die Technik (wenn sie denn funktionieren, sonst bin ich genauso wie er für die Problemlösung zuständig), das Ankern, Segelnähen und alles, wofür man Kraft braucht. Navigation, Reparaturen, Segeln und Abwaschen teilen wir uns, manchmal auch das Kochen. Um den Rest, Verproviantieren, Aufräumen, Waschen, Backen und Kind versorgen, kümmere ich mich. Fällt einer von beiden aus, wird es schwierig. Wir schaukeln, schlingern und eiern auf diesem Ankerplatz wie sonst nur beim Segeln auf dem offenen Meer. Schlechte Voraussetzungen für Björn, um sich schnell zu erholen.

Am Nachmittag habe ich dann vom Geschaukel endgültig die Nase voll. 100 Meter vor uns wirkt das Wasser sehr viel ruhiger, dorthin zieht es mich. Doch wie sollen wir dorthin verholen? Ich habe keine Ahnung, wie Einhandsegler alleine auf ihrem Schiff klarkommen, ich kann es jedenfalls nicht. Ich kann ihnen nur meine Hochachtung aussprechen und ein paar Einheimische organisieren, die mir helfen. Glücklicherweise sind die Bewohner von Kitava genauso freundlich und hilfsbereit wie alle anderen Papuas, die wir bisher getroffen haben. Einer stellt sich sogleich an die Pinne und gibt ein wenig Gas, während ich mich vorne mit dem Anker abmühe. Ich bekomme ihn aber nicht hoch. Auch als wir wechseln und sich der kräftige und gut gebaute Mann an der Ankerkette versucht, kommt MICO nicht frei. In der Zwischenzeit ist Oleg aufgewacht und wird einem zweiten Papua in die Hand gedrückt. Ein dritter und ein vierter Mann werden an die Ankerkette geschickt. Ich springe derweil, angetan mit Taucherbrille, in unser QUIETSCHIE und versuche herauszufinden, warum der Anker festsitzt. Schnell ist mir klar: Durch die wechselnden Strömungen bei Ebbe und Flut hat sich die Ankerkette um mehrere Felsblöcke gewunden. Nach viel Geschrei, Herumdirigieren und geschickt eingesetzter Muskelkraft baumelt das Ding nach einer halben Stunde endlich frei unterm Bugkorb. Schließlich können wir gute 100 Meter weit motoren, mit einem Schlauchboot und drei Auslegerkanus im Schlepptau, und erneut ankern. Um dann ernüchtert festzustellen, dass es an dieser Stelle genauso schaukelt …

Björn ist verzweifelt. Er will und will keine Antibiotika nehmen, doch die homöopathischen Mittel, die wir dabeihaben, schlagen einfach nicht so an, wie sie sollten. Ja, in Deutschland im vorletzten Jahr, als Björn aus PNG ebenfalls ein hübsches Geschwür an der Wade mitbrachte, war das alles kein Problem. Unsere Klassische Homöopathin brachte Björn in null Komma nix wieder auf die Beine und behandelte ihn danach konstitutionell, um seine Abwehrkräfte weitergehend zu stärken; in den letzten drei Jahren sind wir mit unseren homöopathischen Kügelchen immer gut klargekommen. Wir brauchten auch nicht, wie viele Schulmediziner immer noch unterstellen, an die Homöopathie zu glauben, denn wir wissen aus Erfahrung, dass sie funktioniert und eine fantastische und dabei nebenwirkungsfreie Alternative zur herkömmlichen Medizin ist. Auch unser Baby, das ja nun wirklich noch nicht alt genug ist, um vom berühmt-berüchtigten Placeboeffekt zu profitieren, haben wir bisher bei seiner ausgeprägten Windeldermatitis und seinem verschleimten Rachen ausschließlich homöopathisch behandeln lassen, mit hundertprozentigem Erfolg. Doch jetzt kämpfen wir mit einer Wunde, die einfach nicht heilen will!

Ich bin ratlos. Ich hätte mich wohl schon früher und intensiver mit alternativer Medizin beschäftigen sollen. Denn, da sind wir beide uns einig, mit einer höheren Potenz von Björns homöopathischem Konstitutionsmittel oder einer anderen Zwischengabe würden wir ihn in Kürze wieder gesund bekommen. Wenn wir nur wüssten, mit welcher … So bleibt uns als letzter Ausweg nur das Breitbandantibiotikum, das schon seit Jahren für den allerschlimmsten Fall an Bord mitsegelt. Doch Björn hasst Antibiotika. Sie zerstören die Darmflora und fegen alle – gute wie schlimme – Bakterien in einem großen Rundumschlag weg. Nicht zufällig heißen sie *anti bios*: gegen das Leben. Doch hier, am Ende der Welt, bleibt uns nichts anderes übrig als der Griff zur Keule. Andererseits, genau für solche Notfälle sind Antibiotika da.

*

»Kuckuck, Kuckuck!«
Mehrmals am Tag trägt der Wind den bekannten Ruf dieses Vogels zu unserem Schiff herüber. Björn und ich stehen vor einem Rätsel. Wir haben noch nie vom neuguineanischen Kuckuck gehört oder gelesen. Doch was ruft sonst so?
Joe klärt uns eines Tages auf. Mit einem geheimnisvollen Lächeln auf den Lippen fährt er mit mir und Ogelchen an Land. Seine Familie, die die einzige Hütte am Strand bewohnt, kennt uns natürlich längst, ankern wir doch sozusagen in ihrem Vorgarten. Auch unser Trinkwasser habe ich von ihr bekommen. An diesem Tag führt Joe uns erstmals in seine mit Palmwedeln gedeckte Hütte hinein. Und voilà: Was hängt da an der Wand aus geflochtenen Pandanusblättern? Eine original Schwarzwälder Kuckucksuhr natürlich! Weiß der Himmel, wer aus dieser Familie mal in Deutschland war und dieses extravagante Souvenir mitgebracht hat.
Nur gut, dass Joe sich unser ein wenig annimmt. Schüchtern ist der Fünfunddreißigjährige – wie die meisten Menschen hier auf Kitava. Doch er spricht erstens viel besseres Englisch als die anderen und ist zweitens den Umgang mit Europäern gewohnt. Denn Joe fuhr bis vor wenigen Jahren als Steward auf der MELANESIAN SPIRIT, dem einzigen kleinen Kreuzfahrtschiff Papua-Neuguineas. Und hat dabei nicht nur die Inseln zwischen Kiriwina, Madang bis zum Sepik hinauf kennengelernt, sondern auch die Eigenarten der Weißen. Höflich und sehr zurückhaltend, wie ein guter Kellner eben, benimmt er sich auch uns gegenüber. Trinkt jeden Tag seine Tasse Kaffee mit drei Teelöffeln Zucker bei uns, knabbert lange an dem einzigen Keks, den er sich zugesteht, und fragt. Erzählt nie von sich, sondern ist wiss-

begierig und will von unserem Leben hören, von unseren Erfahrungen in PNG, von unseren Ansichten. Nur einmal, da gibt er selbst eine Geschichte zum Besten: Seine Verwandten auf dem Festland, die in der Nähe von Lae wohnen, verwenden eine ganz besondere Formulierung, wenn sie auf die Toilette gehen wollen. Sie benutzen nicht das banale englische Wort *toilet*, auch nicht das für unsere Ohren so lustig klingende Pidginenglischwort *haus pek pek*. Nein, die höfliche und stilvolle Umschreibung heißt bei ihnen: »zum Postamt gehen«. Und was »einen Brief abschicken« beziehungsweise »ein Paket abschicken« bedeutet, kann sich jeder mit ein bisschen Fantasie selbst zusammenreimen.

*

Björn hat jetzt nicht nur unter den Schmerzen am Knöchel und der damit verbundenen fiebrigen Infektion zu leiden, sondern auch noch unter den Wirkungen und Nebenwirkungen der Medikamente. Kurzum, er ist sichtlich erleichtert, als ich ihm vorschlage, den Nachmittag ohne ihn, aber mit Ogelchen an Land zu verbringen. Joe möchte gerne einen Ausflug mit uns machen, damit wir beiden Gesunden wenigstens einen kleinen Eindruck von der Insel bekommen. Mit meinem Söhnchen vorm Bauch spazieren wir vom Strand aus einen schmalen Hohlweg entlang. Über uns bilden die zusammengewachsenen Bäume und Büsche ein herrliches Schatten spendendes Blätterdach, das ich, die ich im Sitzen zurzeit mehr geübt bin als im Gehen, bei dieser Tropenhitze gut brauchen kann. Der Weg führt hügelauf, hügelab, über riesige Baumwurzeln und vereinzelt an kleinen verhutzelten Hütten vorbei. Von den Töpfen über den Feuerstellen mal abgesehen, ist kein Gegenstand am Haus oder im Hof zu sehen, der sich nicht in die Natur einfügt, der nicht aus der Natur stammt. Wellblech und Plastikplanen haben auf diese abgelegene Insel ohne Straßen (und Autos!) ihren Weg noch nicht gefunden. Jemand reicht uns eine Trinknuss. Eine ältere Frau eilt aus ihrem Garten herbei, setzt sich neben uns auf die niedrige Plattform am Wegesrand, wedelt mir freundlich lächelnd mit einem kleinen, aus Pandanusblättern geflochtenen Fächer ungebeten Luft zu. Welch eine Wohltat! Mir läuft mittlerweile der Schweiß nicht mehr nur von der Stirn. Die neun Kilo Babyspeck, die mir vorm Bauch baumeln, sind zwar still und vergnügt, aber schwer. Und Björn, der mir den Kleinen abnehmen könnte, fehlt. Zu diesem Zeitpunkt fühle ich mich auch nicht mehr als einzige Weiße hier zwischen all den Schwarzen, sondern als einzige Rote. Mein Gesicht leuchtet wie die Abendsonne im Abendrot, was wohl der Hauptgrund dafür ist, dass mir die freundliche Dame den Fächer sogar schenkt. Ein paar Minuten später öffnet sich das Blätterdach, und vor uns breitet sich auf einer Lichtung das Dorf aus, von dem Joe gesprochen hat. Wenn ich nur einen einzigen Satz zur Verfügung hätte, um diesen Ort zu beschreiben, ich würde sagen: Hier ist die Welt noch in Ordnung. Ich sehe eine große, grüne, lang gestreckte Rasenfläche, über deren Mitte der kleine Weg verläuft, von blühenden Frangipani-Bäumen gesäumt. Die kleinen windschiefen, von mir so geliebten Häuschen mit ihren heruntergezogenen Dächern ducken sich, nebeneinanderstehend wie auf einer Perlenschnur aufgereiht, zu beiden Seiten der Lichtung. Eine friedliche, freundliche Stimmung schwebt über der ganzen Szenerie. Kinder spielen überall, laufen, als sie uns entdecken, neugierig auf uns zu. Vor allen Hütten steigen winzige Rauchsäulen zum Himmel hinauf – das Abendessen wird bereits von vielen flinken Frauenhänden zubereitet. Wohin ich auch blicke, blicke ich in lächelnde Gesichter. Joe freut sich sichtlich, mir diese Welt zeigen zu können. Seine schöne Welt. Seine friedliche Welt. Ich kann ihn gut verstehen.

*

Wir wollen es wagen. Zu bescheiden ist unser Ankerplatz. Mit einem Baby sind die Nächte eh schon unruhig, da brauche ich nicht auch noch ununterbrochenes Schiffsschaukeln am Ankerplatz. Und Björn fühlt sich besser. Dank Antibiotika. Er kann seinen Fuß wieder belasten und will es sogar wagen, vor unserem Auslaufen am Abend noch an Land zu gehen. Wenigstens einmal die Insel betreten, die er jetzt sechs Tage lang vom Wasser aus betrachtet hat. Unser lieber Joe erklärt sich sofort bereit, uns zu begleiten – und uns die traditionellen Auslegerkanus zu zeigen. In der vergangenen Woche ist kein einziges dieser Boote, für die Kitava ja so bekannt sein soll, an uns vorbeigesegelt. Nur die uns altbekannten kleinen schlichten Auslegerkanus zum Paddeln kamen regelmäßig auf Besuch vorbei. Jetzt aber fahren wir mit unserem Dinghi ein paar Seemeilen weiter zum Südstrand der Insel. Ein paar einfachste Hütten am Strand. Darunter, versteckt unter Palmwedeln zum Schutz gegen Sonne und Salzluft, lugen einige Kanus hervor. Ehrlich gesagt habe ich mir nach dem spektakulären Bericht über die Segelkanus etwas mehr darunter vorgestellt. Die Kanus, deren Schnitzereien am Bugspriet kunstvoll mit roter und weißer Farbe bemalt sind, sehen eher wie Museumsstücke aus, ja wirken fast schon ein wenig heruntergekommen, wie sie hier so weit oben am Strand gut verstaut herumliegen. Schade! Joe bemerkt unsere Enttäuschung, malt uns als Erinnerung an Kitava dafür die zwei wichtigsten Teile eines Auslegerkanus in unser Gästebuch: *lagim* = das Frontteil vom Kanu und *tabuya* = das kleine Teil, das man vorne aufs Kanu steckt.

Ein bisschen traurig bin ich schon, als wir Kitava am Abend verlassen. Mir hat die Insel gefallen, und ich hätte so gerne noch mehr von der faszinierenden Kultur erfahren, mehr Menschen vor allem besser kennengelernt. Ein anderes Mal. Diesmal sollte es nicht sein.

Liebe auf den ersten Blick

Egom – Eine winzige Welt im Blau des Meeres

Die Vorfreude auf einen ruhigeren Ankerplatz lässt uns beschwingt in den Sonnenuntergang motoren. Unser nächstes Ziel heißt nämlich Egom, ein kreisrundes Atoll 80 Seemeilen weiter im Südosten. Ich bin fest davon überzeugt, dass die kommende Nacht auf dem Meer ruhiger wird als alle vorangegangenen am Ankerplatz. Ein Irrtum, wie sich kurz nach Einbruch der Dunkelheit herausstellen soll. Kaum haben wir Kitava mit leichter Besegelung hinter uns gelassen, empfängt uns ein heftiger Schwell aus Süden. Wie kann das denn angehen? Wehte nicht während der letzten Tage der Wind immer schön brav aus Nordwest, passend zum Nordwestmonsun, der laut Segelcharts jetzt vorherrschen soll? Warum hat er sich genau passend für heute Abend verabschiedet? Wo kommen all die hohen Wellen her? Und warum genau aus der Richtung, in die wir wollen? Björn sieht sich sofort in seiner Theorie bestätigt, die davon ausgeht, dass in der Coral Sea schon wieder ein heftiger Zyklon gewütet hat, dessen letzte Ausläufer uns hiermit präsentiert werden. Aber vielleicht sind es die Vorboten? Wo könnten wir dann Schutz suchen? Im Egom-Atoll sicherlich nicht. Vielleicht sollen wir lieber sofort zu den hohen und dadurch mehr Schutz gewährenden Inseln Fergusson und Dobu abdrehen? Während Björn sich in Gedanken alle mögliche Rettungspläne ausmalt, um seine Kleinfamilie vor einem drohenden Sturm zu bewahren, wird der Motor langsamer, immer langsamer, um schließlich ganz den Geist aufzugeben. Hatte nicht ein gewisser Herr Björn Dinklage ihn in Madang »perfekt« gewartet und durchgecheckt? Björn freut sich auch sichtlich. Gerade halbwegs fit, muss er schon wieder in den Motorraum klettern.

Keine fünf Minuten später ist er wieder oben und wirft den Motor an.

»Habe nur kurz entlüftet«, brummt er, »jetzt läuft wieder alles wie geschmiert.«

Schön wär's gewesen. Zehn Minuten später fängt der Motor erneut an zu röcheln, verliert an Power und geht schließlich aus.

»Na, da muss ich doch noch mal entlüften gehen!«

»Bjö-örn! Warte mal! Diese Story kennen wir doch irgendwoher. Im letzten Jahr hatte der Motor ständig das gleiche Problem, und es war nie irgendwelche Luft im System, sondern immer nur Dreck im Dieselfilter.«

»Diesmal aber nicht«, behauptet mein *Captain* rigoros, »ich habe erst in Madang alle Filter ausgetauscht und den Tank von innen geschrubbt und den Diesel, den ich neu getankt habe, noch mal extra gefiltert – es kann also nichts verstopft sein. Irgendwo ist ein Loch im System.«

Natürlich weht gerade in dieser Nacht nur ein Hauch von einem Lüftchen, der es noch nicht einmal schafft, meine Haarsträhne zu bewegen, geschweige denn ein Segel aufzublähen. 50 Sekunden motoren, vier Minuten entlüften. Wenn wir so weitermachen, schaffen wir nicht mal eine halbe Seemeile in der Stunde. Ogelchen schläft ausnahmsweise mal tief und fest, und ich würde es ihm so gerne gleichtun.

Mit Hängen und Würgen erreichen wir am nächsten Vormittag das Außenriff von Egom. Hier, glauben wir zumindest, können wir in Ruhe nach der Ursache forschen. Egom-Atoll entpuppt sich als bildhübsches Atoll mit lang gezogenem Außenriff und einer wunderhübschen schmalen Insel namens Yanaba mit traumhaftem Sandstrand. Nur liegt das Riff leider einen ganzen Meter zu tief, das heißt, es ist noch nicht weit genug aus dem Meer herausgewachsen, um irgendeinen Schutz zu bieten. Statt der erwarteten spiegelglatten Wasseroberfläche empfängt uns im Atoll der gleiche Schwell wie auf dem offenen Meer. Auch die Insel bietet keinerlei Barriere vor dem Schwell, liegt sie doch, genau von Ost nach West gestreckt, im Norden des Atolls. Und auf der anderen Seite der Insel am Außenriff ankern? Nein, danke. Aus der Traum vom ruhigen Ankerplatz. Frustriert werfen wir hinter einem weiteren Inselchen am Außenriff den Anker, um erst mal nach des Rätsels Lösung für unsere Motorprobleme zu suchen und sie innerhalb von fünf Minuten auch zu finden: Wie vermutet, ist der Dieselfilter komplett verdreckt.

»Das verstehe ich nicht«, grummelt Björn, »das verstehe ich beim besten Willen nicht. Jedenfalls werde ich in Zukunft nie wieder auf einsamen Atollen am Strand tanken.«

Zumindest können wir nach Einbau eines neuen Filters wieder motoren. Damit ist zwar die Frage des Vorankommens geklärt, aber nicht die Frage des Bleibens. Innerhalb des Atolls herrscht wirklich extremer Schwell. Auf unserer Seekarte, die wir ratlos auf der Suche nach einem halbwegs passablen Ankerplatz zumindest für die kommende Nacht durchforsten, finden wir nur noch einen Fliegenklecks genau in der Mitte des Atolls: ein winziges, wirklich winziges Inselchen. Da unsere Gehirne nach einer durchwachten Nacht nicht mehr in der Lage sind, einen klaren Entschluss zu fassen oder gar eine Alternative zu überlegen, fahren wir einfach hin. Was sind schon zwei Seemeilen mehr oder weniger, wenn der Motor funktioniert? Und dann können wir nicht mehr zurück. Das Inselchen liegt vor uns, und es packt uns Liebe auf den ersten Blick. Natürlich ist das Stückchen Land viel zu klein, um einen ruhigen Ankerplatz zu garantieren, doch so entzückend und hübsch und paradiesisch, dass wir beschließen, es zumindest eine Nacht lang hier zu versuchen. Und verknipsen schon im Morgenlicht zwei bis drei Filme. Solche Schönheit muss einfach festgehalten werden! Ein kleiner, von Palmen bestandener Berg, zu dessen Füßen sich ein weißer Sandstrand erstreckt. Auf diesem Strand steht das Dorf, ducken sich eng aneinandergekuschelt die mit Palmwedeln gedeckten Hütten für die etwas mehr als 100 Einwohner. Davor am Ufer liegen, fein säuberlich aufgereiht, kleine und große und mittlere traditionelle Segelkanus, 29 an der Zahl. Vor dem Inselchen, also um unser Boot herum, leuchtet das Wasser in strahlendem

Türkis. Das ist Südseeklischee pur! Das ist Balsam für unsere Seelen! Da wird der Körper ein bisschen Geschaukel, Geschlinger und Geeier am Ankerplatz wohl für mindestens eine weitere Nacht ertragen können.

Egom gefällt uns auch in anderer Hinsicht. Es wimmelt hier nur so von netten, jungen Männern, die den ganzen Tag nichts Besseres zu tun haben, als mit ihren Kanus Rennen zu segeln. Mit Segelkanus wohlgemerkt, diesen traditionellen, einzigartigen Segelkanus. Immer schön um MI COLUMPIO herum, damit Björn auch was geboten bekommt, während er, kaum dass er einen Tag fit war, schon wieder angeschlagen und matt in seiner Ecke im Cockpit herumhängt.

Das Segeln mit Baby an Bord hat auf den letzten Streckenabschnitten ja einigermaßen gut geklappt. Bloß mit dem Ankommen ist das jetzt so eine Sache. Es ist nämlich keiner mehr an Björn und mir interessiert. Niemand will mehr wissen, woher wir kommen, wie wir heißen, wohin wir wollen. Sobald wir Land betreten, heißt es nur: »*We want to see your baby!*« »*Girl or boy?*« »*How old is your baby?*« Tom hier, Tom da, Tom überall. Und Tom, wie wir Ogelchen ja der Einfachheit halber hier nennen, findet das toll. Fremdeln? Was könnte das denn sein! Jeden Morgen beim Anlanden erwartet ein Dutzend Kinder unseren Zwerg bereits am Strand. Oleg und auch ich, als seine Mutter, können uns auf Egom auch vor erwachsenen Verehrern kaum retten. Auf Schritt und Tritt werden wir von einer Handvoll junger Männer begleitet. Ogelchen ist *die* Attraktion. Die großen Jungs, kaum 20 Jahre alt und teilweise schon selbst Familienvater, sind von unserem Baby unglaublich fasziniert. Und ich wage zu behaupten, es liegt nicht nur an der gänzlichen Abwesenheit von allem anderen, was Männer in diesem Alter in vielen anderen Ländern der Welt interessiert. Weder Billardtische noch Motorräder, weder Fernsehen, Diskotheken oder weiterführende Schulen halten sie davon ab, Stunde um Stunde auf einer Pandanusmatte ums Ogelchen herumzusitzen und liebevoll mit ihm zu spielen. Und ich sitze zwischen ihnen und frage mich, was bloß die jungen Frauen im Dorf denken mögen. Über mich. Über ihre Männer. Die Frauen verrichten nämlich tagtäglich mit ihren kleinen schwarzen Kindern auf dem Arm die gesamte Hausarbeit – meist allein und ohne jegliche Aufmerksamkeit vonseiten der männlichen Bevölkerung. Sehr gerne würde ich den weiblichen Teil des Dorfes näher kennenlernen, mich über die Babys unterhalten, erfragen, wie lange die Kinder auf Egom gestillt werden, ob sie durchschlafen, wann sie trocken werden und keine Stoffwindeln beziehungsweise Tücher um den Po mehr brauchen. Doch die Frauen auf Egom sind sehr zurückhaltend. Kaum eine spricht mehr als drei Wörter Englisch. Und so, wie die Sprache vereinen kann, kann sie auch trennen. Schade. Nicht einmal gemeinsam im Schatten auf dem Dorfplatz sitzen mit den anderen Frauen und stillen kann ich, da Oleg schon seit Wochen nicht mehr an die Brust will. Er quengelt stets so lange herum, bis ich aufgebe und er endlich seine Flasche bekommt. Und die mag ich ihm nur an Bord geben. An Land, auf einer solch abgelegenen Insel wie Egom, ist es mir schlicht und einfach zu peinlich, meinem Kind so eine Plastikflasche in den Mund zu stecken. Auf diesem paradiesischen Fleckchen Erde, wo die Menschen im Einklang mit der Natur leben, fühle ich erst recht, wie unnatürlich das ist, was wir zu Hause mit unseren Kindern machen, was für uns in Europa und Nordamerika aber selbstverständlich geworden ist. Außerdem bin doch ich es, die zu Hause vehement dafür eingetreten ist, dass Stillen bewiesenermaßen sehr wichtig für die Gesundheit des Kindes und für die Mutter-Kind-Bindung sei. Und jetzt macht mir mein eigenes Baby einen Strich durch die Rechnung, weil es sich mit nicht mal sechs Monaten quasi selbst abgestillt hat. Weil es so ungeduldig ist und nicht die ein bis zwei Minuten abwarten und saugen kann, bis ordentlich Milch aus der Brust kommt. Ogelchen, Ogelchen! Als ob das teure Milchpulver aus der Dose besser schmecken würde …

Da meine Kommunikation mit den Frauen also auf ein

freundliches Lächeln, ein Zunicken und ein kurzes »*Hello!*«
beschränkt ist, bleibt mir nichts weiter übrig, als zu beobachten
und mir selbst ein Bild zu machen. Was mir schon auf den anderen Inseln aufgefallen ist, ist auch hier üblich: Die Frauen tragen
ihre Kinder nicht, wie ich es erwartet hätte, in einem Tragetuch,
sondern auf dem Arm. Was in Afrika und Lateinamerika selbstverständlich ist, nämlich seine Kinder im Tuch auf dem Rücken
zu tragen, hat sich aus irgendwelchen Gründen in PNG nicht
durchsetzen können. Vielleicht müssen die Frauen hier einfach
nicht so viel auf den Feldern arbeiten, wie ich es zum Beispiel
von den Frauen in Guatemala kenne? Gartenarbeit ist hier meist
Männersache. Bei der Hausarbeit aber können die Frauen das
Baby auch mal kurz ablegen, oder eine andere Frau nimmt es so
lange auf den Arm. Außerdem fehlen hier auf den Inseln im
Pazifik sämtliche Tiere, die als gefährlich gelten könnten. Im
afrikanischen Busch sein Kind auf dem Boden abzulegen ist tatsächlich ungleich riskanter als auf einer kleinen harmlosen
Sandinsel in PNG. So bin ich denn auf Egom die Einzige, die die
Vorteile, die solch ein Tragetuch mit sich bringt, genießen darf.
Eine Kokosnuss leer zu trinken und gleichzeitig ein paar
Mückenstiche zu kratzen geht natürlich viel einfacher, wenn
man beide Hände frei hat. Und zum Wäschewaschen am Was-
serloch lege ich meinen Kleinen einfach auf einen frisch geschla-
genen Palmwedel.

Was mich aber auf Egom am meisten fasziniert, ist ein kleines
Mädchen von vielleicht knapp zwei Jahren, das im Sand sitzt
und mit einer Machete spielt. Diese Machete ist ungefähr einen
halben Meter lang, spitz und garantiert messerscharf. Das kleine
Mädchen scheint das irgendwie zu ahnen und bohrt konzen-
triert mit der Schneide in einer leeren Kokosnusshälfte herum.
Und seine Mutter sitzt seelenruhig daneben und sagt kein Wort.
Das sollte meine Mutter mal sehen! Wie viel Vertrauen haben die
Mütter hier in die Fähigkeiten ihrer Kinder, da könnten viele
Eltern in Deutschland etwas lernen. Statt »du darfst das nicht«
und »du kannst das nicht« scheint es hier »probier es einfach

aus« und »ich traue dir das zu« zu heißen. Ich beschließe auf der Stelle, mein Ogelchen von nun an genauso zu erziehen, falls ich es nicht ohnehin schon ansatzweise praktiziert habe. »Messer, Gabel, Schere, Licht sind für kleine Kinder nicht« soll für meine Kinder nicht gelten. (Und sie haben das Vertrauen, das ich in sie gesetzt habe, nie missbraucht. Alle drei haben ab dem Alter von einem Jahr mit Messern gespielt und ab zwei Jahren wild herumgekokelt. Und es ist nie etwas passiert.)

Es könnte so schön sein hier auf Egom – wenn der Ankerplatz besser wäre. Bei Ebbe sind die Wellen halbwegs zu ertragen, aber bei Flut, wenn das Meer das Außenriff überspült, tanzt MI COLUMPIO erneut wilde Tänze zwischen ihren zwei Ankerketten. Egal, in welche Richtung wir die Anker auch ausbringen, wir liegen nicht ruhiger. Solange ich an Bord bin, fühle ich mich latent seekrank. Um auch Björn das Dasein eines energielosen Kranken etwas zu versüßen, besuchen uns die Jungs mittlerweile regelmäßig und stundenlang auf dem Boot. Natürlich auch, weil es bei uns Kaffee und Kekse gibt und das von ihnen heiß geliebte Mensch-ärgere-dich-nicht-Spiel. Nachdem ich ihnen die Regeln erklärt habe, gibt es für sie nur noch einen Zeitvertreib. Stunde um Stunde sitzen Philemont, Sakul, Abel und Michael um den kleinen Hocker aus Kiriwina herum und widmen sich mit einer Hingabe diesem Klassiker des deutschen Gesellschaftsspiels, den ich selbst eigentlich gar nicht mag.

Eines Tages gibt es zur Abwechslung mal Geografieunterricht. Wir haben auf den Philippinen neben Volleybällen, Heften und Stiften auch ein paar wunderbar strapazierfähige Schreibtischunterlagen mit der Abbildung einer Weltkarte erstanden. Die Jungs machen sich sofort mit Feuereifer daran herauszufinden, von welchen Ländern sie schon gehört haben. Darauf bin ich ebenfalls neugierig. Was wissen sie, die auf dieser winzigen Insel aufgewachsen sind und deren Horizont sich im wahren Sinne des Wortes nur bis zum Horizont erstreckt, vom Rest der Welt? Um es kurz zu machen: Ich erlebe eine Überraschung. Papua-Neuguinea identifizieren sie sofort, Australien, Indonesien. Und dann spielen wir für über eine Stunde Länderraten: Ich nenne ihnen ein Land, und sie versuchen, es schnellstmöglich auf der Karte zu finden. Ich wage zu behaupten, sie könnten es mit jedem Deutschen ihres Alters ohne Weiteres aufnehmen. Sie mögen vielleicht nicht die aktuellen Ergebnisse der Fußballbundesliga kennen wie die Jugend im Senegal oder in den Philippinen, aber zu wissen, wo Belgien, Brasilien oder Thailand liegen, finde ich persönlich wichtiger. Mit den Jungs kann man auch gut Volleyball spielen, herumalbern und sich von ihnen auf dem Inselchen herumführen lassen. Nur bei Michael muss ich mittlerweile etwas aufpassen. Er folgt mir seit Tagen auf Schritt und Tritt wie ein verloren gegangenes Hündchen, und sein verklärter Blick spricht Bände. Björn amüsiert sich im Gegensatz zu mir darüber königlich.

»Muss doch schön sein, so einen achtzehnjährigen Südseeinsulaner als Schatten zu haben«, neckt er mich.

»Denkste«, knurre ich, »ich suche mir meine Schatten normalerweise selber aus«. Ich lächle Michael freundlich zu und versuche, ihn weiterhin auf Abstand zu halten.

Glücklicherweise haben wir gleich zu Anfang unseres Besuches auf Egom Ronnie kennengelernt. Er ist einer der Dorfältesten und ein sehr angenehmer Mann. Man merkt, dass er sich im Gegensatz zu den jungen Männern schon die Hörner abgestoßen hat und als verantwortungsvoller Familienvater die Probleme, die es auf dieser Insel gibt, von einem ganz anderen Standpunkt aus betrachtet.

»Ich mache mir Sorgen um die Zukunft«, vertraut er uns an, »was haben wir unseren jungen Menschen zu bieten? Noch leben wir hier so wie in den alten Zeiten. Aber die alten Zeiten sind unwiederbringlich vorbei. Die Jungen wissen heutzutage mehr von der Welt, wollen mehr erleben und nicht mehr nur fischen und selbst ihren Garten bestellen. Was haben sie auf Egom für eine Zukunft? Ihr seht ja selbst, dass sie den lieben langen Tag über herumhängen. Irgendwann werden sie zu den Nachbarinseln aufbrechen, um sich eine Frau zu suchen. Oder sie gehen nach Alotau oder Lae, in die Städte, in der Hoffnung auf ein moderneres, besseres Leben. Aber das Leben dort ist nicht besser. Es gibt längst nicht Arbeit für alle, und dort fehlen ihre Familie und ihre Familienstrukturen, die auf sie aufpassen und ihnen den richtigen Weg zeigen. Ich weiß nicht, wie es weitergehen wird in Papua-Neuguinea, ich weiß nur, alles ändert sich gewaltig. Schaut mal, vor nicht mal zehn Jahren gab es auf dieser Insel noch kein Geld – wir brauchten es einfach nicht. Alles, was wir zum Leben benötigten, konnten wir selbst herstellen oder anbauen oder tauschen. Und jetzt? Jetzt haben wir schon zwei *banana boats* am Strand liegen, mit Außenbordern, die teuren Dieselkraftstoff benötigen. Wie lange werden wir noch unsere traditionellen Segelkanus haben?« Für einen Moment verschwindet er in seiner Hütte und kommt mit dem Vordersteven eines Segelkanus zurück.»Dieses Holz ist ungefähr 20 Jahre alt. Und seht ihr, wie verwittert es schon ist? Unsere Kanus halten nicht lange in diesem Klima. Eines Tages in nicht allzu ferner Zukunft werden wir keine Segelkanus mehr haben. Nur noch *banana boats*, die aus Kunststoff sind und dementsprechend haltbar. Ich bitte euch, nehmt dieses geschnitzte Holz mit in euer Land. Es ist nicht mehr sehr schön, und die Farbe ist auch schon lange abgeblättert. Aber wenn es noch länger in diesem Klima hier bleibt, ist es in wenigen Jahren vollkommen zerfressen. Es wäre schade darum.«

Mit diesen Worten reicht er uns das einen Meter fünfzig hohe und halb so breite massive Brett, das mit seinen geschwungenen Formen an eine antike ionische Säule erinnert und über und über mit Schnitzereien verziert ist. Björn und mir fehlen die Worte. Waren wir doch noch vor ein paar Tagen am Strand von Kitava fast traurig darüber, dass wir von den traditionellen Segelkanus so wenig zu sehen bekommen haben. Und jetzt sind wir nicht nur auf einer Insel gelandet, auf der diese Kanus massenweise am Strand herumliegen und zusätzlich noch in voller Fahrt und mit hochgezogenem Segel während des Mittagessens an uns vorbeirauschen, nein, wir bekommen auch noch eines der schönsten Teile eines Kanus geschenkt. Damit wir diese alte Schnitzkunst, die in Egom langsam verloren geht, in unserem trockenen, kühlen Land bewahren können. Wir sind mehr als gerührt – und fühlen uns sehr, sehr geehrt. Ganz sicher werden wir in unserem Häuschen in Deutschland einen Ehrenplatz für dieses großartige Geschenk finden.

*

Dann erinnert Björn mich endlich wieder an den Mann, den ich vor unserem Aufenthalt auf Kitava mal kannte: Seine Kraft ist zurückgekehrt und mit ihr auch seine gute Laune. Kaum wieder auf den Beinen, lässt er es sich nicht nehmen, gleich am nächsten Tag seine Jonglierkünste auf dem Dorfplatz vorzuführen. Als Geschenk und Dank sozusagen für all die Freundlichkeit, die wir auf Egom empfangen dürfen. Woraufhin wir, als ob wir es nicht schon geahnt hätten, von den Dorfbewohnern eine Einladung zum Essen bekommen, als Gegengeschenk und Dank sozusagen.

Und ich frage mich, wie ein österreichischer Weltumsegler seinen Bericht, den ich ein paar Monate später im Internet fand, über Inseln in PNG schreiben konnte: »Man begrüßt mich freundlich, fragt, woher ich komme und wohin ich gehe und lädt mich ein, den Ankerplatz zu wechseln und vor den Hütten anzu- legen. Solche Einladungen der Schwarzen in Papua-Neuguinea kenne ich bereits: Nach Einbruch der Dunkelheit verwandeln sich die Eingeborenen und werden zu Räubern und Kopfjägern. Ich muss hier wieder weg, das ist klar. Doch dunkle Hände umklammern meine Reling (...)« Jeder Mensch hat seine eigene Realität, ich weiß. Was bin ich froh, dass die unsere so positiv ist.

Doch so wohl wir uns auf Egom fühlen, so sehr nervt der ungeschützte Ankerplatz. Wir haben das Gefühl, bei dem ständi- gen Geschaukel an Bord einfach nie zur Ruhe kommen zu kön- nen. Aber nach fast zwei Wochen durchgehender Schiffsschaukel ist Ruhe genau das, was wir dringend brauchen. Ebenfalls benö- tigen wir wieder frisches Obst und Gemüse. Aber solches gibt es auf Egom nur in sehr geringem Maße. Die Insel ist einfach zu winzig. Ein paar kleine Gärten gibt es schon, in denen Kürbisse und Süßkartoffeln wachsen, einige wenige abgegrenzte Felder, auf denen gerade Tapioka gepflanzt wird. Das reicht jedoch kaum für die Einheimischen, deren schmale tägliche Kost hauptsächlich aus Reis und Fisch in Kokoscreme besteht. Außerdem freuen wir uns schon seit Wochen darauf, nach Dobu zurückkehren zu können. Nach Dobu, wo Willy und Derek wohnen, die seit unserer ersten Reise unsere *gosiyagos*, unsere Freunde, sind. Nach Dobu, wo, genau genommen, die Liebesgeschichte zwischen PNG und uns überhaupt erst begonnen hat. Nur 80 Seemeilen trennen uns von der kleinen Insel mit ihrem noch kleineren Schwestereiland Neumara, das, umrahmt von den hohen und massiven Inseln Normanby und Fergusson, zur Gruppe der D'Entrecasteaux gehört. Ein angenehmer Kurztrip könnte uns innerhalb einer Nacht dorthin bringen. Könnte, falls der Wind in der Nordwest-Saison sich an die Spielregeln hält. Laut Charts und Wetterkarte weht er im Winter monatelang aus Nordwesten, was herrlich wäre, da wir nach Südwesten wollen. Seit Tagen bevorzugt er es allerdings, mit aller Kraft aus Süden zu blasen und unseren Ankerplatz mit lang gezogenen hereinrollenden Wellen zu verunstalten. Wie auf Wuvulu, halten wir es trotz der Gastfreundschaft der Insulaner nicht mehr länger aus: Wir flüchten.

»Halt!«, ruft Ronnie uns noch hinterher, als wir uns von ihm und all den anderen lieb gewordenen Menschen am Strand verabschieden. »Hier habe ich noch eine Schnitzerei eines Kanus für euch.« Mit diesen Worten überreicht er uns ein fein zisiliertes Holzstück und erklärt, dass dieses Teil auf die Spitze des Bugs gesteckt gehört.

Danke, Ronnie, danke.

Viele Dorfbewohner stehen am Strand und winken uns ein letztes *Good-bye*, als wir den Anker lichten. Sakul, Philemont, Michael, Martin, Able, Amitis und die anderen Jungs rennen und klettern sogar noch den kleinen steilen Berg hinauf, an dessen Klippen wir jetzt entlangsegeln.

»*Good-bye, Tom*«, klingt es immer wieder zu uns herüber, »*good-bye, Ben and Lucy.*«

MI COLUMPIO dreht ihren Bug Richtung Riffausfahrt und eine halbe Stunde später gegen Südwest. Dobu, wir kommen! Erst als Egom unter der Kimm verschwunden ist und von nun an nur noch in meinem Herzen und auf meinen Fotos Realität sein wird, schlage ich unser Gästebuch auf, das ich am Vortag Philemont in die Hand gedrückt hatte. »*… thank you so much for visiting our islands with smiles on your faces just as our brothers and sisters do as they return for their xmas holidays*«, lese ich. Was für liebe Worte, denke ich gerührt, als der Wind zufällig eine Seite nach vorne umblättert. Mein Blick fällt auf die Zeichnungen von Joe aus Kitava. *Lagim* und *tabuya*. Ich glaube es nicht! Genau diese beiden Teile der traditionellen Kanus, die er für uns so liebevoll und detailliert gezeichnet hat, liegen jetzt, in Handtücher gewickelt, in MICOS Hundekoje! Wie Wünsche sich manchmal verselbstständigen, sich manifestieren. Für die nächste halbe Stunde bin selbst ich sprachlos. Ein ganzes Jahr später fällt mein Blick in einer Hamburger Buchhandlung zufällig auf einen Bildband. »Archipel Sehnsucht« steht darauf und darunter »Geschichten aus der Südsee«. Wie vom Blitz getroffen bleibe ich stehen. Das Bild auf der Titelseite kenne ich doch. Das ist der Strand von Egom, da vorne haben wir geankert, zu der kleinen Insel rechts im Bild sind wir mit unserem Dinghi gedüst. Das trübe norddeutsche Wetter, die vorm Laden vorbeirauschenden Autos lösen sich urplötzlich in Luft auf – ich tauche ein ins strahlende Südseetürkis. Unser Ankerplatz vor Kitava, die Segelkanus in Großaufnahmen, das im Dunst verschwimmende Meer vor Kiriwina! Und über allem diese wie von Blumenkindern gestreuten weißen Wattewölkchen! Ich bin überglücklich, mit meiner Vergangenheit konfrontiert zu werden und mich für einige Momente wieder an diese wunderbaren Orte zurückversetzen zu dürfen. Fast jeden Ort auf den Fotos erkenne ich wieder. Und freue mich, dass es auch andere Menschen gibt, welche die Schönheit, die auf den Inseln in so vielen Dingen aufleuchtet, ebenfalls gesehen und für andere festgehalten haben.

Gegen zehn Uhr abends bringt uns der Wind bei 25 Knoten und angenehmer Welle beste Segelbedingungen – falls wir nach West, Nordwest, Nord, Nordost oder Ost segeln wollten. Wir wollen aber nach Südwest. Dazu lässt uns der Wind kaum eine Chance. Mit dichtgeholter kleiner Fock und dem ebenfalls gesetzten Kuttersegel kämpfen wir uns so hoch wie möglich am Wind entlang. Und werden von der starken Strömung aus Süden komplett nach Norden abgetrieben. Für dieses Gebiet im Norden wird auf unserer Seekarte aber mal wieder das schöne Wort »*Unsurveyed*« benutzt. Und die 1000 Kringel um das »Unvermessen« herum bedeuten 1000 Untiefen und Riffe.

»Wir sind hier nicht im Urlaub, wie ich immer dachte«, knurrt Björn, »wir sind auf der Flucht. Warum kann das Wetter nicht einmal freundlich sein? Warum können wir nicht einmal eine ganz normale, harmlose Überfahrt haben!«

Soll ich darauf eine Antwort geben? Als Björn mich um zwei Uhr nachts zur Wachablösung weckt, wundere ich mich, dass ich auf einmal auf der Leeseite des Bootes liege und fast von der Salonbank rutsche.

Ein miserabel gelaunter Björn erwartet mich im Cockpit: »Ich habe gerade gewendet. Wir segeln zurück nach Egom!«

»Nur über meine Leiche! Ich will nach Dobu!«

»Da kommen wir aber nicht hin bei diesem Wind! Wir kehren nach Egom zurück und warten dort auf Wind aus einer anderen Richtung.«

»Du willst doch nicht etwa an diesen unmöglichen Ankerplatz zurück?!«

Irgendwie kommt mir die Sache bekannt vor. Habe ich gerade ein Déjà-vu? Sind wir nicht erst vor drei Wochen über die Salomon-See geirrt auf der Suche nach irgendeinem geeigneten Ankerplatz, den wir überhaupt erreichen können? Warum kommen wir nie dorthin, wo wir hinwollen? Gemeinsam starren wir auf die ausgebreitete Seekarte vor uns.

»Wir könnten auch zurück nach Kitava«, schlägt Björn vorsichtig vor.

»Super! Ein noch besserer Ankerplatz«, witzele ich und beschließe auf der Stelle, in Zukunft nur noch in die Berge zu reisen.

Der Ausweg, der uns bleibt, scheint Vakuta zu sein, die südlich von Kiriwina gelegene Insel der Trobriand Islands. Das ist die einzige Insel im Umkreis von 60 Seemeilen, die uns zumindest laut Seekarte einen halbwegs vernünftigen Schutz gegen starken Südwind garantieren kann. Und dorthin könnten wir ganz bequem mit Rückenwind segeln.

»Okay«, stimme ich schließlich zu, »dann halt Vakuta statt Dobu. Den Pass zwischen Vakuta und Kiriwina kennen wir ja bereits zur Genüge. Hauptsache, wir können nächste Nacht in Ruhe ankern und schlafen. Mehr will ich gar nicht.«

Es ist schon interessant, wie sich die Bedürfnisse beim Segeln auf ein Minimum reduzieren.

Wozu sind Freunde da

Dobu/Alotau – Im Wettlauf gegen die Zeit

Stille um uns herum. Spiegelglatte Wasseroberfläche, durchsichtig wie Glas. Jede Muschel, jeder Stein auf dem flachen Meeresgrund unter uns ist in allen Einzelheiten zu erkennen, ebenso unsere Ankerkette und der Anker, über den MI COLUMPIO an diesem windstillen Platz gerade hinwegtreibt. Schon am Nachmittag haben wir diese wohltuende Stille genossen und in der Nacht all den vermissten Schlaf der letzten Wochen nachgeholt. Sogar Ogelchen hat ein Einsehen mit mir gehabt und nur einmal nachts seinen Schnuller verloren.

Vielleicht ist es gar nicht mal verkehrt, vor Vakuta gelandet zu sein und ein bisschen Alleinsein nach den durchgehenden Besuchen der Einheimischen an Bord vor Kitava und Egom zu genießen. Für alles gibt es seine Zeit. Ungewollt und ungeplant haben wir nun diese Ruhe für unsere Kleinfamilie geschenkt bekommen und nehmen sie dankbar an. Damit meine ich nicht, dass Björn und ich wieder die Zeit finden, wie früher auf dem Vorschiff zu sitzen, stundenlang zu lesen, zu reden, zu spielen oder einfach nur die Seele baumeln zu lassen. Bei Weitem nicht! Ruhig ist nur der Ankerplatz – und wir haben zurzeit nichts Kompliziertes zu reparieren. Ansonsten widmen wir uns Ogelchen, dem, zumindest laut Björn, aufmerksamkeitsbedürftigsten Baby der Welt. Oleg kann im wachen Zustand nicht eine Sekunde allein sein.

Kaum entferne ich mich aus seinem Dunstkreis, fängt er an zu jammern. Mein Baby aber ununterbrochen bei mir zu haben, vor den Bauch oder auf den Rücken gebunden, gestaltet sich bei der Enge im Boot schwierig. Zu zweit bin ich einfach zu breit und stoße mit meinem Bündel überall an, bleibe an den Stagen hängen und im Niedergang stecken. Auch Björn ist ein bisschen frustriert.

»Kann es sein, dass so ein Baby ganz schön anstrengend ist? Vor allem unseres? Ogelchen ist ja supersüß, aber irgendwie sind wir 24 Stunden am Tag mit ihm beschäftigt. Ich fühle mich mittlerweile eher wie ein Sklave, jedenfalls nicht mehr wie ein wilder Abenteurer.«

Ein bisschen kann ich Björn ja verstehen. Andererseits …

»Wir segeln hier durch das schönste Land der Welt, an herrlichen Inseln vorbei, haben fast jeden Tag Sonnenschein, treffen extrem freundliche Menschen und erleben abgefahrene Sachen – und das alles trotz Baby! Was willst du eigentlich noch?«

»Meine Unabhängigkeit! Und damit ist es für die nächsten 18 Jahre vorbei.«

»Mindestens 20 oder 22«, necke ich ihn, »ich will garantiert noch mehr Kinder.«

Björn verdreht die Augen. »Bis die groß sind, bin ich ein alter Mann«, stöhnt er.

»Ach komm, das bist du doch jetzt schon, so wie du da in den letzten Wochen herumhängst mit deinem kranken Fuß«, tröste ich ihn, »Oleg und ich bleiben trotzdem bei dir.«

»Weißt du, ich bin so froh, dass wir schon gesegelt sind, als wir noch so richtig jung waren. So ungebunden und verrückt. Diese Erfahrung kann uns keiner mehr nehmen. Das ist das Beste. Weißt du noch, damals, als wir vor Lady Musgrave ankerten? Und du nachts unter diesem fantastischen Sternenhimmel getanzt hast?«

Natürlich erinnere ich mich. Das war vor drei Jahren, da war ich 28. Wir segelten die australische Ostküste entlang, von Brisbane bis nach Townsville hinauf. In Tagesetappen von Ankerbucht zu Ankerbucht, von Mangrovenwäldchen zu Mangrovenwäldchen. Dann entdeckten wir Lady Musgrave auf der Seekarte, ein kleines Korallenatoll, eines der ersten des Great Barrier Reefs, wenn man von Süden kommt. Das Wort »Atoll« hatte auch nach unserer Pazifiküberquerung nichts von seinem

Reiz verloren – im Gegenteil. Also segelten wir kurzerhand über Nacht hin und fanden uns am nächsten Mittag in einem wunderschönen Atoll wieder, mit allem, was dazugehört: ein Außenriff in fast perfekter Kreisform, türkisfarbenes bis hellblaues Wasser im Inneren des Kreises, aquamarinblaues Wasser außerhalb, dazu das obligatorische malerische kleine Sandinselchen. Zwar ohne Kokospalmen, denen ist es in Australien zu kalt oder zu trocken oder zu britisch oder alles zusammen. Dafür mit einem großen Schild am Strand: *Nationalparc. Don'ts and dos.* Was erlaubt ist und was nicht. Und ein Stück weiter zwei Touris. Junge Traveller aus Großbritannien, die sich per Motorboot auf die Insel hatten übersetzen lassen, um für einen Tag und eine Nacht ein echtes Robinsondasein zu erleben. Bestens ausgestattet mit Zelt und Schlafsäcken, ein paar Flaschen Wein und einigen Tüten Kartoffelchips saßen sie teilnahmslos im warmen Sand und fragten sich wohl, wie Robinson die Zeit auf seiner einsamen Insel totgeschlagen hat.

So etwas haben wir uns glücklicherweise noch nie fragen müssen, weder auf den einsamen Inseln in Australien noch in PNG oder in der Südsee. Wir haben ja unser Boot, und auf dem gehen die Dinge schneller kaputt, als wir sie reparieren können. Wie viele Tage, ja Wochen unseres Lebens haben wir schon total verdreckt im Motorraum gehangen, zum wievielten Male den Propellerflansch, das Echolot, das Startkabel für den Motor, das VHF, die elektrische Selbststeueranlage, die Bilgenpumpe auseinandergenommen und wieder zusammengebaut. Vielleicht ist das sogar der größte Vorteil des Lebens auf einem Segelboot: Man hat keine Chance, sich zu langweilen.

Vor Lady Musgrave hatten wir genau einen ganzen Tag lang keine wichtigen Reparaturen zu erledigen, hatten sozusagen Urlaub. Und dann war da dieser Ponton mitten im Korallenriff – keine Ahnung, weswegen man ihn dort verankert hatte – genau an der richtigen Stelle unter diesem unbeschreiblich herrlichen Sternenhimmel, und ich konnte nicht anders, ich musste mich von Björn dort mit dem Schlauchboot absetzen lassen, die Ohrstecker meines Walkmans einstöpseln und abtanzen. Tanzen und tanzen, eins sein mit den Sternen und dem dunklen Meer um mich herum, die Brandung des Außenriffs in mir hören und fühlen. Die Energie, die diese Nacht beherrschte, peitschte mich förmlich auf. Und entlud sich am Horizont in Trockengewittern. Ununterbrochenes Wetterleuchten. Wolkenberge, von heftigsten Blitzen durchschnitten und erleuchtet. Bei totaler Stille. Eine fantastische Lichtshow, während der jemand den Ton ausgeschaltet hatte …

»Wenn ich daran zurückdenke, wie viel Energie wir damals noch hatten.« Björns Seufzer kommt aus tiefstem Herzen.

Frisch gewaschene Windeln flattern auf der Leine im Wind, als wir am nächsten Tag weiter gen Süden motoren. Björn hat Mico schon vor Wochen liebevoll in Windeldampfer umgetauft. Sieht ja auch zu schön aus, wenn die Segel unten sind und wir stattdessen die Schoten des Vorsegels als Wäscheleine missbrauchen, sodass auf beiden Seiten über das ganze Schiff hinweg die weißen Mull- und Bindewindeln wie lauter kleine Minisegel hängen. Hier, zwischen den Trobriand- und D'Entrecasteaux-Inseln, herrscht zumindest heute kein Wind. Weder aus Süden, was super für uns ist, noch aus Nordwest. Das soll mal einer verstehen. Wir kommen gut voran. Selten war die Sonne so klar, selten der Himmel so blau, selten glitzerte das Wasser schöner als heute. Ein Tag wie aus dem Bildertagebuch eines sehr glücklichen Menschen. Die Farben, die Gerüche, ja das Dasein schlechthin sind so unglaublich prall und lebendig.

»Das hier ist so herrlich echt!« Björn gerät wieder ins Schwärmen. »Spürst du das Leben gerade auch so intensiv wie ich?« Und, bevor ich mich versehe, ist Björn auf den Bugkorb geklettert und schreit seine pure Lebensfreude hinaus aufs Meer.

Am Abend, nach einem kurzen Schauer, finden wir unter einem Regenbogen, der sich zwischen zwei hohen, grünen, vom Regen noch dampfenden Inseln spannt, einen weiteren gut geschützten Ankerplatz. Björns *laplap*, das Hüfttuch, mit dem er in der blauen Lagune von Ifalik ein so herrlich kitschiges Bild abgegeben hat, verwandeln wir kurzerhand in eine Hängematte, indem wir das bunt geblümte Stück Stoff unter die hochgeklappte Pinne hängen. Endlich wird unser Ogelchen bewegt, ohne dass wir uns bewegen müssen. Unserem Baby gefällt sein neues Plätzchen sehr.

»Jetzt hat er seine eigene Schaukel«, freut sich Björn, »seine eigene kleine Schaukel auf der großen Schaukel MI COLUMPIO.

Ich fühle mich wie damals, als wir unsere erste »richtige« Insel in Papua-Neuguinea anliefen. Genauso wie vor zwei Jahren bei der Einfahrt in die kleine Hafenbucht von Bwagoia auf Misima, hüpfe ich von einem Bein aufs andere, renne wie ein aufgescheuchtes Huhn ohne Unterlass vom Cockpit zum Bugkorb und wieder zurück. Strahle und grinse und freue mich wie ein kleines Kind. Direkt vor uns, hinter der letzten Landzunge von Fergusson, tauchen die ersten Palmenwipfel von Neumara auf. Und dahinter: Dobu!

»Mal wieder naturbekifft«, kommentiert Björn trocken, »obwohl du mittlerweile gestandene Mutter bist.«

Nix da, gestandene Mutter, wenn ich das schon höre. In Australien, auf Green Island, sagte vor ein paar Monaten doch so ein junger Mann während einer Krokodilshow »*Come over here, Mom!*« zu mir. Und ich drehte mich suchend um. Da war aber keine *Mom* (so wie ich mir eine vorstelle). Der Typ hatte tatsächlich mich gemeint.

Björn wird mit einem vernichtenden Blick bedacht und mit Baby auf dem Arm eiskalt an der Pinne stehen gelassen. Jetzt habe ich nur noch Augen für Neumara. Sanft winden sich vereinzelte Rauchsäulen aus der üppigen Vegetation am Ufer vor uns gen Himmel. Keine Kanus auf dem Wasser, keine spielenden, winkenden Kinder an Land. Keine Anzeichen von Menschen. Aufregung, Ungeduld, Vorfreude toben in uns, als wir den Anker an derselben Stelle wie damals werfen. Ist die Postkarte, die wir in Cairns vor knapp zwei Monaten an Willy und Derek abgeschickt haben, überhaupt angekommen? Erwartet uns überhaupt irgendjemand? Und die brennendsten Fragen: Wohnt Willy überhaupt noch auf Neumara? Ist er gesund? Wir haben keine Ahnung. Auf unseren Brief, den wir Willy und Derek zusammen mit vielen Fotos geschickt haben, haben sie nie geantwortet.

Ein Kanu nähert sich.

»Ist das da Willy?«, flüstert Björn mir verlegen zu.

Ein bisschen älter sieht Willy aus, und schmaler im Gesicht, aber eindeutig, er ist es, unser kleiner, gerade mal einen Meter fünfzig großer Freund mit den riesigen sanften Augen. Mit einem strahlenden Lächeln schwingt er sich an Bord. Gerührt schauen wir drei uns an, umarmen uns.

»Derek kommt auch gleich«, sind seine ersten Worte an uns. »Geht es euch gut?« Danach hat er nur noch Augen für Oleg, den er neugierig, aber auch ein wenig schüchtern bestaunt. Wenig später plumpst Derek an Bord.

»Großartig, dass ihr wieder da seid!«

Von da an ist es, als ob wir nie weg gewesen wären. Damien, Dusien und viele andere, die ebenfalls in ihren Kanus erscheinen, begrüßen uns überschwänglich. Zahllose Fragen prasseln auf uns ein, Gelächter und Gewusel breiten sich an Bord aus, es herrscht ausgelassene Festtagsstimmung. Derek nistet sich sofort wieder in seiner Lieblingsecke im Cockpit ein. Ich flitze unter Deck, um die vielen lieben Menschen mit Unmengen von Keksen und Kaffee bewirten zu können. Es ist so schön, wieder hier zu sein. Zu Hause.

*

Immer dann, wenn man meint, dass das Leben zu gut zu einem ist, wenn man glaubt, das viele Glücklichsein nicht mehr lange in dieser Intensität ertragen zu können, immer wenn es am schönsten ist, kommt plötzlich aus heiterem Himmel ein Donnerschlag und holt einen ins normale Leben zurück. Es hätte ein weiteres Mal traumhaft schön werden können auf Dobu und Neumara. Alles ist perfekt hier: liebe Freunde, Einladungen verschiedenster

Art, Volksfeststimmung bei Björns Jongliershow, die vor Hunderten freudestrahlenden Zuschauern auf dem weiten Platz hinter den Schulgebäuden stattfindet. Dazu das *Dobu bubble bath*, mit seinem herrlich warmen Wasser, ein angenehmer Ankerplatz ganz ohne Schwell (!) und viele, viele Kinder, die unser Schiffchen von früh bis spät mit ihren Kanus belagern, um mit unserem Zwerg, dem *gwarna meorlotona*, dem weißen Babyjungen, zu spielen. Bloß eines stimmt nicht. Das ist Björns Fuß.

Nur zwei glückselige Tage sind Björn, Oleg und mir vergönnt. Am dritten Morgen aber sind die Schmerzen wieder da. Die Wunde am Knöchel, die seit der Abfahrt von Egom doch abgeheilt schien, hat in der Nacht wieder angefangen zu eitern. Um die offene Stelle herum ist die Haut erneut geschwollen, ist heiß und rot und wird von Stunde zu Stunde schmerzhafter. Die Morgensonne mag noch so sanft MICO mit ihrem goldenen Glanz verzaubern – Björn ist total verzweifelt.

»Was soll ich denn noch machen?«, fragt er verbittert. »Ich habe doch schon zehn Tage lang Antibiotika geschluckt! Werde ich dieses nervige Eitergeschwür denn nie loswerden?«

Armer, armer Björn. Ich kann ihn so gut verstehen. Und ich möchte ihm so gerne helfen und weiß doch nicht wie. Ich bin, ebenso wie er, mit meinem Latein am Ende. Nochmals Antibiotika? Ich möchte nicht wissen, wie viele Restgifte sich jetzt noch in Björns Eingeweiden befinden. Und erneut zehn Tage lang die »bitteren Pillen« schlucken? Werden sie überhaupt noch was bringen? Aber welche Alternative bleibt? Zusätzlich tut sich ein noch viel größeres Problem vor uns auf. Wir müssen uns in spätestens zwei Tagen auf den Weg nach Alotau, der Provinzhauptstadt, machen. Unser Visum für PNG, das wir bei unserer Ankunft am Flughafen für zwei Monate erhalten haben, läuft am 12. März ab – bis dahin müssen wir ausklariert haben. Und Björn kann mit dem Fuß so gut wie gar nichts mehr auf dem Boot helfen. Ich schlucke. Traue ich es mir zu, unsere MICO allein die knapp 100 Seemeilen durch ein Gewirr von Inseln, Felsen, Riffen und Sandbänken nach Alotau zu steuern?

»Klar«, meint Björn, »das haben schon genügend andere vor dir geschafft. Außerdem bin ich ja auch noch da. Ich kann zwar kaum mehr stehen, aber den Tag über an der Pinne sitzen, das schaffe ich.«

Doch das Leben hält auch in Momenten wie diesen seine schützende Hand über uns – und schickt Willy vorbei. Erschrocken betrachtet er Björns Fuß, hört von unseren Problemen.

»Unter keinen Umständen lassen wir euch alleine nach Alotau segeln«, entrüstet sich der kleine Mann, »es ist selbstverständlich, dass Derek und ich euch begleiten und euch helfen. Natürlich nur, wenn ihr nichts dagegen habt«, fügt er dann vorsichtig hinzu.

Was sollten wir gegen dieses Geschenk des Himmels einzuwenden haben? Von einem Moment auf den anderen wirkt das Leben wieder leicht und luftig, fast schon wieder unbeschwert.

»Ich frage nur noch kurz Derek. Aber ich bin mir hundertprozentig sicher, ich kenne seine Antwort bereits.«

Keine zehn Minuten später plumpst Derek ins Cockpit, grinst übers ganze Gesicht: »Morgen früh können wir los!«

∗

Was für ein Unterschied es doch ist, vier fleißige Hände mehr an Bord zu haben! Auf einmal brauche ich, mit Ogelchen auf dem Arm, nur noch meine Anweisungen zu geben. All das, wofür ich mich sonst unter Aufbietung all meiner Kräfte richtig hätte abrackern müssen, geschieht jetzt wie von Zauberhand: Das Dinghi wird an Bord gehievt, der Außenborder an die Reling gehängt, die Segel werden abgedeckt und angeschäkelt, die Dinge, die an Bord noch herumfliegen, sorgsam verstaut. Ich brauche nur an der Pinne zu stehen und das »Anker auf«-Kommando zu geben, den Rest erledigen Willy und Derek gekonnt alleine. Besonders Derek, der schon vor zwei Jahren die gemeinsam verbrachten Segeltage auf MI COLUMPIO, auf *seiner* MI COLUMPIO, wie er stets scherzhaft zu sagen pflegt, über alle Maßen genossen hat, schwebt auf Wolke sieben. Björn, der es nochmals mit einem homöopathischen Konstitutionsmittel versucht, und ich sind uns einig: Unsere Freunde mit dabeizuhaben ist das Beste, was uns passieren kann. Die bedrückende Krankenlagerstimmung hat sich, seit die beiden an Bord sind, fast in eine Wochenendausflugsatmosphäre verwandelt. Und das tut uns sehr gut und zaubert sogar auf das Gesicht meines armen kranken *Captains*, der erneut mit seinem Schicksal kräftig haderte, hin und wieder ein mattes Lächeln.

Nach einem herzlichen Abschied der Dorfbewohner segeln beziehungsweise motoren wir von der Nordseite der großen Insel Normanby, wo sich Dobu und Neumara befinden, auf deren Südwestseite, um in der auf unserer Seekarte als Ankerplatz eingezeichneten Sewa Bay die Nacht zu verbringen. Die Seekarte könnten wir bis Alotau allerdings locker unterm Kartentisch ruhen lassen, denn Willy, der früher als Kapitän auf den kleinen Versorgungsschiffen gefahren ist, kennt Milne Bay Province zwischen Alotau, den D'Entrecasteaux und den Trobriand Islands wie seine Westentasche. Derek kennt ebenfalls die halbe Welt, hat er doch auf allen Inseln, in allen Städten und allen potenziellen Ankerbuchten PNGs irgendwelche Verwandte wohnen, die er schon mal besucht hat. So auch an unserem nächsten Ankerplatz. Die beiden tuckern in QUIETSCHIE in der Abenddämmerung an Land, zum Begrüßen von Onkel und Tante um sich zu waschen, bevor sie pünktlich zum Abendessen mit einer halben Bananenstaude unterm Arm wieder an Bord erscheinen. Unisono weigern sich beide danach, zur Nachtruhe unter Deck zu kommen.

»Wir schlafen viel lieber draußen, im Cockpit, auf den Polstern, die dort liegen. Gute Nacht!«

Ich lasse es mir nicht nehmen, unser großes Moskitonetz noch schnell für die beiden unterm Biminidach aufzuhängen. Weniger wegen der Mücken in der Nacht, sondern wegen der nervigen, um fünf Uhr morgens erwachenden Fliegen.

»Die beiden sind so lieb«, flüstert mir Björn vorm Einschlafen noch ins Ohr, »ich bin sicher, sie schlafen nur oben, damit wir hier unten im Boot weiter unsere Privatsphäre haben können.«

Derek liebt unser Essen. Egal, was ich koche, er verspeist es mit sichtlichem Wohlbehagen, leckt sich genießerisch die Lippen, lobt mich und meine Kochkünste in einem fort.

»Da, Derek, du kriegst noch einen Extra-Bananenpfannkuchen!«

In null Komma nix ist danach der Frühstückstisch abgeräumt und der Anker oben. Es geht weiter: Willy wacht von seinem Lieblingsplatz im Bugkorb aus, dirigiert Mico mit ruhigen Handbewegungen zwischen allen Untiefen hindurch. Derek dagegen, Onkel Derek wohlgemerkt, hat freiwillig und gerne die Rolle des Babysitters übernommen, sitzt mit Ogelchen auf dem Schoß im Cockpit und erklärt ihm ernsthaft die Farben der unterschiedlichen Spielkarten. Die beiden, der große Dunkle und der kleine Blonde, geben ein herrliches Bild ab: Zwei dicke Kumpel hocken da und zocken Karten. Na ja, so ähnlich. Ich stehe an der Pinne und versorge zwischendurch die vier Männer mit Nahrung. Und Björn? Björn schält Kartoffeln – eine äußerst verantwortungsvolle Aufgabe, wie er selber meint.

Plötzlich schlägt unsere selbst erfundene Fischfangalarmanlage an. Die Winsch, um die wir das Ende der Angelleine ein paarmal gewickelt haben, rattert mit einem Höllenlärm los.

»Fisch, Fisch!«

Aufgeregt wühlt Björn in den Schwalbennestern nach der Winschkurbel, seiner Keule zum Fischetöten. Doch Willy und Derek sind schneller: Im Bruchteil eines Augenblicks holen sie die Angelleine ein und reißen dem am Haken zappelnden Fisch noch über der Reling mit einer gekonnten Handbewegung die Kiemen heraus. Der Fisch ist sofort tot. Ein weiterer Schnitt mit dem schnell herbeigebrachten Messer, dann fliegen auch die Eingeweide über Bord. Keine zwei Minuten sind seit dem Rattern der Winsch vergangen, und der Fisch liegt fertig ausgenommen und ohne einen Tropfen Blut aufs Deck verspritzt zu haben, vor uns im Cockpit.

»Irre!«, ist das Einzige, was Björn einfällt und: »Heute Abend gibt es Fisch zu den Kartoffeln.«

∗

»*Cheese!*«

Klick macht meine Kamera, die alleine auf dem Felsen liegt. Vor ihr auf der Sandbank versuchen vier Erwachsene und ein schlafendes Baby im Tragetuch möglichst albern auszusehen. Gruppenbild mit Schnuller. Erinnerungsfotos an unsere gemeinsam verbrachte Zeit. Björn, mit Ogelchens Schnuller im Mund, kaspert und scherzt herum. Aber ich weiß, ihm ist gar nicht danach zumute. Er tut es nur für uns, für die gute Stimmung an Bord. Seine Unbeschwertheit hat er schon vor vielen Wochen auf Kiriwina verloren. Langsam humpelt er, mit schmerzendem Fuß, zum Schlauchboot zurück. Ein weiterer Tag segeln, tief in die Milne Bay hinein, an deren nordwestlichem Ende Alotau liegt, steht uns bevor.

Am Abend dann erkennen wir im Licht der untergehenden Sonne die ersten Häuser von Alotau. Hier und da an der Küstenstraße liegen sie, hinter Bäumen und Büschen meist gut versteckt. Alotau wirkt auf mich wie ein kleines verschlafenes Dorf, das jemand aus einer simplen Laune heraus zur Provinzhauptstadt erklärt hat. Im ruhigen Wasser einer felsigen Bucht dümpeln Dutzende von kleinen, bunt bemalten Dampfern. Dicht an dicht liegen sie da, den Anker zur See und eine Heckleine zum Ufer, Versorgungsboote, welche die weit verstreuten unzähligen Inseln von Milne Bay Province mit Alotau und damit dem Rest der Welt verbinden. Ein wenig entfernt von ihnen werfen wir unseren Anker. Auf der nahe gelegenen Pier angeln ein paar Männer, andere spielen Gitarre, singen. Dahinter, zwischen den offenen Markthallen, pulsiert das Leben. Menschen schlendern an den auf dem Boden ausgebreiteten Waren vorbei, friedlich und ohne Hast, versorgen sich mit Betelnüssen für den Abend, treffen Freunde, Bekannte, klönen. Die Luft ist erfüllt vom Stim-

217

mengewirr. Alleine stehe ich im Dunkeln auf dem Deck, den Mast im Rücken, sauge die bekannten Gerüche, die vertrauten Geräusche der warmen Tropennacht, diese lebendige und doch so friedliche Stimmung um mich herum auf. Alle meine Sinne sind weit, weit geöffnet.

»Birgit«, ertönt es von unter Deck, »ich glaube, ich bekomme gerade richtig hohes Fieber …«

*

»Besteht denn gar keine Möglichkeit, unser Visum bei Ihnen verlängert zu bekommen?«

Der *Immigration Officer* schüttelt den Kopf. »Bedauerlicherweise nein. Dafür müssten Sie schon nach Port Moresby fahren und Ihr Problem dort mit den dafür zuständigen Behörden klären. Aber das ist eine langwierige Prozedur mit sehr viel Papierkram.«

»Aber …«, erkläre ich ihm nochmals unsere Sachlage. Dass Björn mit einer fiebrigen Infektion seit Tagen im Bett liegt. Dass ich alleine für Schiff und Baby verantwortlich bin. Dass ich meinen Mann nicht alleine lassen kann, um in die Hauptstadt zu fliegen. Dass es nur noch eine Frage von Tagen sein wird, bis wir auslaufen werden. Dass die Behörden doch wissen, wo wir mit unserem Boot liegen. Dass wir gar nicht abhauen können.

Er zögert. Er überlegt. Ich kann förmlich sehen, wie es in ihm arbeitet.

»Okay, Sie können bleiben. Sie dürfen Alotau aber nicht ohne Genehmigung verlassen. Das Boot bleibt da, wo es jetzt liegt. Ihre Pässe behalte ich. Wenn Ihr Mann wieder gesund ist, kommen Sie her, und ich gebe Ihnen Ihre Ausreisestempel.«

Ich drücke Ogelchen vor Erleichterung fast die Luft ab. »Danke, danke, danke!«

Ohne die Hilfe von Willy und Derek hätte ich die anstrengenden Tage in Alotau kaum überstanden. Einer von beiden begleitet mich stets bei meinen Besorgungen, der andere bleibt bei Björn.

Sie schleppen für mich die schweren Dieselkanister an Bord, die mit Kartoffeln, Zwiebeln und Essnüssen gefüllten Einkaufstüten vom Markt, suchen mit mir nach einem Schlauch für den Motor, nach einer Waschmaschine, nach Frischwasser, nach der Zollbehörde. Ihre Anwesenheit, ihr zuvorkommendes, stets freundliches und ausgeglichenes Wesen helfen mir, die Sorge um Björn besser zu ertragen. Nur mit Oleg können sie mir leider nicht helfen. Er will schon seit Wochen nur noch von mir getragen werden. Neun Kilo warmes Babyfleisch am Körper können unter der brennenden Äquatorsonne manchmal ganz schön schwer werden.

Derek hat an Bord die Aufgabe des *coconut scrapers* übernommen und reicht mir zweimal am Tag eine volle Schale mit frischer Kokosmilch, in die ich in der Kombüse nur noch Gemüse, Süßkartoffeln oder Fisch zu werfen brauche. Willy sitzt stundenlang mit Oleg auf dem Vorschiff und beschäftigt ihn, sodass ich auch mal die Hände frei habe, um unser Dinghi zu kleben, die Risse im Segel zu nähen, den Motor nach den wenigen Anweisungen von Björn für den letzten großen Törn auf Vordermann zu bringen. Mein noch immer vor Fieber glühender *Captain* liegt unter Deck auf der Salonbank. Sein Anblick erschreckt mich. Schmal ist er geworden, schon hager im Gesicht, die Wangenknochen treten immer stärker hervor. Feuchte, klebrige Haare, fiebrig glänzende Augen. Tapfer schluckt er immer weiter die Antibiotika, doch nichts passiert. Das Fieber bleibt unverändert, der eitrige Krater mit seinem knallroten, extrem berührungsempfindlichen Rand am Knöchel ebenfalls. Ich bin mir sicher, er wird bald wieder gesund sein. Bloß wann? Uns rennt die Zeit davon.

*

Sechs Tage nach Ablauf unserer Visa, sechs sehr lange und sorgenvolle Tage später, drückt uns der *Immigration Officer* die Stempel in unsere Pässe.

»Na, dann gute Reise«, wünscht er, mit einem Grinsen für den abgemagerten, aber immerhin wieder aufrecht stehenden Björn an meiner Seite. »Viel Glück!«

Viel Glück und eine gute Reise wünschen uns auch Derek und Willy. Aufbruchsbereit, mit sehr ernsten Gesichtern, warten sie am Abend nach einem letzten gemeinsamen, ziemlich schweigsamen Mahl darauf, dass ich sie mit dem Dinghi an Land bringe. Trotz der Freude darüber, dass Björn wieder auf den Beinen ist, will den ganzen Tag über keine rechte Stimmung aufkommen. Jeder hängt seinen eigenen Gedanken nach, allen steckt ein Kloß im Hals.

»Wir haben noch ein kleines Abschiedsgeschenk für euch.« Mit diesen Worten überreiche ich jedem ein T-Shirt, das ich an den letzten Abenden heimlich für sie bemalt habe. »Crew SY Mi Columpio« prangt in großen Lettern über dem Logo, unserem mit ein paar einfachen Strichen gezeichneten Schiffchen. Kein Wort bringen die beiden beim Anblick der T-Shirts hervor. Sie haben die Auszeichnung sofort verstanden. Und ich beginne zu ahnen, wie viel sie ihnen für die nächsten Jahre bedeuten wird.

»Vielen Dank für alles!«

»Wir müssen jetzt gehen«, flüstert Willy.

Der Abschied von diesen liebenswerten Menschen fällt uns genauso schwer wie beim ersten Mal. Eben waren sie noch da, lebten wie selbstverständlich mit an Bord, gehörten zu uns, und jetzt sehe ich nur noch ihre dunklen Silhouetten am Ufer stehen, immer kleiner werdend, bis sie mit der Dunkelheit endgültig verschmelzen. Verdammt, schon wieder fließen die Tränen.

Glücklicherweise lässt das Segeln einem nie die Möglichkeit, lange Zeit traurig zu sein. Das Großsegel will gesetzt und der Kurs muss bestimmt werden, von den Aufmerksamkeiten für Ogelchen, dessen Windel zu tropfen anfängt, ganz zu schweigen. Am nächsten Morgen schon lebe ich wieder voll im Hier und Jetzt, und Alotau und Willy und Derek gehören der Vergangenheit an. Außerdem höre ich Björn zum ersten Mal nach langer, langer Zeit wieder singen.

»Eine Seefahrt, die ist lustig, eine Seefahrt, die ist schön …« singt er seinem kleinen Sohn vor, der mit beiden Händchen begeistert die Pinne umklammert. Sofort ist das Leben wieder herrlich.

Wir schaffen das!

Coral Sea –
Wie oft kann ein Baby seekrank werden?

Nach einer erholsamen Nacht in einer kleinen, herrlich ruhigen Bucht segeln wir bei strahlendem Sonnenschein am nächsten Tag weiter. Zwei Tagesreisen von Alotau entfernt liegt, weit draußen im Meer, die südlichste Insel dieser Gegend: Wari. Südlich von Wari wird uns nur noch das Sunken Barrier Reef im Weg liegen – und dahinter beginnt die Coral Sea.

Vor Wari allerdings brodelt es gewaltig. Mit Vollgas motoren wir entschlossen in das Wellen-Tohuwabohu hinein, in dem sich alle Strömungen aus dem Norden mit dem Schwell aus der südlichen Coral Sea und dem ablaufenden Wasser des Atolls zu vereinen scheinen. Egal. Wir haben keine Lust mehr, über potenziell auftretende Probleme nachzudenken, wir wollen nur noch ankommen und sicher und ruhig, perfekt vom Außenriff geschützt, ankern.

Unausweichlich ist die Überquerung der Coral Sea immer näher gerückt. Seit Monaten zittern wir schon vor unserem allerletzten langen Segeltörn. 470 Seemeilen offenes Meer in der Noch-Zyklon-Saison zu durchsegeln kann spassig sein, muss aber nicht. Björn macht sich seit Wochen tausend Gedanken um mögliche Wirbelstürme. Jeden, den er trifft, fragt er, wo und wann die letzten Zyklone durch die Coral Sea gezogen, wo sie auf die australische Ostküste geprallt sind und was sie verwüstet haben. Und erzählt im nächsten Satz, dass wir ebendiese Coral Sea in Kürze passieren werden. Was mein Verlangen, mich aufs offene Meer hinauszustürzen, nicht unbedingt bestärkt. Wie viel würde ich dafür geben, in der Ferne bereits die Küste von Australien zu sehen …

Außerdem mache ich mir Sorgen um unser Ogelchen. Der längste Abschnitt der ganzen Reise steht uns bevor. Wenn ihm doch noch etwas passiert? Wenn er wieder zu spucken anfängt und nicht mehr damit aufhören kann? Was machen wir dann? In der vergangenen Nacht hat er zum ersten Mal auf der Reise Fieber gehabt. Nicht hoch, aber bis Mitternacht glühte sein kleiner Körper schon ziemlich, bevor er dann in einen erholsamen Heilschlaf fiel. Hatte er gestern beim Baden im Waschzuber zu viel Salzwasser geschluckt? Egal, heute Morgen ist er zum Glück wieder quietschfidel. Ich könnte mich mit dem Gedanken, noch ein paar Tage auf Wari zu verbringen, gut anfreunden. Noch ein letztes Mal papua-neuguinesische Gastfreundschaft genießen. Noch ein letztes Mal all das Kinderlachen um uns herum in mich aufsaugen. Doch ich weiß selber: Aufgeschoben ist nicht aufgehoben. Außerdem sind wir nicht mehr bereit, uns nochmals auf eine neue Insel einzulassen, denn der Abschied von Willy und Derek war gleichsam auch unser Abschied von PNG. Darüber hinaus drängt die Zeit: Der australische Wetterbericht per SSB, falls wir ihn trotz des heftigen Knisterns im Äther richtig verstanden haben, verspricht nur das Beste. Trotzdem sind wir mehr als nervös, als wir am Nachmittag alles für die kommende Herausforderung vorbereiten. Bis jetzt, sieben Jahre lang, ist alles immer gut gegangen. Wir sind nicht gesunken, nicht von Piraten überfallen worden (na ja, jedenfalls nicht richtig), nicht im Sturm verschollen, nicht gekentert oder auf ein Riff aufgelaufen (das eigentlich schon, aber wieder von allein heruntergekommen), wie uns so viele Menschen am Anfang unserer Segelkarriere prophezeit hatten. Noch nicht … Also hoffe und bete ich schon seit Tagen, dass auch beim allerletzten Mal alles gut ausgehen und Gott seine schützende Hand über uns halten möge.

Warum muss sich dann ausgerechnet am Aufbruchsmorgen die Sonne hinter diesigen Wolken verstecken? Obwohl mir doch das Segeln bei Sonnenschein viel besser gefällt, weil ein blaues Meer viel weniger bedrohlich wirkt als ein graues …

223

»Stell dich nicht so an«, knurrt Björn, »wir fahren heute los, wie beschlossen.«

Um die Mittagszeit ist alles gut gestaut, der obligatorische Topf Suppe steht auf dem Herd. Sogar unseren Schlafplatz haben wir in weiser Voraussicht von der Salonbank auf den Fußboden verlegt. Wir sind bereit.

Problemlos findet MI COLUMPIO ihren Weg durch die Riffausfahrt ins offene Meer. Die Kreuzseen vor der Einfahrt machen gerade Pause. Erleichtert setzen wir die Segel. Auf geht's ins Unbekannte. Die letzte große Törnstrecke hat begonnen. Draußen auf dem Meer ist es windiger als erwartet, 20 Knoten bestimmt. Eigentlich nicht verkehrt für die Überfahrt, da kommen wir wenigstens voran. Im Moment segeln wir allerdings noch mit halbem Wind, da wir, bevor wir auf Raumschotskurs gehen können, noch ein paar Hindernisse zu überwinden haben. Von Port Moresby bis zum östlichen Zipfel der Lousiaden zieht sich nämlich über Hunderte Seemeilen eine Barriere, bestehend aus unzähligen Atollen und Riffen. Weiter im Osten wird das Riff nur knapp vom Wasser bedeckt, aus diesem Grund gibt es dort nur eine Riffeinfahrt: bei Bramble Haven, wo wir damals hindurchgesegelt sind. Anders im Westteil der Barriere. Hier liegt das Riff zwischen fünf und 50 Meter unter Wasser. Das soll für unser kleines Boot mit nur einem Meter fünfzig Tiefgang kein Problem darstellen. Denken wir. Wenn allerdings der Ozean mit seinen mehreren Tausend Metern Tiefe urplötzlich auf ein endlos langes Riff trifft, das ihn in seiner Bewegung stoppt, dann prallt er mit voller Wucht dagegen und hinterlässt ein Gewirr von Wellen, Strudeln und Strömungen. Wenn dann noch Wind gegen Strömung herrscht, potenziert sich das Ganze nochmals. Es entsteht ein Hexenkessel mit brodelndem Wasser, in dem zwei, drei Meter hohe Wellen sinnlos und kreuz und quer auf und nieder tanzen. Genau in einen solchen fahren wir jetzt hinein. Kreuzseen, nichts als Kreuzseen. Die Wellenberge werfen MICO wie ein Spielzeug hin und her, reißen sie herum, drücken sie schlingernd zur Seite. Die Gewalt der tobenden Wassermassen schockt uns, macht uns sprachlos, handlungsunfähig. Wie gebannt starren wir auf die abartige See um uns herum. Da, eine Welle drückt MI COLUMPIO auf die Seite. Katastrophale Schräglage. Wasser schießt unter der Fußreling hervor.

»Festhalten!«, brüllt Björn.

»Oleg!«, schreie ich entsetzt.

Mein schlafendes Baby purzelt hinter mir im Cockpit Richtung Wasser. Ich werfe mich über Oleg, bevor er über Bord rollen und in den brodelnden Wellen verschwinden kann. Da bäumt MI COLUMPIO sich auf und knallt mit voller Wucht in ein Wellental. Der gesamte Bug verschwindet im Wasser, wird von den nachfolgenden Wellen nochmals überrollt. Ich glaube einfach nicht, was hier mit uns passiert! Unser tapferes Schiffchen kämpft sich wieder und wieder hoch, überspringt weitere Wellenberge. Erst nach Ewigkeiten wird das Meer wieder etwas ruhiger. Das Sunken Barrier Reef liegt hinter uns.

»Das war knapp«, stöhne ich und drücke meinen kleinen Zwerg, so fest ich kann, an mich, »das war knapp an der absoluten Katastrophe vorbei!«

Bevor wir auch nur eine Sekunde zur Ruhe kommen oder gar erleichtert sein können, passiert, was passieren muss: Ogelchen fängt wieder an zu spucken. Es scheint, als wolle er gar nicht mehr damit aufhören. Minute um Minute würgt er das halb verdaute Essen wieder hoch. Sobald wir glauben, unser Baby sei endlich leer, kommt der nächste Schwall. Alles um uns herum ist vollgekotzt, auch wir. Und mein Baby starrt mich mit seinen vor Elend geweiteten Augen an – und spuckt weiter, bis es schließlich, Gott sei Dank, vor Erschöpfung einschläft. Umziehen, schrubben, wischen, auswaschen. Es dauert mehr als eine Stunde, bis wir Boot, Baby und uns wieder in einen halbwegs sauberen und wohlriechenden Zustand versetzt haben. In der ganzen Hektik haben wir kaum mehr auf die Segel und den Kurs geachtet. Das stellt sich als Fehler heraus, denn irgendwo genau vor uns liegt ein einzelnes, versunkenes Atoll. Ein letztes Hindernis, das es noch zu umschiffen gilt. Björn behauptet, wir müssten das Riff auf der Luvseite umrunden, um ja nicht an Höhe zu verlieren. So eine doofe Idee! Die Strömung setzt uns immer weiter nach Westen, immer höher müssen wir an den Wind gehen, um an diesem Atoll, das wir noch nicht einmal sehen, vorbeizukommen. Nur rein zufällig schaue ich ins Wasser neben mir – und sehe Korallen und Felsen, ja sogar Muscheln unter uns vorbeiziehen. So klar und so deutlich, die Wassertiefe kann nicht mehr als drei Meter betragen.

»Oh«, bemerkt endlich auch Björn, »ich glaube, wir sollten den Motor anschmeißen.«

Mühsam kämpfen wir uns voran. Immerhin lässt uns der Motor dieses Mal nicht im Stich. Bei dem Wellen-Tohuwabohu wäre es nicht verwunderlich gewesen, wenn alle Filter sich erneut mit aufgewirbelten Algen zugesetzt hätten. Und nicht auszudenken, was dann passiert wäre … den Anker zu werfen – auf der Luvseite eines Riffes mitten im Meer – etwas anderes wäre uns wohl nicht übrig geblieben.

Endlich erstreckt sich das offene Meer vor uns. Keine Riffe mehr bis Australien! Erst jetzt finden wir die Zeit, uns vom Schrecken der letzten Stunden zu erholen und uns um unser furchtbar bleiches Baby zu kümmern. Oleg ist gerade wieder aufgewacht. Er weint und jammert und will nicht mal seine Flasche haben. Unser sonst so vergnügtes Söhnchen, das nicht eine Sekunde still sein kann, liegt erschöpft und reglos in meinem Arm. Und, o nein, bitte nicht, er fängt schon wieder an zu würgen. Aus dem kleinen Körper kann doch nicht noch mehr herauskommen! Ich kann es kaum ertragen, wie mein kleiner Sohn still vor sich hin leidet. Nun fehlt nur noch, dass Björn mit seinem Lieblingssatz »Jetzt mach hier mal bloß keine Panik« anfängt. Doch selbst Björn schweigt. Die Situation scheint sogar für ihn ernst zu sein.

»Was sollen wir denn nur machen?«, frage ich ihn mit tränenerstickter Stimme, »wenn das Spucken nun gar nicht mehr aufhört? Wenn er alles, was er zu sich nimmt, sofort wieder erbricht? Ein Baby in seinem Alter hält das nicht lange durch. Es muss Flüssigkeit zu sich nehmen, sonst dehydriert es innerhalb von Stunden. Wir müssen irgendetwas unternehmen. Nur was?«

»Ogelchen muss so schnell wie möglich vom Boot herunter!«, steht für Björn fest.

»Wenn wir umdrehen, zurück nach Wari fahren? Aber nochmals durch diese Kreuzseen? Und auf Wari können wir ja auch nicht für immer bleiben.«

Nein, umkehren ist keine Lösung. Aber was dann?

»Lass uns die Coral Sea vergessen. Wir drehen einfach ab und fahren nach Port Moresby. Da könnten wir morgen schon sein.«

»Ja, und dann«, frage ich verwirrt, »wie kommen wir von dort nach Australien?«

»Du fliegst mit Ogelchen nach Cairns. Und ich segle MICO alleine zurück. Wenn ich durch die Torres Strait fahre, ist es vielleicht nicht ganz so anstrengend. Vor Thursday Island und anderen Inseln kann ich bestimmt über Nacht ankern.«

»Nie im Leben!« und »Vergiss es!« sind die einzigen beiden Antworten, die mir spontan auf diesen Vorschlag hin einfallen.

»Okay, was schlägst du dann vor, wenn du alles besser weißt?«

Keine Ahnung. Ich will nur mit meinem Baby, das mich die ganze Zeit über apathisch anstarrt, von diesem schaukelnden Ungetüm herunter. Egal, wie. Zum ersten Mal seit langer, langer Zeit habe ich richtige Angst.

»Wie lange hat uns damals die australische Küstenwache per Flugzeug immer wieder aufgespürt, damals als wir Townsville verlassen hatten? Drei Tage? Vier? Können wir die nicht per VHF anfunken, damit sie unseren Zwerg evakuieren?«

»Keine Ahnung, ob das geht«, meint Björn, »ich glaube kaum.«

Mittlerweile ist die Dämmerung hereingebrochen. Ogelchen will nichts zu sich nehmen. Wir sind verzweifelt. Keine unserer Ideen ist realisierbar. Uns bleiben genau zwei Möglichkeiten: entweder umkehren und die Überquerung der Coral Sea, das heißt, auch die damit verbundenen Ängste auf ein anderes Mal zu verschieben – oder weitersegeln und gegen alle Vernunft, hoffen, dass alles gut wird.

Als die erste Squall Line über unser Schiff wegzieht, bleibt keine Zeit mehr, sich Gedanken um das Morgen zu machen. Wir müssen handeln, sofort. MICO schießt in den Wind, gemeinsam zerren Björn und ich an der um sich schlagenden Rollfockschot, um die Segelfläche zu verkleinern. Björn turnt aufs Kajütdach, um auch die Fläche vom Groß zu verringern. Wie ich diese Squall Lines mit ihren plötzlichen Starkwinden hasse! Ich bin kurz vorm Heulen. Verdammt, hätte die letzte Reise nicht einfacher sein können? Muss jetzt ein Problem nach dem anderen auftauchen? Wir haben kaum 40 Seemeilen zurückgelegt und schon alles in Empfang genommen, was man sich an miesen Überraschungen nur denken kann. Und fast 600 Seemeilen liegen noch vor uns. Wie, bitte, wie sollen wir die denn überstehen, wenn es in dem Tempo weitergeht mit dem Unglück? Mit der Nachtruhe ist es jedenfalls aus, es wird nicht bei einer Squall Line bleiben. Björn schickt mich trotzdem nach unten, zum Ausruhen, wie er sagt. Ich kuschle mich neben unser Baby, das auch im Schlaf noch einen erschöpften Eindruck macht, auf den Fußboden. Trotz der Sorgen falle ich sofort in einen tiefen traumlosen Schlaf. Als ich drei Stunden später wieder von alleine erwache, herrscht eine merkwürdige Ruhe an Bord. Björn hat seinen Schlafplatz ins Cockpit verlegt, MI COLUMPIO segelt gemächlich die Wellen hinauf und hinunter, Ogelchen atmet ruhig und friedlich neben mir. Bloß ich, ich bin immer noch nervös und ängstlich. Warum eigentlich? Es ist doch alles gut. Im Moment ist tatsächlich alles gut! Auf einen Schlag wird mir klar, dass es gar keinen Sinn macht, mich über irgendetwas in der Zukunft zu sorgen oder aufzuregen. Auf einmal erkenne ich, dass auch umkehren, also: weglaufen, nichts bringt. Davon wird die Situation nicht besser. Plötzlich kommt mir der Gedanke, dass ich gerade zum ersten Mal überhaupt verstehe, warum wir segeln. Ist das vielleicht unsere Art und Weise, mit unseren Ängsten umzugehen? Unsere Angsttherapie sozusagen? Denn wo kann man Mut besser lernen als auf einem Boot? Wann immer Probleme auftauchen, hier sind wir mutterseelenallein. Wir können nicht um Hilfe rufen, und wenn – wer würde uns hören, wer uns retten? Entweder wir bewältigen unsere Angst und helfen uns selber – oder wir geben auf. Und gehen im schlimmsten Fall unter. Aber das werden wir nicht! Björn und ich haben bisher noch immer alles gemeinsam geschafft. Ich werfe meinem schlafenden Baby einen kurzen zärtlichen Blick zu.

»Du brauchst keine Angst zu haben«, flüstere ich ihm zu. Und schlafe danach, sehr glücklich mit mir und dieser Erkenntnis, beruhigt wieder ein.

Dunkle, windzerzauste Wolken begrüßen mich am Morgen über einem grauen unfreundlichen Meer. Björn, der mich die ganze Nacht hat schlafen lassen und sich zwischendurch ums Baby gekümmert hat, sieht im Gesicht ähnlich gefärbt aus.

»Guten Morgen, mein Lieber! Dein Söhnchen hat soeben eine ganze Flasche geleert und verlangt nach mehr. Es scheint ihm wieder gut zu gehen. Ab ins Bett mit dir!«

Björn versteht die Welt nicht mehr. »Also segeln wir weiter?«, fragt er vorsichtig.

»Klar doch, wo denkst du denn hin«, antworte ich ihm gutgelaunt, »wir haben bis jetzt alles heil überstanden, da werden wir diese allerletzten mickrigen paar Seemeilen wohl auch noch hinkriegen. Unser Schutzengel lässt uns nicht so einfach im Stich.«

Björn nickt nur – und umarmt mich. Sehr lange und sehr fest.

Die nächsten drei Tage vergehen wie im Flug. Die graue stürmische Coral Sea liefert uns immer mal wieder eine vereinzelte Squall Line, dann erneut mehrere Stunden Regen am Stück. Grau ist nicht die Farbe, die einer Korallensee steht. Wie in Trance segeln wir über das auf mich immer noch bedrohlich wirkende Meer, freuen uns über jede Seemeile, die uns unserem Ziel näher bringt. Sind glücklich über jede Nacht, in der wir nicht mehr als einmal aus dem Schlaf gerissen werden, um dem jeweils Wachehaltenden zur Hand gehen zu müssen. Langsam, viel zu langsam für unseren Geschmack, nähern wir uns Australien. Wenn nur alles gut geht! Wir brauchen keine tropische Depression mehr wie bei der letzten Überquerung der Coral Sea. Wir können auf sechs Meter hohe steile Wellenberge, Starkwind, tropische Regengüsse, wechselnde Winde und all das, was das Segeln so widerlich machen kann, komplett verzichten. Noch zwei Tage muss das Wetter mitspielen! Ich starre auf das unruhige Meer und erinnere mich, dass wir vor sechs Jahren, bei der Pazifiküberquerung, ähnlichen Gedanken ausgeliefert waren. 9000 Seemeilen hatten wir damals alles in allem schon zurückgelegt, es fehlten nur noch ein paar Hundert Seemeilen bis zu unserem Zielhafen Brisbane. Danach hatten wir den Beweis erbracht, dass man auch ohne Segelschein und Segelkenntnisse in der Lage ist, den Stillen Ozean zu überqueren. Geht es eigentlich anderen Seglern auch so, dass sie auf den letzten Metern noch mal Panik bekommen?

Ogelchen hat wieder ein bisschen Farbe und sieht verhältnismäßig gesund aus. War es also die richtige Entscheidung weiterzufahren, ja überhaupt mit ihm segeln zu gehen? Unbedingt! Wie hätte ich denn sonst je erfahren, wie einfach, wie anstrengend, wie anders, wie wunderschön das Segeln mit Baby sein kann? Und auch Ogelchen kann sich beim besten Willen nicht über seine erste große Reise beklagen. Seit Monaten kann er barfuss und mit bloßen Beinen herumstrampeln, immer draußen und bei uns sein. Dinghifahren findet er richtig klasse, wenn Wind und Gischt ihm übers Gesichtchen fegen, und im Meer planschen sowieso. Und von Hitzepickeln am Anfang, zwei Tage niesen und einen Abend Fieber mal abgesehen, war unser Zwergl die ganze Zeit über kerngesund – und das ohne jegliche Impfungen. Oder gerade deswegen?

Mein erster Gedanke am nächsten Morgen ist: Nur noch ein Tag! Aber was für ein Tag! Gott hat zum Abschluss unserer Reise nochmals tief in seinen Farbtopf gegriffen und Meer wie Himmel im schönsten, strahlendsten Blau angemalt. Auf leichten Wellen tanzt goldenes Sonnenlicht. MI COLUMPIO gleitet wie ein stolzer weißer Schwan durch diese Farbenpracht. Alle Segel sind oben, leuchtendes Weiß prangt, das ein warmer, stetiger Wind umschmeichelt und vorantreibt. Im sanften Rhythmus pflügt der Bug durch die Wellen. Was für ein Anblick! Danke. Stundenlang sitzen Björn und ich mit Ogelchen zwischen uns an der Reling und lassen unsere Beine über Bord baumeln, während die Gischt murmelnd an der Bordwand entlangrauscht und hin und wieder unsere Füße bespritzt. Dann legen wir uns auf das Vordeck, träumen im Schatten der Genua, versuchen mit allen Sinnen, das, was um uns herum passiert, aufzunehmen, abzuspeichern für spätere Tage an Land: das Gurgeln des Wassers, den lauen Wind auf unserer Haut, das sanfte Wiegen des Bootes, die salzige Wärme. Wir genießen den letzten Segeltag auf unserer geliebten kleinen Segelyacht. Bald werden andere hier sitzen – und hoffentlich die gleichen Gefühle für Mico entwickeln wie wir.

Dann senkt sich langsam eine zauberhafte Nacht über uns. Absolute Windstille herrscht, das Meer liegt da wie hingegossen im strahlend weißen Vollmondlicht. Schimmernde, spiegelglatte See. Silbernes Wasser. Haben wir so etwas schon mal erlebt? Björn und ich sind vor lauter Schönheit ganz high, an Schlaf ist nicht zu denken. Wir passieren die ersten Ausläufer des Great Barrier Reefs, die irgendwo backbords und steuerbords von uns liegen müssten. Doch kein Riff ist zu sehen, keine Brandung zu hören. Vom regelmäßigen Tuckern des Motors abgesehen, ist es komplett still. Aneinandergekuschelt schweigen wir. Alle Lichter sind ausgeschaltet. Es ist fast taghell unter dem bleichen, leuchtenden Riesenscheinwerfer des Mondes. Wir tauchen mit allen Sinnen in die Wunderwelt ein, staunen, schauen, können den Zauber dieser Nacht kaum erfassen. Warm ist es, unwirklich schön. Wenn aus den Fluten jetzt plötzlich eine Meerjungfrau neben uns auftauchen würde, es würde mich nicht wundern. Die Stunden vergehen. Zwei Uhr, drei Uhr, vier Uhr. Ogelchen schläft ruhig unter Deck. Eine riesige Welle von Dankbarkeit überflutet uns, breitet sich in unseren Herzen aus. Gefühle, nichts als Gefühle in dieser silbernen Vollmondnacht. Als um fünf Uhr über der Kimm der erste Lichtschein der Morgenröte sichtbar wird, wecke ich Oleg.

»Das da vorne«, flüstere ich ihm ins Ohr, »ist Australien.«

Vor uns aus der Dämmerung taucht die hohe Küste von Queensland auf. Über den kargen dunklen Bergen senkt sich langsam der kreisrunde Mond. Wir drei stehen da mit einem dicken Kloß im Hals und schweigen. Und dann kommt mir ein verrückter Gedanke. Ich renne unter Deck und suche unser Mobiltelefon, das sich aus Versehen mit ins Gepäck gemogelt und, natürlich ungenutzt, die ganze Reise mitgemacht hat. Der Akku ist noch fast voll. Und, kaum zu glauben, ich habe sogar Empfang.

»Hallo? Mama?«

»Birgit?«, fragt eine erstaunte Stimme. Seit mehr als zwei Monaten hat sie kein Lebenszeichen von uns bekommen.

»Mama, vor uns liegt die Küste Australiens.«

Den Aufprall des Steines, der meiner Mutter in diesem Moment vom Herzen fällt, kann ich noch auf der anderen Seite der Welt deutlich vernehmen.

Epilog

MI COLUMPIO geht es gut. Das ist das Wichtigste. Sechs Wochen nach unserer Rückkehr nach Deutschland haben wir sie verkauft, an ein junges australisches Paar, das wir bereits ein Jahr zuvor in PNG kennengelernt hatten. Sie verliebten sich auf der Stelle in MI COLUMPIO und haben uns sogar einen guten Preis gezahlt. Genauso wie wir träumten sie davon, nach Papua-Neuguinea zu segeln. Doch im Gegensatz zu uns haben sie ihren Traum nicht wahr werden lassen. Sie haben sich nach nicht mal zwei Jahren getrennt. Deshalb gehört MI COLUMPIO jetzt einem anderen australischen Paar in Cairns, das sie in liebevoller Kleinarbeit restauriert und pflegt, so, wie sie es verdient hat.

Wir haben es geschafft, auch ohne Boot Deutschland im Winter weiterhin den Rücken zu kehren. Unsere mittlerweile drei kleinen Söhne hindern uns nicht daran, weiterhin monatelang in den Tropen zu leben. Ganz im Gegenteil. Für Oleg wie auch für seine kleinen Brüder sind die Länder Asiens und Afrikas genauso ihr Zuhause wie die Holsteinische Schweiz, in der wir mittlerweile wohnen. Sie kennen fast alle Bäume, Blumen und Früchte der Tropen, klettern im Flamboyant-Baum genauso selbstverständlich herum wie im Apfelbaum in Deutschland, lieben die Idlis in Indien zum Frühstück und den roten Reis, den wir jeden Abend in Afrika bekommen. Für sie ist es selbstverständlich, frei und zwanglos aufzuwachsen, Deutsch, Englisch und hoffentlich bald auch Französisch zu verstehen, mal hier zu sein, mal dort. Alle drei haben ihre Reiselust mit der Muttermilch eingesogen. Solange sie nur barfuss laufen, morgens am Strand Feuer machen oder Fische im Tümpel hinterm Haus fangen können, sind sie glücklich. Und wir auch. Denn wir haben es geschafft, trotz unserer Kinder unsere Unabhängigkeit zu bewahren und das fortzuführen, was wir am liebsten mögen: in den Ländern sein zu dürfen, in denen die Menschen vom materiellen Standpunkt aus gesehen zwar arm sein mögen, vom Menschlichen her aber über alle Maßen reich. In denen die Kinder noch zusammen auf der Straße spielen, in denen die Menschen noch Zeit füreinander haben, in denen Ruhe und Herzlichkeit und Hilfsbereitschaft vorherrschen, die ich bei uns so häufig vermisse.

Auch wenn wir seitdem nie wieder in Papua-Neuguinea waren, so habe ich das Lächeln der Papuas, dieses unbeschreibliche Strahlen der Augen, in anderen Teilen dieser Welt wiedergefunden. Und wenn ich mich gleich aufs Rad schwinge, um über die staubige rote Landstraße zurück zu unserer Hütte zu fahren, die wir in einem kleinen Dorf im Senegal gemietet haben, werden mir wieder die Kinder hinterherlachen und die Männer ihr freundliches »Bonjour« hinterherrufen. Und ich bin nicht in Asien, sondern in Afrika, aber das ist egal, denn auch hier sind die Menschen großherzig und liebenswürdig und echt – eben genauso wie die Papuas.

Eines Tages werden wir vielleicht wieder ein Segelboot besitzen. Um unseren Kindern beizubringen, wie man auf einem Segelboot an sich selbst wachsen kann, wie man auf den Weiten des Meeres sich selbst erkennen kann. Und natürlich, um ihnen die Inseln Papua-Neuguineas zu zeigen.

Danksagung

Danke an Jeanette und all die anderen im Le Kossey, die mich und meine Familie während des Schreibens so wunderbar versorgten. Danke an Oumbre in Abene, der mir sein Gartenhaus samt Steckdose zur Verfügung stellte. Danke an Elisabeth, für ihre Hilfe, ihre gute Laune und ihre Apfelkuchen. Danke an meine Eltern, die immer, wenn ich sie brauche, uneingeschränkt für mich da sind und mir jede nur erdenkliche Unterstützung gewähren. Danke an meine Kinder und ihre Geduld für mich – ich werde jetzt hoffentlich wieder mehr Zeit für sie haben. Danke an Björn für all die gemeinsam erlebten Reisen. Danke an all meine lieben Freunde, die mich meinen eigenen Weg gehen lassen und mir dabei helfen. Danke an Gabriel. Und ganz besonders vielen Dank an Claudia, die mich immer wieder aufmuntert und antreibt, lobt und bestätigt. Vielleicht wäre ohne sie dieses Buch gar nicht zustande gekommen.

Hans Habeck
Mal seh'n wie weit wir kommen
Mit dem Kleinboot um die Welt
ISBN 978-3-7688-2598-6

Mit einem Sechseinhalb-Meter-Boot um die Welt, zu dritt. Mit Kind.
Eine Extremreise? Kann das gut gehen? Als die junge Familie losfährt – Sohn
Andreas ist bei Antritt der Reise gerade mal drei Jahre alt –, ist sie voller
Zweifel. Deshalb erzählt sie lieber niemandem von ihrem Vorhaben.
In fröhlicher, durchaus selbstkritischer Art wird hier beschrieben, wie auch
mit geringen Mitteln Träume verwirklicht werden können.

Erhältlich im Buch- und Fachhandel oder unter www.delius-klasing.de

DELIUS KLASING

Rüdiger Hirche / Gaby Kinsberger
Vom Alltag in die Südsee
ISBN 978-3-7688-2496-5

Am Anfang war ein Traum und die Sehnsucht nach fernen Ländern und Inseln, hinzu kam die Neugier aufs Segeln. Nach jahrelangen Vorbereitungen verlassen die beiden Autoren ihren Heimathafen am Altrhein, um in sechs Jahren die Welt zu umsegeln. Allein die Bereitschaft, sich auf Land, Leute, neue Eindrücke einzulassen – und auf die Fähigkeit, Orte aufzuspüren, an denen die „Herde" vorbeirennt, macht dieses Buch zu einem aufregenden Erlebnisbericht.

Erhältlich im Buch- und Fachhandel oder unter www.delius-klasing.de

DELIUS KLASING

Sönke Roever
Auszeit unter Segeln
Ein Sommer auf der Ostsee
ISBN 978-3-7688-2628-0

Wenn nicht jetzt, wann dann? Sönke Roever und Helmut Adwiraah kennen sich seit der Schulzeit und segeln seitdem miteinander. Zwei junge Leute, die auf die Erfüllung ihres Traums nicht bis zum Rentenalter warten wollen. Intensiv erlebt und erfrischend locker beschrieben, regt dieser fröhliche und optimistische Reisebericht, gewürzt mit Anekdoten über Land und Leute und gespickt mit seglerischen Tipps, zum Nachmachen an.

Erhältlich im Buch- und Fachhandel oder unter www.delius-klasing.de

Uwe Röttgering
Die See gehört mir
Allein ans Ende der Welt
ISBN 978-3-7688-1779-0

Er ist jung, er hat sein Jura-Studium erfolgreich beendet, und er liebt seine Freundin. Der Lebensweg scheint klar. Und doch ist alles ganz anders, denn seine Leidenschaft ist das Segeln. Mit 30 hat Uwe Röttgering mehr Seemeilen im Logbuch als andere in einem ganzen Leben. Der Börsenboom beschert ihm genug Geld für seinen Traum - eine 12 m lange Aluyacht und das finanzielle Polster, um den Einstieg in den Juristenalltag noch ein paar Jahre zu verschieben: Die Welt ruft.

Erhältlich im Buch- und Fachhandel oder unter www.delius-klasing.de

DELIUS KLASING

Tania Aebi / Bernadette Brennan
Die Welt im Sturm erobert
Eine Achtzehnjährige segelt allein um die Welt
ISBN 978-3-7688-1527-7

Tania Aebi, erste und jüngste amerikanische Weltumseglerin, erzählt erfrischend und geradezu hinreißend die Geschichte ihrer erstaunlichen und in jeder Hinsicht bewegenden 27 000-Meilen-Reise. Sie ist ein flippiger New Yorker Teenager, der mit seiner Clique die Nächte in den Discos herumhängt, als ihr Vater sie vor die Wahl stellt: ab aufs College oder Weltumseglung – allein.

Erhältlich im Buch- und Fachhandel oder unter www.delius-klasing.de

DELIUS KLASING